国家出版基金项目
NATIONAL PUBLICATION FOUNDATION

国家出版基金项目
“十四五”时期国家重点出版物出版专项规划项目

川藏铁路拉林段·勘察设计关键技术

拉林铁路
电气化关键技术

林宗良　杨　佳　邓云川　陈纪纲　等　著

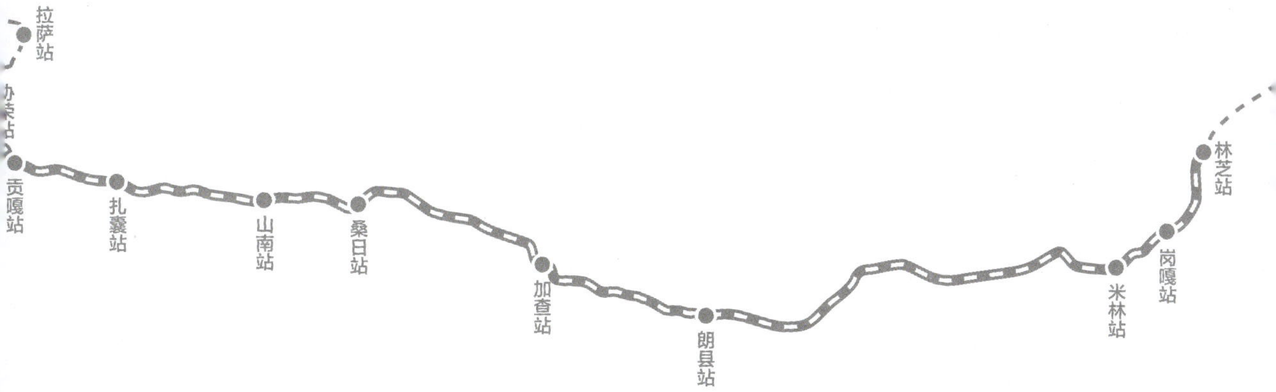

中国铁道出版社有限公司
CHINA RAILWAY PUBLISHING HOUSE CO., LTD.
北　京

内 容 简 介

本书论述了拉林铁路电气化工程建设条件及面临的挑战，系统分析了薄弱外部电源条件下电力及牵引供电方案，探究了复杂环境下电气化系统和装备的服役机理，提出了电气化装备的适应性和技术方案，总结了电气化设计、施工及装备的工程技术创新等。本书内容丰富，研究、理论分析、设计实例和工程应用相结合。

本书可供从事铁路电力及电气化设计、施工和研究人员借鉴和参考，也适合高校电气工程专业学生学习。

图书在版编目(CIP)数据

拉林铁路电气化关键技术 / 林宗良等著. -- 北京 : 中国铁道出版社有限公司，2025. 6. --（川藏铁路拉林段・勘察设计关键技术）. -- ISBN 978-7-113-32036-2

Ⅰ. U227

中国国家版本馆 CIP 数据核字第 2025PU4332 号

书　　名：**拉林铁路电气化关键技术**

作　　者：林宗良　杨　佳　邓云川　陈纪纲　等

策　　划：张卫晓

责任编辑：冯海燕　　**编辑部电话**：(010)51873193

封面设计：崔丽芳

责任校对：安海燕

责任印制：高春晓

出版发行：中国铁道出版社有限公司（100054，北京市西城区右安门西街 8 号）

网　　址：https://www.tdpress.com

印　　刷：北京联兴盛业印刷股份有限公司

版　　次：2025 年 6 月第 1 版　2025 年 6 月第 1 次印刷

开　　本：787 mm×1 092 mm 1/16　**印张**：14.25　**字数**：276 千

书　　号：ISBN 978-7-113-32036-2

定　　价：162.00 元

前　言

拉林铁路位于我国西藏自治区东南部，线路跨越冈底斯山与念青唐古拉山、喜马拉雅山之间的藏南谷地，最高海拔 3 700 m，线路从拉日铁路的协荣站引出，向南穿过冈底斯山脉进入雅鲁藏布江河谷，向东经过山南市的贡嘎、扎囊、乃东、桑日、加查和林芝市的朗县、米林之后沿尼洋河直抵林芝市市区，线路全长 435.48 km，于 2014 年 12 月 19 日开工建设，2021 年 6 月 25 日开通运营。拉林铁路是我国青藏高原首条电气化铁路，也是世界上海拔最高的电气化铁路，是西藏自治区对外运输通道的重要组成部分，对于促进西藏经济社会发展、增进民族团结具有重要意义。

在拉林电气化铁路建设之前，西藏高原地区仅有青藏、拉日等非电气化铁路，电气化铁路的设计、建造和运营经验尚属空白，同时还面临极端薄弱外部电源、峡谷风、高海拔、高地震烈度、高地热等复杂恶劣的高原环境及工程条件。针对拉林电气化铁路建设过程中面临的问题，建设者们通过与有关部门配合，开展系列科技攻关，解决了诸多技术难题，取得了系列技术创新成果。大量新技术、新工艺、新方法的应用，保障了拉林电气化铁路的顺利建设和开通运营。

本书全面阐述了拉林铁路电气化工程建设条件及面临的挑战，薄弱外部电源条件下电力及牵引供电方案设计，高海拔、峡谷风、高地震烈度等复杂服役环境的影响机理研究，电气化装备、工程设计及工程应用等方面的技术创新。

当前国内电气化铁路建设技术发展较快，体系也较为全面，在世界范围内处于领先地位，但是专门针对高原复杂山区电气化铁路建设的相关技术不完善、文献稀缺。本书正是基于拉林铁路电气化工程实践，系统总结其中大量的科研成果、创新举措、关键技术成果和实践经验，在突出牵引供电及电力技术基础理论研究的同时，也强调交叉学科优势互补的重要性和研究成果对实践的指导作用。其中，牵引供电系统高海拔电气绝缘配合、强震与峡谷风环境下接触网抗震防风技术以及适应于高原山区复杂艰险环境下成套牵引供电系统装备等内容在国内外该领域研究中处于领先水平，尤其为我国高原山区铁路电气化建设提供了技术支撑。

经过十多年的规划、建设，西藏高原地区首条电气化铁路拉林铁路正式开通运营。近4年的运营实践表明，设计和建设过程中所采用的技术标准、电气装备和工程措施是有效的，对完善我国高原复杂环境条件下的牵引供电及电力技术体系起到了重要作用，并可为今后青藏高原类似电气化铁路建设提供技术借鉴。

由于撰写时间仓促及水平有限，书中难免存在疏漏和不足之处，敬请各位专家、读者批评指正！

著　者

2025年3月

目　　录

第1章　电气化建设意义及面临的挑战

拉林铁路是西藏自治区第一条电气化铁路，是一项艰巨而伟大的工程，线路穿越高原群山、雪域河流。工程团队克服了高寒缺氧、气候恶劣、地势崎岖多变、地质条件恶劣、外电薄弱等重重困难，解决了众多技术难题，用智慧和勇气创造了一条通往雪域高原的新“天路”。拉林铁路的建成通车，结束了藏东南地区不通铁路的历史，历史性实现了“复兴号”对31个省区市的全覆盖，为人民群众提供更加便捷、快速的交通服务。

1.1　电气化工程概况

1.1.1　线路简介

拉林铁路位于西藏自治区东南部，设计速度160 km/h，是国铁Ⅰ级单线电气化快速铁路，线路从既有拉日铁路协荣站引出，全线16次跨越雅鲁藏布江，超九成线路位于海拔3 000 m以上，全长435.48 km，拉林铁路线路示意图如图1.1所示。

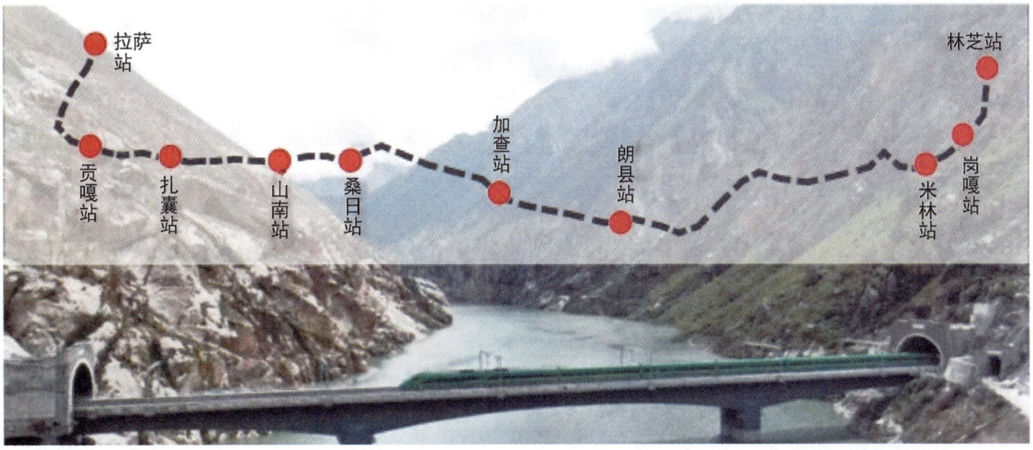

图1.1　拉林铁路线路示意

1.1.2　电气化主要技术标准及工程规模

拉林铁路牵引供电系统采用带回流线的直接供电方式，接触网采用全补偿简单链型悬挂，电力采用10 kV贯通线供电。全线新建11座牵引变电所、1座开闭所，其中

110 kV 牵引变电所 5 座，220 kV 牵引变电所 6 座。全线架设接触网 644.66 条公里，支柱 7 252 根，隧道吊柱 7 415 根，腕臂装置 15 121 套，吊弦 10 万多套。全线新建 10 kV 配电所 10 座，10/0.4 kV 变电所 29 座，10/0.4 kV 箱式变电站 226 座，10 kV 贯通线架空线路约 49 km，电缆线路约 400 km，隧道防灾救援电源线 60 km。

1.1.3 电气化建设过程

2012 年 4 月，《新建川藏铁路拉萨至林芝段预可行性研究》文件编制完成。

2013 年 4 月，《新建川藏铁路拉萨至林芝段可行性研究》文件编制完成。

2014 年 6 月，《新建川藏铁路拉萨至林芝段初步设计》文件编制完成，并于 2014 年 7 月顺利通过中国铁路总公司初步设计审查。

2014 年 8 月开展施工图设计，12 月拉林铁路"两隧一桥"先期开工段建设，2015 年 6 月全线开工建设。

2018 年 8 月电气化工程开工，拉林铁路"四电"工程接触网第一杆成功组立。

2020 年 4 月，全线 216.5 km 隧道全部顺利贯通，2020 年 12 月全线铺轨完成。

2020 年 5 月 10 日，拉林铁路米林牵引变电所完成首件工程评估；同年 7 月 8 日，拉林铁路接触网专业首件工程评估完成。

2021 年 4 月 5 日，拉林铁路林芝牵引变电所一次受电成功。

2021 年 4 月 26 日，拉林铁路全线接触网一次送电成功。

2021 年 4 月 30 日，拉林铁路完成静态验收工作。

2021 年 6 月 14 日，拉林铁路完成动态验收及联调联试工作。

2021 年 6 月 25 日，拉林铁路正式开通运营。

1.2 电气化建设意义

拉林电气化铁路作为穿越西藏腹地的一条新的"天路"，铁路工程意义非凡，在高质量建设的同时，坚持绿色环保理念，使用新技术、新工艺，克服地质、环境、设计、施工中遇到的难题，创造一个又一个工程奇迹。

1.2.1 拉林铁路是中华民族的新"天路"

拉林铁路被誉为中华民族的新"天路"。复兴号动车组飞驰在世界屋脊，方便了群众出行、促进了产业发展，成为西藏东南地区对外交流的重要通道。拉林铁路的建设进一步完善和优化了西藏铁路网功能，未来将是开辟西藏连接川渝经济圈和长江经济带的运输快捷通道，是谱写高原社会经济发展新篇章的"强大引擎"。

拉林铁路是"民族团结路"。拉林铁路拉近了藏东南与平原地区的时空距离，成为西藏东南地区对外交流的重要通道，方便了东部发达地区的人民"走进来"，也方便了藏族同胞"走出去",加强了我国各族人民的沟通交流,也促进了民族团结。

拉林铁路是"电通路"。拉林电气化铁路的建设推动了藏中和昌都电网联网的进程,支持西藏地区发展。藏中联网工程的完成,使西藏电网迈入超高压时代。拉林铁路供电工程的建设可兼顾西藏中部地区水电外送,既能够实现环境友好协调发展、保护绿水青山,还能够促进沿线工业体系的能源基础和交通基础共同发展。

1.2.2　拉林铁路是低碳、环保、节能的绿色铁路

拉林铁路具有海拔高、桥隧占比高、线路坡度大的特点,若采用内燃牵引,则各项污染物指标是电力牵引数倍至数十倍,并且内燃机车在隧道内还存在牵引效率低下、动力不足等缺点。电力牵引具有牵引力大、速度快、爬坡能力强的优点,在提高能源利用率、减少对石化资源的依赖、提高铁路运输能力、降低铁路运营成本及环境保护等方面,电力牵引也显示了巨大的优越性,是铁路牵引动力发展的主要方向。此外,采用电力牵引能充分发挥投资效益、降低运营成本、减少客货列车速度差、提高输送能力,扩大铁路客运、货运需求。因此,拉林铁路采用电力牵引符合我国能源政策,符合低碳经济政策和节能减排方针,是我国青藏高原的第一条绿色电气化铁路。拉林铁路海拔对机车牵引力的影响如图1.2所示,拉林铁路牵引种类对运输能力的相对影响如图1.3所示。

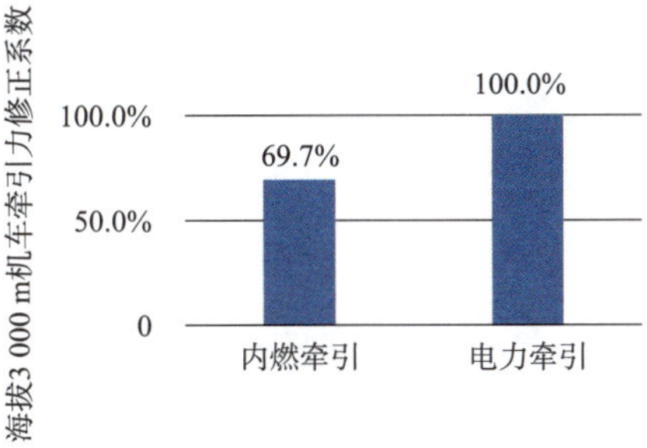

图1.2　拉林铁路海拔对机车牵引力的影响

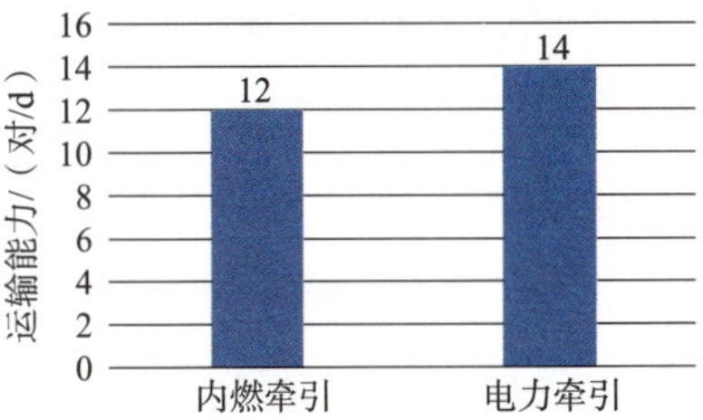

图1.3　拉林铁路牵引种类对运输能力的相对影响

拉林电气化铁路在建设过程中采用了大量具有节能、无油化、少维护或免维护的电气设备和材料,满足了高海拔、高寒、强紫外线等恶劣环境要求,提高了系统可靠性,提升了运营安全,降低了后期运营维护工作量。

1.2.3　拉林铁路是极端恶劣环境下的技术创新路

拉林铁路是西藏自治区第一条电气化铁路,是集高海拔、强震、峡谷风、强雷暴、强紫外线、高地热以及极端温度等多种恶劣环境条件于一体的高原山区铁路,属于目前国内外开通的最高海拔、最复杂艰险的电气化铁路。电气化设计人员开展了沿线薄弱电网环境

牵引供电适应性研究；进行了 4 000 m 海拔下电气化设备设施的绝缘修正研究；提出了高原峡谷风环境接触网抗风措施；针对高地震烈度区创新性提出接触网抗震防灾技术，并首次构建“坠砣-导线-腕臂-支柱”耦合作用的多质点体系动力计算简化模型。拉林铁路为未来青藏地区高海拔电气化铁路工程建设奠定了基础，提供了技术储备。

1.3 电气化建设面临的挑战

1.3.1 极端薄弱的外部电源

在拉林铁路规划阶段，西藏自治区电网网架结构比较薄弱，铁路沿线部分区域尚未被电网覆盖，沿线大部分区域电网最高电压等级为 110 kV，且基本处于电网末端，无法满足沿线牵引负荷需要。至 2014 年西藏中部电网结构虽得到进一步加强和优化，主网架正逐步向 220 kV 电压等级过渡，总体运行状况良好，但仍存在如下问题：

(1)主力电源出力占比较大，“大机小网”问题依然存在。

(2)由于电网负荷特性和电源出力特性不匹配，加之受青藏直流工程运行方式限制，电网仍存在调峰调频问题。

根据电力平衡结果，按照规划电源投产进度，考虑青藏直流工程最大送电能力后，西藏中部电网 2016—2019 年枯期均存在较大电力缺额。“十三五”期以后，考虑青藏直流工程最大送电能力后，按照保守电源投产进度，西藏中部电网丰期存在电力富余，枯期则仍存在较大电力缺额。

由于西藏中部电网规模较小，2020 年最大负荷约 1 749 MW。据测算，拉林铁路项目最大的公共连接点(以下简称“PCC 点”)负荷为 154 MW，牵引站最大的尖峰负荷为 95 MW。因此，拉林铁路负荷波动所占西藏中部电网规模的比例过大(最大 PCC 点负荷达 8.8%)，最大牵引负荷波动引起的电压和频率波动均严重超标。虽然通过相关站点装设动态无功补偿装置可将电压波动限制在规定的范围内，但无法通过动态无功补偿或网架加强方案降低频率波动，唯有增大系统规模可解决频率波动问题。

1.3.2 复杂恶劣的高原环境

1. 外部环境

(1)气候特征

拉林铁路位于青藏高原东南部，属于冈底斯山与念青唐古拉山、喜马拉雅山之间的藏南谷地，山高谷深，峡谷风盛行，气候极端恶劣。拉林铁路跨越拉萨河，沿雅鲁藏布江修建，铁路跨越雅鲁藏布江 16 次，跨越位于峰谷、峡谷多达 50 多处，长度约 62.77 km，占隧道外线路的 70%。沿线风速一般 25 m/s，但由于沿线复杂的峡谷地形对风速影响极大，峡谷风的加速、越山风的紊流及山体斜坡风爬坡效应比较明显，风向、风速时空差异大，沿线实测最大风速为 33.9 m/s(风速一般为 8～9 级，最大可达 11～12 级)。

拉林铁路沿线气温总规律随着海拔增高而递减，最高温度 31.8 ℃，最低温度 －17.6 ℃。由于拉林铁路超 90%的路段均位于海拔 3 000 m 以上，沿线空气稀薄，大气保温及削弱太阳辐射功能较弱，气温还具有年温差小而日温差大且频繁、阴坡与阳坡温差较大的特点，其中昼夜极端温差高达 28 ℃。根据当地气象多年的统计资料，沿线主要城市气温统计值如图 1.4 所示。

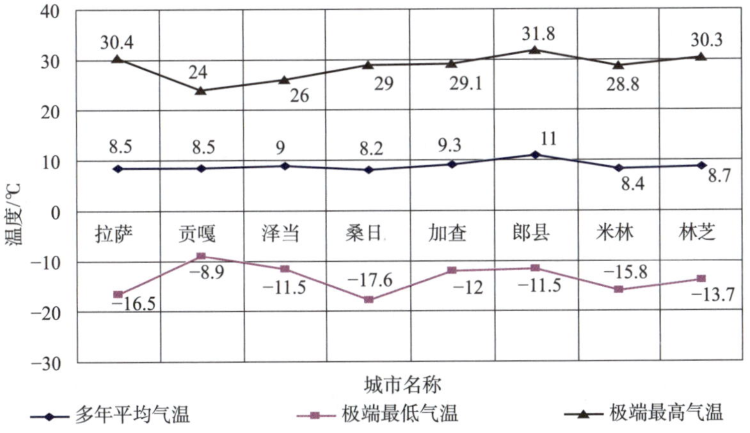

图 1.4　沿线主要城市气温统计

(2)海拔高度

拉林铁路海拔由东至西逐渐升高，海拔高度在 2 900～3 650 m 之间。

线路 D2K385＋500～DK437＋100 位于海拔小于 3 000 m 以下，长度 51.6 km；线路 DK240＋140～D2K385＋500 位于海拔 3 000～3 180 m 范围，长度 145.36 km 线路 3D1K185＋800～DK240＋140 位于海拔 3 180～3 300 m 范围，长度 54.34 km；线路 DK37＋000～D1K185＋800 位于海拔 3 300～3 500 m 范围，长度 148.8 km；既有线拉萨枢纽 K0＋000～DK37＋000 位于 3 600～3 650 m 范围，长度 57.52 km。

(3)地震烈度

拉林铁路经过我国著名的喜马拉雅高烈度地震带(Ⅶ度、Ⅷ度)，地震活动频繁、强烈。根据现行国家标准《中国地震动参数区划图》(GB 18306—2015)以及调查资料，沿线地震动峰值加速度主要为 0.15g，其次为(0.20～0.30)g。全线地震动峰值加速度分段见表 1.1。

(4)地热情况

拉林铁路沿线构造活动强烈，并伴有岩浆活动以及地热异常。米拉山地区川藏公路边有嘎木龙马温泉、日多温泉(温度高达 84 ℃)、德冲温泉等地表热显示，在土建工程建设过程中发现桑珠岭隧道施工期间地热水平达到 83.9 ℃。

表 1.1 拉林铁路全线地震动参数划分区段

序号	段 落	里 程	地震动峰值加速度	地震烈度	备 注
1	拉萨—拉萨南	DK0+000~DK4+800	0.20g	Ⅷ	既有线
2	拉萨南—明则	DK4+800~DK135+102	0.15g	Ⅶ	
3	明则—藏木	DK135+102~DK203+981	0.20g	Ⅷ	沃卡地堑（全新世活动断裂）
4	藏木—里龙	DK203+981~DK346+140	0.15g	Ⅶ	
5	里龙—米林	DK346+140~DK387+820	0.20g	Ⅷ	
6	米林—林芝	DK387+820~终点	0.30g	Ⅷ	

2. 工程条件

拉林铁路线路处于西藏高原的藏南谷地，山高谷深，高寒缺氧，气候极端恶劣；沿线地质结构异常复杂，长期处于高烈度地震和地质断裂、高地应力、高地热力、高密卵石层、高地质灾害状态，而且土壤电阻率既高且极其不均匀。

拉林铁路线路全长 435.48 km，最大线路坡度 12‰，新建隧道 47 座 216.46 km；3 km 以上的长大隧道 20 座，超过 10 km 以上的特长隧道 6 座，最长隧道长达 17.3 km；全线超过 20 km 的隧道群共 3 处，最长隧道群长达 43.12 km。新建单线隧道净空 7.2 m，是 3 650 m 高海拔下最低净空隧道。

同时，拉林铁路拉萨地区改造工程包括青藏铁路、拉日铁路及拉萨南联络线共计长度 47.23 km，最大线路坡度 12.5‰。涉及既有桥梁 17 座、既有车站 5 座、既有拉筋挡土墙路基 1 736 m。部分既有设施均未预留电气化改造条件，如协荣车站设有站台雨棚，雨棚为单柱联侧悬挑混凝土梁形式，未预留电气化接触网合架条件，如图 1.5 所示。

图 1.5 电气化改造前的协荣车站

3. 施工及运营维护

拉林铁路高原地区地理位置特殊，含氧量低，紫外线强，温度低且昼夜温差大，无论是交通运输还是施工建造、运营维护都极为艰苦、困难。

(1)施工建造要求

①施工建造工程必须尊重当地各少数民族的民俗和宗教，施工前各参建单位人员需加强民族政策学习，尊重当地民风民俗。

②拉林铁路特殊的地域环境，长距离线路超出了一个项目部正常有效管理现场的范围。需在前期策划阶段通盘谋划，根据现场环境，结合自身实际，对项目的管理机构设置进行优化。

③拉林铁路地处高原，安全风险大、环保水保要求高、安全质量要求高，在项目管理上应步步为营，环环紧扣，科学预想，完善方案，优化施工组织设计，科学编制资源需求计划，保证关键节点工期目标按期实现，优质高效建成交付使用。

(2)高原电气化铁路抢修维护难度大

①拉林铁路沿线海拔高、坡度较大、牵引载荷重，传统的高原铁路养路装备装机功率及运行速度低，存在牵引能力、下坡制动能力不足的风险，很难适应拉林铁路运营维护要求。

②传统铁路接触网平台上作业几乎为人工模式，劳动强度大；拉林铁路地处高原，含氧量低，人员吸氧困难，作业效率低；如果再增加抢修维修人员劳动强度，将直接影响抢修维修人员自身安全以及抢修维护时长，十分不利于后期运营维护。因此，对如何减少人员的劳动强度，如何提高机械化作业、自动化作业水平提出了新的要求。

③拉林铁路沿线人烟稀少，公路交通条件差，环境十分恶劣，造成运营维护抢修困难，如果维护抢修车辆采用传统的工区车辆配置，存在车辆未配置制氧措施、未针对高原病设置紧急医疗设施等问题，很难适应拉林铁路运营抢修的需求。因此，如何设置应急抢修车辆，如何为工务、供电、电务作业人员施工作业提供良好的、充分的施工条件以及后期保障，是拉林铁路运营维护抢修面临的又一难题。

④由于拉林铁路是我国目前海拔最高的电气化铁路，我国对于类似拉林铁路这样高海拔条件下电气化运营维护经验十分缺乏，许多运营维护规章制度并没有针对高原地区这一特殊情况提出具体的解决方案，且部分规章制度并不适用于高原地区电气化铁路的运营维护，如果照抄照搬内地铁路运维规章，将极大地降低拉林铁路的运维效率。因此，如何自主创新，建立适合拉林铁路高原运营管理的规章制度，也是拉林铁路运维抢修面临的重大挑战。

1.3.3　设计技术及装备有待完善

1. 复杂环境下对电气化设计技术的挑战

(1)高海拔、低净空隧道内接触网腕臂装置设计困难

拉林铁路设计速度标准 160 km/h，单线隧道净空仅有 7.2 m，是 3 650 m 高海拔下

最低净空隧道。国内已开通时速160 km单线隧道内接触网腕臂结构，不满足电气绝缘距离安装设计要求，无相关经验参照，设计难度大。

(2)高原峡谷地形风场下对柔性接触网风振特性研究较少

拉林铁路穿越峡谷、风谷50多次，复杂的地形对风速影响极大，峡谷风的加速、越山风的紊流及山体斜坡风爬坡效应比较明显，风向、风速时空差异明显。复杂地形导致峡谷内风速和攻角的空间分布特性复杂，从而引起更加复杂接触网风振行为，是拉林铁路接触网系统设计难题之一。

(3)高海拔电气修正研究工作经验少

高海拔条件下，大气空气稀薄，空气散热能力差，辐射强，对牵引供电设施设备电气性能，例如爬电距离、设备外绝缘耐受水平、空气中安全净距、设备载流通流容量等存在很大的影响。拉林铁路是我国目前建设的最高海拔电气化铁路，国内尚缺少此种条件下铁路设计、建设、运营经验；缺少高原高海拔条件下铁路建设设计相关规范、标准；缺少高海拔条件下牵引供电设施设备的性能、参数相关试验、运行数据。拉林铁路全线隧道占比高达53.69%，特别是接触网电气绝缘性能修正结果，直接影响接触网布置及对隧道净空的要求和工程投资。因此，拉林铁路如何在满足电气性能需求、设备运行可靠及人员运营检修安全的前提下，选择合理的高海拔修正系数对电气化设计提出了挑战。

2. 少维护、免维护及无人值守要求

拉林铁路沿线气象环境恶劣，地质复杂，主要存在空气稀薄、含氧量低、峡谷风大、日照辐射强、昼夜温差大、地质活动频繁等特点，其对设备运行、人员值守及运营维护存在巨大影响。

(1)恶劣的运行环境，将导致设备故障增加、可靠性下降，对设备的稳定运行造成极大的影响。

(2)高寒低氧的环境，会大大减少人体对氧的摄入量，极可能造成人员因缺氧而出现胸闷、心悸、头疼、头晕、失眠、反应迟钝等症状，导致体力、脑力和劳动能力大幅下降，严重者会发生肺水肿和脑水肿等高原疾病。

(3)沿线交通运输条件差，国道在雨季经常发生塌方、泥石流等灾害，极易造成交通中断。乡村公路路面窄、路况差，汛期部分地段难以通行。加之沿线远离城镇中心，人烟稀少，配套的生活设施也十分缺乏。

综上所述，拉林铁路极端恶劣的气象环境及复杂工程条件导致运营维护工作存在极大困难，从人员配置、物资供应、后勤保障能力等角度均面临严峻考验。如何降低复杂环境条件对设备的影响，如何提高电气设施的可靠性、免(少)维护性，如何减少后期运营维护的强度，实现所亭的无人值班、无人值守等均是拉林铁路电气化建设面临的难题。

1.3.4 技术标准及规范有待补充

目前，我国已经形成了从普速到高速，涵盖设计、制造、施工及运营维护等的电气化铁路技术标准体系，但针对复杂艰险高原环境下的电气化铁路相关技术标准方面，仍存在以下问题：

1. 针对性不强

我国幅员辽阔，铁路沿线可能面临多种地形地貌和各种复杂环境，现行技术标准较注重通用性和统一性，虽在防雷、大风、严寒温度等方面有专项技术规定，但仍缺少如峡谷风、强震、高海拔等环境以及多项环境叠加后的电气化技术标准。

2. 细节性不足

铁路电力、电气化相关规范及标准仅对其在复杂艰险环境下的设计做概况性或部分性的规定，缺乏详细、可实施的细节规定。如对“严重覆冰”“大风地区”的定义缺少量化和分级，对接触网的抗风、减振、防峡谷风方面缺乏指导性规定以及计算方法与参考取值，对艰险山区高电阻率地区接地电阻要求、接地材料选择、接地方式设计等方面缺少指导性规定，对高海拔地区、高地热隧道设备降容系数缺少计算方法与参考取值。

3. 匹配性不佳

现行铁路电力、电气化规范标准一般按速度等级进行相应的技术标准匹配，如不同速度等级对应不同的支柱、腕臂类型、不同的参数选择及不同的电气设备选型，对本身极具特殊性和差异性的复杂艰险环境铁路若仅机械地根据速度等级进行电气化技术标准的选用，将可能影响或制约工程项目的技术可行性和经济性。

第2章 外部电源工程

拉林铁路电气化以及外部电源的建设促进了西藏自治区国民经济发展，维护了西藏地区稳定及国家安全，加强了西藏中部电网网架结构，满足了拉林铁路沿线铁路牵引站负荷需要；兼顾了藏中与昌都电网联网需要；促进了西藏水电开发，推进节能减排；兼顾了地区供电，提高了沿线供电能力和供电可靠性；同时，也为下一步西藏电网对类似高原铁路牵引供电系统提供安全可靠供电积累了宝贵的经验。

2.1 外部电源设计时情况

2.1.1 电 源 点

拉林铁路开工建设前，西藏自治区形成了西藏中部电网和昌都、阿里两个地区电网共“一大二小”三个独立统调电网以及由农村小水电、太阳能光伏电站供电的众多独立小电网和分散户用系统，构成了大电网供电和分散独立电源供电相结合，多能互补的供电格局。其中西藏中部电网覆盖拉萨、日喀则、山南、那曲和林芝等地区，是西藏电网的主要负荷中心。

截至2014年，全区已建水电站总装机容量和年发电量分别占技术可开发量的0.28%和0.13%，其开发利用率为全国最低水平。西藏各流域水力资源占全区比重如图2.1、图2.2所示，见表2.1。

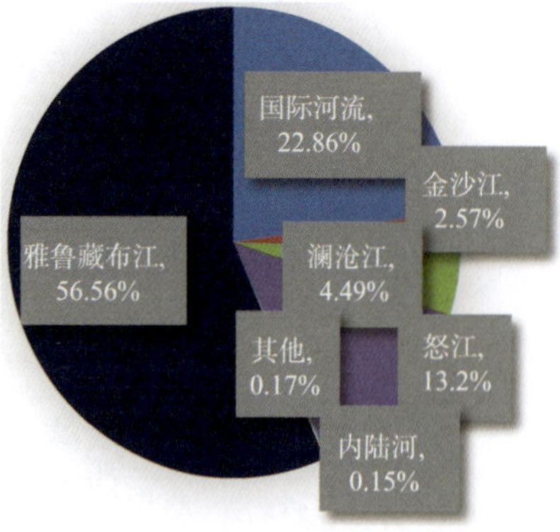

图2.1 各流域水利资源占全区比重（理论蕴藏量）

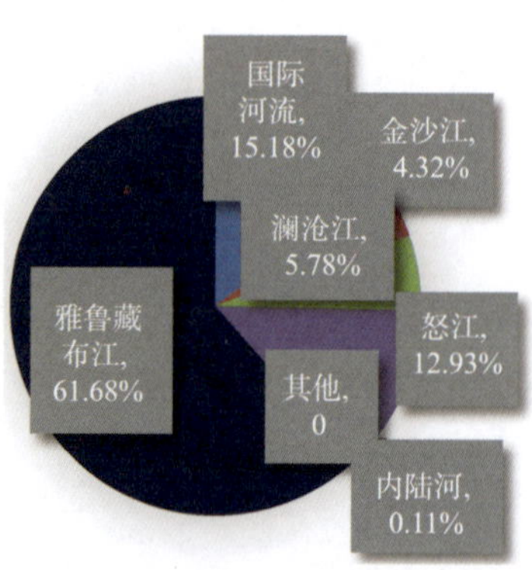

图2.2 各流域水利资源占全区比重（技术可开发量）

表 2.1　西藏各流域水力资源占全区比重

流　域	理论蕴藏量/10^4kW	技术可开发量		理论蕴藏量占全区比重	技术可开发量占全区比重
		装机容量/10^4kW	年发电量/(10^8kWh)		
雅鲁藏布江	11 389.2	6 785.0	3 572.56	56.56%	61.68%
怒江	2 658.7	1 422.3	725.31	13.20%	12.93%
澜沧江	903.9	636.2	346.24	4.49%	5.78%
金沙江	516.9	475.4	205.02	2.57%	4.32%
国际河流	4 602.1	1 669.6	909.3	22.86%	15.18%
内陆河	30.2	11.8	1.2	0.15%	0.11%
其他	34.8	0.1	0.06	0.17%	0
合计	20 135.8	11 000.4	5 759.69	100%	100%

藏木水电站总装机容量 51×10^4kW，是西藏第一座大型水电站，已于 2014 年投产发电。“十二五”期间，建成了老虎嘴、果多、多布水电站，叶巴滩、拉哇、苏洼龙三个梯级电站，古水、入梅、侧格三个梯级电站，金沙江川藏段上游则规划岗托、岩比、波罗、叶巴滩、拉哇、巴塘、苏哇龙和昌波电站。西藏自治区电源建设方案见表 2.2。

表 2.2　西藏自治区电源建设方案　　单位：MW

项　目	2008 年	2010 年	2011 年	2012 年	2013 年	2014 年	2015 年	2020 年
220 kV 电源	0	0	102	102	102	227	772	2 932
110 kV 电源	377.68	478.48	478.48	508.48	688.48	788.48	973.48	1 133.48
35 kV 以下电源	339.72	361.72	378.72	397.72	411.72	425.72	441.32	441.32
合计	717.4	840.2	959.2	1 008.2	1 202.2	1 441.2	2 186.8	4 506.8

西藏中部地区包括拉萨、日喀则、山南、那曲及林芝五地市，已形成连接藏中五地市的西藏中部电网。随着国家西部大开发战略的不断深入，水电能源已成为拉林铁路沿线地区的规划“支柱产业”，昌都等铁路沿线地区将成为国家重要的水电能源接续基地。

2.1.2　网架结构

拉林铁路开工建设前，西藏中部电网装机容量 1 310.07 MW。其中水电装机为 701.14 MW，占电网总装机的 53.5%；抽水蓄能装机为 90 MW，占电网总装机的 6.9%；火电装机为 348.75 MW，占电网总装机的 26.6%；地热装机为 27.18 MW，占电网总装机的 2.1%；太阳能装机为 120 MW，占电网总装机的 9.2%；风能装机为 7.5 MW，占电网总装机的 0.6%；其他机组(余热发电)15.5 MW，占电网总装机的 1.2%。

2014 年西藏中部电网实际用电量为 31.2×10^8 kWh，同比增长 10.4%；全网实际最大负荷为 644 MW，同比增长 13.0%。

西藏中部电网通过一回±400 kV直流线路与西北电网相连。西藏中部电网最高交流电压等级为220 kV,已形成以拉萨220 kV环网为中心,连接日喀则、山南、那曲的110 kV供电主网架。截至2014年年底,西藏中部电网已投运220 kV输电线路22条,总长度1 837.4 km,220 kV变电站6座,变电总容量为1 650 MVA。

从拉林铁路沿线电网现状看,2015年既有电网结构难以满足拉林电气化铁路供电需求。

2.1.3 电网近远期规划

为满足拉林电气化铁路供电,结合电气化铁路需求与西藏中部电网与昌都电网建设需求,同步开展规划研究,拟规划建设拉萨(沃卡)、雅中(朗县)、林芝500 kV变电站及相应输电线路。

沃卡500 kV变电站附近区域规划有巴玉、大古、街需和加查等水电站(装机总容量约2 360 MW),朗县500 kV变电站附近区域规划有朗镇、仲达和冷达等水电站(装机总容量约1 140 MW)。加上已经投产一台机组的藏木电站,上述电站合计装机容量4 010 MW,若全部采用220 kV电压等级送出,需要220 kV线路7～8回,线路通道选择极为困难,并且网损也较大。沃卡500 kV变电站和朗县500 kV变电站建设为这些水电站提供就近接入点,并用500 kV线路送出,不仅节约了线路走廊,也降低了输电网损。

因此,为满足西藏中部电网负荷发展需求,促进西藏中部地区水电开发,提高西藏中部电网的供电可靠性及新能源接纳能力,扩大电网覆盖范围,提高沿线供电能力及兼顾远期川藏铁路西藏段供电,建设沃卡500 kV变电站、朗县500 kV变电站和林芝500 kV变电站及相应的输电线路,提高西藏中部电网的电压等级,是建成西藏中部电网与昌都电网联网工程的先决条件。

2.2 接入方案研究

2.2.1 负荷需求预测

1. 影响负荷水平的外部条件

(1)铁路通车对电力需求的影响

随着青藏铁路、拉日铁路的相继通车,拉林铁路于“十二五”末期开工,2021年通车。铁路通车后,西藏基本建设条件大为改善,由国家投资和援藏资金占主导地位的格局逐步会打破,多元化投资、融资比例将快速提升,总体投资量增大,形成新的一轮建设高潮,这将对电力需求产生较大的影响。

(2)电源建设进度加快对电力需求的影响

长期以来,西藏自治区尤其是藏中地区由于电源严重缺乏,限制了电力负荷的增长。随着青藏直流联网工程和新的电源陆续投产，西藏长期缺电的局面将会得到改善，原先因电源缺乏而遏制的电力需求将充分释放，电力负荷将出现爆发性的增长。

(3)矿产开发与加工的影响

西藏地区有着较为丰富的矿产资源，随着运输条件得以改变，运输成本也大幅度降低，西藏矿产开采和实现矿产产品粗加工或精细加工均成为可能。矿产产业的电力需求量将呈现超常规增长，并成为电力消费的主要大户。

2. 负荷水平预测结果

2013—2030年西藏中部电网用电量及最大负荷统计结果见表2.3。

表2.3 西藏中部电网负荷统计结果

类型	2013年	2015年	2020年	2025年	2030年	增长率		
						“十三五”	“十四五”	“十五五”
负荷/MW	597.7	957.3	1 749.3	2 360.9	2 914.0	12.81%	6.18%	4.30%
电量/(10^8 kWh)	28.88	44.81	82.44	108.97	132.83	12.97%	5.74%	4.04%

2.2.2 电源建设规划

2015年西藏中部电网电源总装机容量为2 007.07 MW，其中水电1 074.14 MW，抽水蓄能90 MW，火电机组528.75 MW，地热59.18 MW，光伏190 MW，风电49.5 MW，其他机组15.5 MW。

“十三五”期，西藏中部电网共新增装机2 584 MW，全部为水电。2020年西藏中部电网电源总装机容量为4 591.07 MW。此外，“十三五”初期实现西藏中部电网与昌都电网联网。

“十四五”期，西藏中部电网共新增装机1 940 MW，全部为水电。2025年西藏中部电网电源总装机容量为6 531.07 MW。

“十五五”期，西藏电网暂未规划内需电源。2030年西藏电网电源总装机容量为6 531.07 MW。

西藏中部电网电源装机进度见表2.4。

表2.4 西藏中部电网电源装机进度

单位：MW

项目	2014年	2015年	2016年	2017年	2018年	2020年	2025年	2030年
(一)水电	701.14	1 074.14	1 194.14	1 194.14	1 658.14	3 658.14	5 598.14	5 598.14
拉萨地区	297.9	297.9	297.9	297.9	297.9	297.9	297.9	297.9
山南地区	200.4	540.4	540.4	540.4	914.4	2 914.4	2 914.4	2 914.4
日喀则地区	30.6	30.6	30.6	30.6	72.6	72.6	72.6	72.6
那曲地区	10.8	10.8	10.8	10.8	58.8	58.8	858.8	858.8
林芝地区	161.44	194.44	314.44	314.44	314.44	314.44	1 454.44	1 454.44

续上表

项　　目	2014 年	2015 年	2016 年	2017 年	2018 年	2020 年	2025 年	2030 年
(二)抽水蓄能电站	90	90	90	90	90	90	90	90
(三)地热	27.18	59.18	59.18	59.18	59.18	59.18	59.18	59.18
(四)光伏(光热)电站	120	190	190	190	190	190	190	190
(五)风电	7.5	49.5	49.5	49.5	49.5	49.5	49.5	49.5
(六)燃油机组	348.75	528.75	528.75	528.75	528.75	528.75	528.75	528.75
(七)其他机组	15.5	15.5	15.5	15.5	15.5	15.5	15.5	15.5
(八)合计	1 310.07	2 007.07	2 127.07	2 127.07	2 591.07	4 591.07	6 531.07	6 531.07

2.2.3　电力电量平衡

1. 外网电力电量平衡

青藏直流工程一期自身送电能力为 660 MW(考虑 1.1 倍过负荷能力),二期为 1 200 MW。

川藏交流联网通道向西藏中部电网最大送电能力 2017 年按不超过 400 MW 考虑,2018—2020 年按不超过 500 MW 考虑。

2. 电力电量平衡结果及分析

拉林铁路新建牵引站 11 座,拟于 2021 年投运,初期全线最大负荷约 120 MW,2030 年全线最大负荷达 290 MW,会对电网负荷的增长产生影响。

根据电力平衡结果,按照规划电源投产进度和负荷发展水平,西藏中部电网 2016 年丰期电力供需基本平衡;2017 年丰期则有 63 MW 的电力缺额。加查、金桥和拉洛等电站投产后,西藏中部电网 2018 年和 2019 年丰期电力富余分别为 310 MW 和 159 MW。在保守电源投产进度情况下,2025 年和 2030 年丰期富余电力分别为 1 341 MW 和 2 727 MW。在乐观电源投产进度情况下,西藏中部电网 2025 年和 2030 年丰期富余电力分别为 3 281 MW 和 2 727 MW。

按照规划电源投产进度和负荷发展水平,2016—2019 年西藏中部电网枯期电力缺额为 608～1 067 MW。在保守电源投产进度情况下,西藏中部电网 2025 年和 2030 年枯期电力缺额分别为 1 172 MW 和 1 246 MW。在乐观电源投产进度情况下,西藏中部电网 2025 年和 2030 年枯期电力缺额分别为 695 MW 和 1 246 MW。

根据电力平衡结果,按照规划电源投产进度,考虑青藏直流工程最大送电能力后,西藏中部电网 2016—2019 年枯期均存在较大电力缺额。“十三五”期以后,考虑青藏直流工程最大送电能力后,按照保守电源投产进度,西藏中部电网丰期存在电力富余,枯期则仍存在较大电力缺额;按照乐观电源投产进度,西藏中部电网枯期电力供需可以达到平衡,但丰期电力富余将进一步增加。

为解决西藏中部电网近期缺电问题,同时兼顾 2020 年及以后水电外送问题,

2016 年实现西藏中部电网经昌都电网与四川电网联网。考虑西藏中部电网与昌都电网联网工程的送电能力后，西藏中部电网 2016—2019 年丰枯期电力供需均可达到平衡。

考虑西藏中部电网与昌都电网联网工程的送电能力后，在保守和乐观电源投产进度下，2025 年和 2030 年西藏中部电网枯期电力需求均基本可以满足。

根据电力电量平衡结果，在考虑拉林电气化铁路供电需求的前提下，川藏交流联网通道“十三五”期主要作用是枯期向西藏中部电网供电。“十三五”末期及以后，随着西藏中部地区水电项目陆续投产，川藏交流联网通道除满足西藏中部电网枯期负荷需要外，还将承担丰期外送富余水电的任务。

2.3　藏中、川藏联网工程

2.3.1　藏中电网设计时的情况及规划

2015 年藏中 220 kV 电网接线示意图如图 2.3 所示。

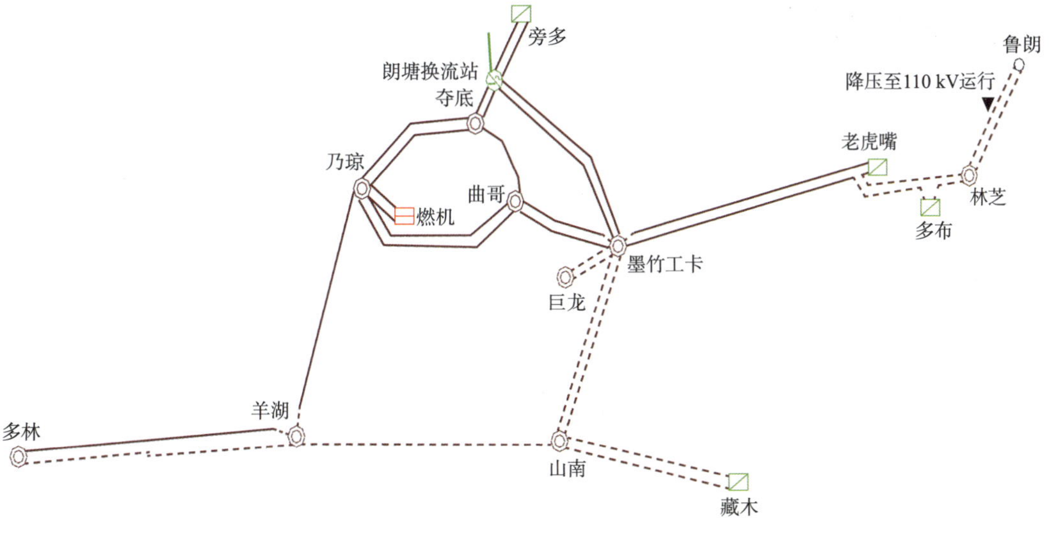

图 2.3　2015 年藏中 220 kV 电网接线示意

2.3.2　500 kV 网架建设方案

拉林铁路配套共建设沃卡、朗县、林芝三座 500 kV 变电站，其接入方案为新建沃卡—朗县—林芝双回 500 kV 输电线路，长度分别为 114 km/回、185 km/回，导线型号为 LGJ-500×4，如图 2.4 所示。

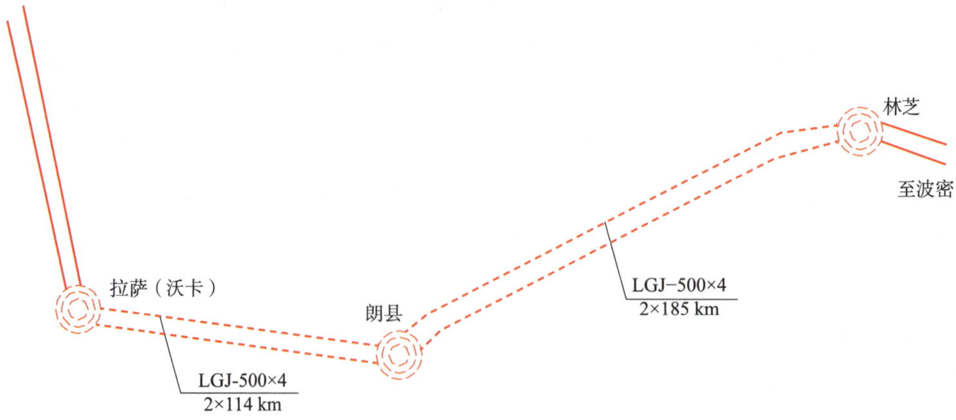

图 2.4　拉林铁路供电 500 kV 网架建设方案

2.3.3　220 kV 网架建设方案

1. 沃卡 500 kV 变电站 220 kV 接入方案

沃卡 500 kV 变电站通过开断 π 接入墨竹工卡—山南 2 回 220 kV 线路接入 220 kV 电网，新建线路长度约 4×1 km，导线型号 LGJ-400×2，如图 2.5 所示。

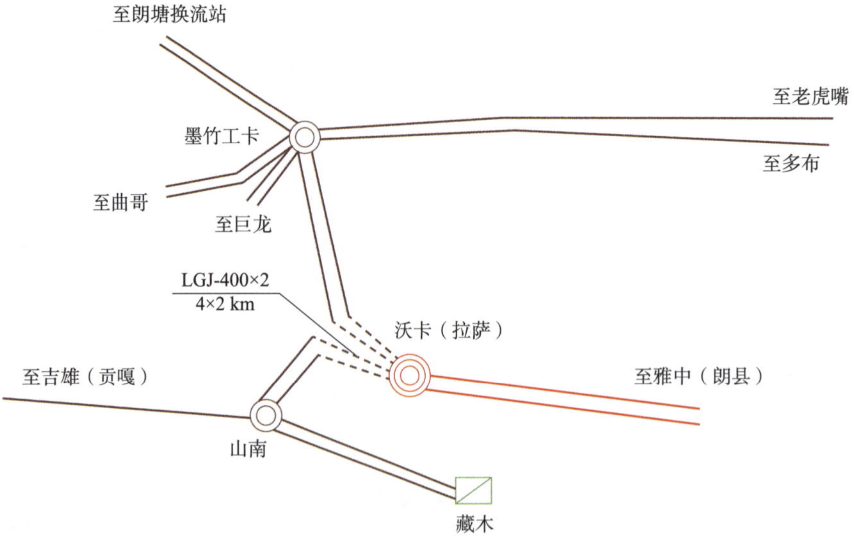

图 2.5　沃卡 500 kV 变电站 220 kV 接入系统方案示意

2. 林芝 500 kV 变电站 220 kV 接入系统方案

林芝 500 kV 变电站 220 kV 出线 4 回，2 回至布久(林芝)220 kV 变电站，线路长度约29 km/回，2 回至卧龙 220 kV 变电站，线路长度约 64 km/回，新建线路导线型号均为 LGJ-240×2，如图 2.6 所示。

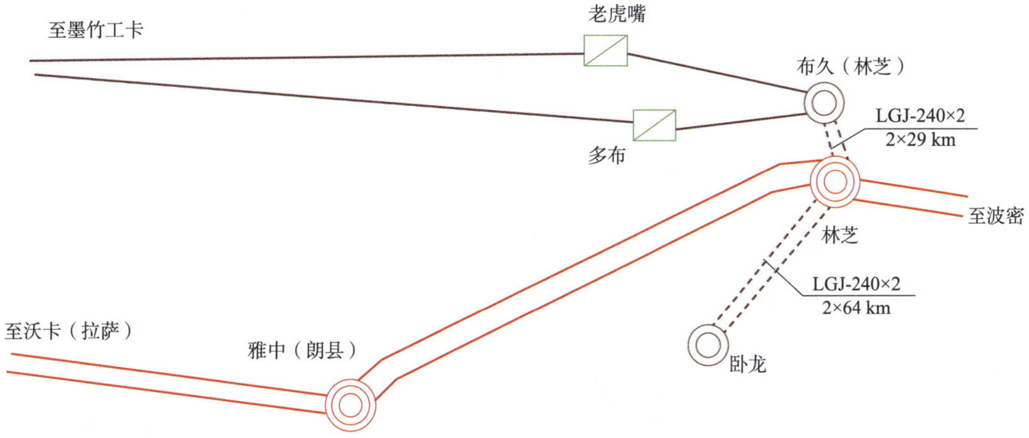

图 2.6　林芝 500 kV 变电站 220 kV 接入系统方案示意

3. 吉雄(贡嘎)变电站 220 kV 侧接入系统方案

吉雄(贡嘎)220 kV 变电站位于山南地区贡嘎县吉雄镇,在羊湖—山南 220 kV 线路以南约 1 km,根据其地理位置,考虑将其开断 π 接入羊湖—山南 220 kV 线路,新建 π 接线路长度约 2×2 km,导线型号与羊湖—山南 220 kV 线路保持一致。吉雄(贡嘎)变电站 220 kV 侧接入系统方案如图 2.7 所示。

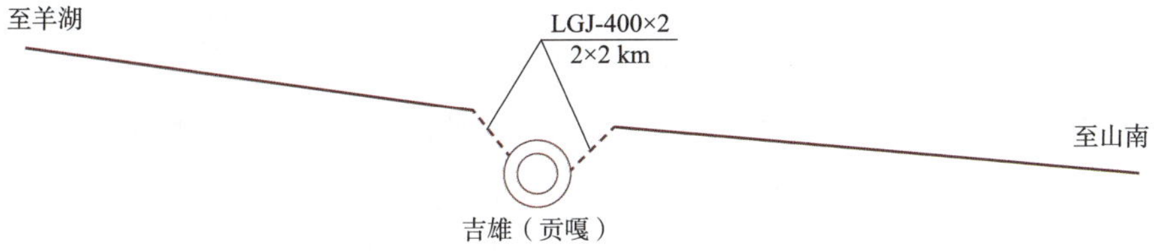

图 2.7　吉雄(贡嘎)变电站 220 kV 侧接入系统方案示意

4. 卧龙变电站 220 kV 侧接入系统方案

直接从林芝 500 kV 变电站新建两回 220 kV 出线至卧龙变电站,长度约 2×64 km,导线型号为 LGJ-400×2。卧龙变电站 220 kV 接入系统方案如图 2.8 所示。

2.3.4　110 kV 及以下网架及变电站

拉林铁路沿线电力系统供电营业区属国家电网西藏电力公司管辖,地市级电网中形成了以拉萨 110 kV 内环,拉萨电网、山南电网 110 kV 外环为核心的 220(110)kV 双回辐射日喀则、那曲、林芝电网的西藏中部电网;以 110 kV 辐射为主,形成 35 kV 环网的昌都电网;以 35 kV 单辐射为主的阿里电网。山南及林芝电网为拉萨电网的备用电网,且铁路沿雅鲁藏布江修建,距离电网及电源分布较远。

贡嘎 110/35/10 kV 变电站,双 110 kV 电源进线,2016 年扩容,2017 年完成;扩容后主变容量(16+10)MVA,有 35 kV、10 kV 间隔,距贡嘎车站约 9 km。

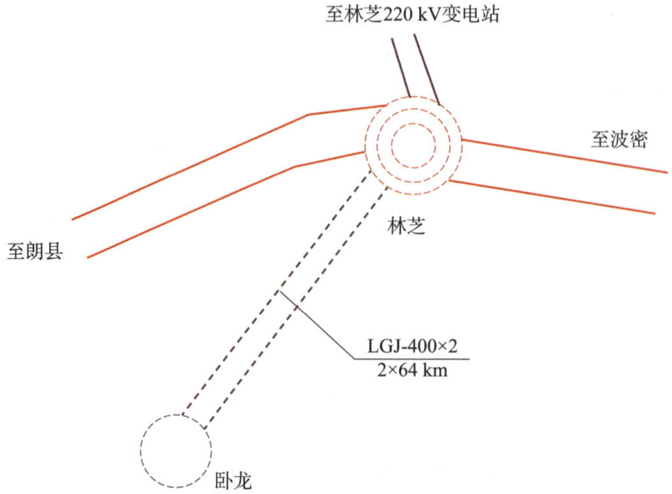

图 2.8　卧龙变电站 220 kV 接入系统方案示意

扎囊 35 kV 变电站主变容量 8 MVA，10 kV 单母线分段运行，均无预留间隔，无扩建条件。

扎囊 110/35/10 kV 变电站，2017 年施工完成，双 110 kV 电源进线，主变容量(10＋10)MVA，有 35 kV、10 kV 间隔，距扎囊车站约 3 km。

泽当 110/35/10 kV 变电站，双 110 kV 电源进线，主变容量(31.5＋31.5)MVA，有 35 kV、10 kV 间隔，距山南车站约 2 km。

昌珠 110/35/10 kV 变电站，2017 年施工完成，双 110 kV 电源进线，主变容量(10＋10)MVA，有 35 kV、10 kV 间隔，距山南车站约 10 km。

赤康 110 kV 发电厂，该电站是光伏发电厂，向电网输送 110 kV 电能，有 10 kV 出线，距桑日车站约 12 km。

桑日 35/10 kV 变电站，一路 35 kV 进线，主变容量 2 MVA，有 10 kV 间隔，距桑日车站约 4 km。

鲁琼 35/10 kV 变电站距桑日车站约 27 km，10 kV 无接引条件。

加查 110/35/10 kV 变电站，一路 110 kV 电源进线，主变容量(12.5＋12.5)MVA，距拉林铁路正线垂直距离 0.2 km。

朗县 110/35/10 kV 变电站，一路 110 kV 电源进线，主变容量 10 MVA，有 35 kV、10 kV 间隔，距朗县车站约 5 km。

朗县至米林 70 km 区段无供电干线和变电站。

米林 110/35/10 kV 变电站的 110 kV 电源由林芝 220 kV 变电站引接，距米林车站约 6 km。

米林附近有林芝机场，从林芝 220 kV 变电站引来 35 kV 电源供林芝机场，通过协商可利用该 35 kV 电源线。

多卡 35/10 kV 变电站距铁路岗嘎车站约 2 km。

林芝中心变 110/35/10 kV 变电站位于林芝城北面，主变容量(25+25)MVA。

2.3.5　铁路既有线电源及供电设备

1. 拉萨站

拉萨站既有 35/10 kV 变配电所 1 座，主变压器容量 2×3 150 kVA，35 kV 部分 2 进 4 出，10 kV 部分 2 进 6 出，为拉萨地区和羊八井方向电力贯通线供电。35 kV 和 10 kV 设备均采用 SF_6 充气式开关柜(C-GIS)，保护方式采用计算机保护，配备视频监视系统。

在拉日铁路工程中所内新建 10 kV 配电室为拉日铁路贯通线供电。配电所两路电源分别引自拉萨既有 35/10 kV 变配电所两段 10 kV 母线。

车站由 35/10 kV 变配电所馈出地区、通信、整备基地 3 回 10 kV 馈线供电，其中地区馈线主供站房及铁路以北生产生活负荷，通信馈线作为通信、站房、机车上油等一级负荷的主供电源，整备基地馈线主供整备基地负荷，并在整备基地变电所与地区馈线形成环网结构。

2. 拉萨西站

既有拉萨西站设置 35/0.4 kV 变配电所 1 座，容量为 2×200 kVA，为车站内通信、信号等设备提供电源。配电所两路电源分别引自青藏线 35 kV 贯通线及地方 35 kV 电源，在修车库及货场分别设置 1 座 35/0.4 kV 箱变，容量为 200 kVA、400 kVA，其 35 kV 电源均由 35/0.4 kV 变配电所提供。

3. 拉日铁路(拉萨至协荣段、拉萨南至柳吾线路所段)

拉萨至曲水段既有两回 10 kV 电力贯通线路，其中一回为一级负荷贯通线，采用单芯全电缆线路 YJV62-8.7/10 kV 3×(1×70)mm^2，另一回为综合负荷贯通线，采用架空、电缆混合方式，架空导线采用 JL/JB20A-50/8，电缆采用 YJV62-8.7/10 kV 3×(1×50)mm^2～YJV62-8.7/10 kV 3×(1×120)mm^2。

2.4　外部电源接入方案

2.4.1　牵引供电

1. 接入方案图

拉林铁路接入方案如图 2.9 所示。

2. 牵引变电所系统接入方案

拉萨南：新建乃琼变电站至拉萨南牵引变电所一回 220 kV 线路，线路长度为

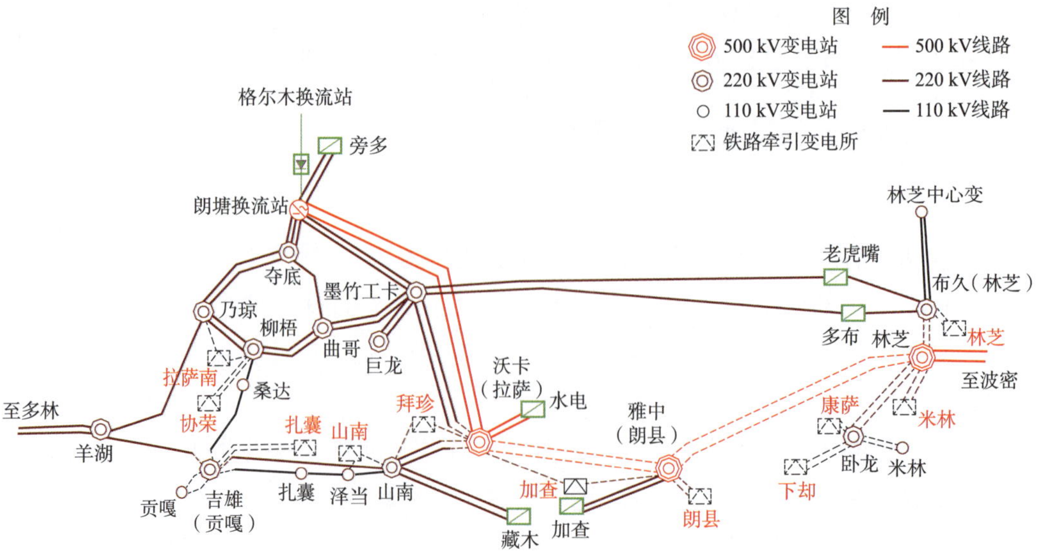

图 2.9 拉林铁路接入系统方案

30 km/回;新建柳梧变电站至拉萨南牵引变电所一回 220 kV 线路,线路长度为 6 km/回,新建线路导线型号均为 LGJ-240×2。

协荣:新建柳梧变电站至协荣牵引变电所两回 110 kV 线路,线路长度为 38 km/回,导线型号均为 LGJ-150×2。

扎囊:新建贡嘎变电站至扎囊牵引变电所两回 110 kV 线路,线路长度为 39 km/回,导线型号均为 LGJ-185。

山南:新建泽当变电站至山南牵引变电所一回 110 kV 线路,线路长度为 2 km/回;新建山南变电站至山南牵引变电所一回 110 kV 线路,线路长度为 19 km/回;导线型号均为 LGJ-185。

拜珍:新建山南变电站至拜珍牵引变电所一回 220 kV 线路,线路长度为 30 km/回;新建沃卡(拉萨)500 kV 变电站至拜珍牵引变电所一回 220 kV 线路,线路长度为 23 km/回;导线型号均为 LGJ-240×2。

加查:新建沃卡(拉萨)500 kV 变电站至加查牵引变电所一回 220 kV 线路,线路长度为 71 km/回;新建朗县变电站至加查牵引变电所一回 220 kV 线路,线路长度为 42 km/回;导线型号均为 LGJ-240×2。

朗县:新建朗县变电站至朗县牵引变电所两回 220 kV 线路,线路长度为 15 km/回,导线型号均为 LGJ-240×2。

下却:新建卧龙变电站至下却牵引变电所两回 110 kV 线路,线路长度为 55 km/回,导线型号均为 LGJ-185。

康萨:新建卧龙变电站至康萨牵引变电所两回 220 kV 线路,线路长度 2 km/回,导线型号为 LGJ-240×2。

米林：新建林芝 500 kV 变电站至米林牵引变电所两回 220 kV 线路，长度为 26 km/回，导线型号为 LGJ-240×2。

林芝：新建林芝 220 kV 变电站至林芝牵引变电所两回 110 kV 线路，线路长度为 6 km/回，导线型号均为 LGJ-185。

2.4.2　10 kV 配电所

1. 10 kV 配电所分布以及外电源接取方案

为满足拉萨至林芝铁路沿线生产生活用电需求，综合考虑车站分布、隧道防灾救援方案、站房规模、外部电源条件等因素，新建贡嘎、扎囊、山南、桑日、加查、朗县、下却、康萨、米林、林芝等 10 座 10 kV 配电所，各配电所均按两路电源设计。根据外部电源分布，其中贡嘎、扎囊、山南、桑日、加查、朗县、米林、林芝 8 座 10 kV 配电所从就近的地方变电站接取 2 路 10 kV 电源供电；下却、康萨两座 10 kV 配电所附近地方电源条件不能满足铁路用电需求，经研究比选后，分别采用由下却、康萨牵引变电所设置 27.5/10 kV 电力电源装置提供 2 路 10 kV 电源。

各配电所电源接取方案见表 2.5。

表 2.5　各配电所电源接取方案

<table>
<tr><th>序号</th><th>位置</th><th>类　型</th><th>地区馈线/贯通馈线</th><th>安装容量/kVA</th><th>电源情况</th><th>配电所间距/km</th></tr>
<tr><td rowspan="2">1</td><td rowspan="2">贡嘎</td><td rowspan="2">新建 10 kV 配电所</td><td rowspan="2">6/2</td><td rowspan="2">3 040</td><td>贡嘎 110/35/10 kV 变电站 10 kV 专盘专线</td><td></td></tr>
<tr><td>贡嘎 110/35/10 kV 变电站 10 kV 专盘专线</td><td rowspan="2">30</td></tr>
<tr><td rowspan="2">2</td><td rowspan="2">扎囊</td><td rowspan="2">新建 10 kV 配电所</td><td rowspan="2">6/2</td><td rowspan="2">2 205</td><td>地方扎囊 110/10 kV 变电站 10 kV 专盘专线</td></tr>
<tr><td>地方扎囊 110/10 kV 变电站 10 kV 专盘专线</td><td rowspan="2">42.63</td></tr>
<tr><td rowspan="2">3</td><td rowspan="2">山南</td><td rowspan="2">新建 10 kV 配电所</td><td rowspan="2">8/2</td><td rowspan="2">3 720</td><td>地方泽当 110/35/10 kV 变电站专盘专线</td></tr>
<tr><td>地方昌珠 110/35/10 kV 变电站专盘专线</td><td rowspan="2">27.36</td></tr>
<tr><td rowspan="2">4</td><td rowspan="2">桑日</td><td rowspan="2">新建 10 kV 配电所</td><td rowspan="2">6/2</td><td rowspan="2">3 320</td><td>赤康 110/35/10 kV 变电站 10 kV 专盘专线</td></tr>
<tr><td>赤康 110/35/10 kV 变电站 10 kV 专盘专线</td><td rowspan="2">60</td></tr>
<tr><td rowspan="2">5</td><td rowspan="2">加查</td><td rowspan="2">新建 10 kV 配电所</td><td rowspan="2">6/2</td><td rowspan="2">3 560</td><td>加查 110/35/10 kV 变电站 10 kV 专盘专线</td></tr>
<tr><td>加查 110/35/10 kV 变电站 10 kV 专盘专线</td><td>49.48</td></tr>
</table>

续上表

<table>
<tr><th>序号</th><th>位置</th><th>类　型</th><th>地区馈线/贯通馈线</th><th>安装容量/kVA</th><th>电源情况</th><th>配电所间距/km</th></tr>
<tr><td rowspan="2">6</td><td rowspan="2">朗县</td><td rowspan="2">新建 10 kV 配电所</td><td rowspan="2">6/2</td><td rowspan="2">3 280</td><td>朗县 110/10 kV 变电站 10 kV 专盘专线</td><td>49.48</td></tr>
<tr><td>朗县 110/10 kV 变电站 10 kV 专盘专线</td><td rowspan="2">51.8</td></tr>
<tr><td rowspan="2">7</td><td rowspan="2">下却</td><td rowspan="2">新建 10 kV 配电所</td><td rowspan="2">6/2</td><td rowspan="2">2 080</td><td>下却 220 kV 牵引变电所 27.5/10 kV 专用变</td></tr>
<tr><td>下却 220 kV 牵引变电所 27.5/10 kV 专用变</td><td rowspan="2">49.3</td></tr>
<tr><td rowspan="2">8</td><td rowspan="2">康萨</td><td rowspan="2">新建 10 kV 配电所</td><td rowspan="2">6/2</td><td rowspan="2">2 080</td><td>康萨 220 kV 牵引变电所 27.5/10 kV 专用变</td></tr>
<tr><td>康萨 220 kV 牵引变电所 27.5/10 kV 专用变</td><td rowspan="2">28.3</td></tr>
<tr><td rowspan="2">9</td><td rowspan="2">米林</td><td rowspan="2">新建 10 kV 配电所</td><td rowspan="2">6/2</td><td rowspan="2">3 480</td><td>米林 110/35/10 kV 变电站 10 kV 专盘专线</td></tr>
<tr><td>米林 110/35/10 kV 变电站 10 kV 专盘专线</td><td rowspan="2">45.25</td></tr>
<tr><td rowspan="2">10</td><td rowspan="2">林芝</td><td rowspan="2">新建 10 kV 配电所</td><td rowspan="2">8/2</td><td rowspan="2">5 870</td><td>林芝巴宜 220 kV 变电站 10 kV 专盘专线</td></tr>
<tr><td>林芝巴宜 220 kV 变电站 10 kV 专盘专线</td><td></td></tr>
</table>

2. 其他外电源接取方案

(1)车站、区间设备分布

各中间站设置有信号楼一座，信号楼内设置 10/0.4 kV 电力远动间供电；各中间站设置站房一座，站房内设置 10/0.4 kV 变电所供电，各中间站货场、综合维修工区、接触网工区、站区综合楼、道岔融雪装置等设置 10/0.4 kV 箱式变电站供电。

沿线区间各越行站设置有信号楼一座，信号楼内设置 10/0.4 kV 电力远动间供电；道岔融雪装置设置 10/0.4 kV 箱式变电站供电。

沿线区间通信直放站、隧道照明、隧道通风、隧道防灾疏散救援等设备设置 10/0.4 kV 箱式变电站供电。

(2)车站、区间设备供电方案

①中间站。岗嘎车站站房 10/0.4 kV 变电所由贯通线和多卡 35 kV 变电站各接取一路电源供电。岗嘎站区综合楼 10/0.4 kV 箱式变电站由贯通线和站房变电所供电。

其余各中间站站房 10/0.4 kV 变电所、货场、综合维修工区、接触网工区、站区综合楼 10/0.4 kV 箱式变电站由配电所地区馈线供电。

②越行站。

a. 扎其、热当车站。扎其、热当车站由于区间只有一回电力贯通线，无防灾救援电源线，经现场调查，地方 10 kV 农网极其薄弱，经常停电，扎其、热当车站备用电源故不采用地方电源。扎其、热当信号楼 10/0.4 kV 变电所一路电源由电力贯通线接取，第二路 10 kV 电源由接触网经交直交逆变设备接取。

b. 其他越行站。其余各越行站信号楼 10/0.4 kV 变电所由电力贯通线以及隧道防灾救援电源线接取。

③区间。当区间有电力贯通线和隧道防灾救援电源线，区间通信基站、直放站等负荷设置双电源 10/0.4 kV 箱式变电站供电，箱变电源分别由电力贯通线和隧道防灾救援电源线供电。

当区间无隧道防灾救援电源线，仅有一回电力贯通线时，区间通信基站、直放站等负荷设置单电源 10/0.4 kV 箱式变电站供电，箱变电源由 10 kV 电力贯通线接取，同时由通信专业自行配置持续供电时间不小于 24 h 的 EPS 电源。

2.5　电能质量评估

2.5.1　电气化铁路电能质量概述

电能质量指的是电网中各点电压或电流的幅值、频率、波形等参量符合标准的程度。电能质量问题主要是由牵引负荷引起的。电气化铁道是电力系统中的特殊用户，其特点主要体现在负荷直接接入高压系统、负荷不对称性以及负荷非线性。

1. 三相电压、电流不平衡

电力系统三相电压不平衡是电能质量的主要指标之一，三相电压不平衡过大将导致一系列问题。《电能质量　三相电压不平衡》(GB/T 15543—2008)是电能质量系列标准之一，是针对电力系统正常工况而制定的。标准规定了三相电压不平衡的允许值及其计算、测量和取值方法等，是控制电网电压不平衡度的主要依据。

《电能质量　三相电压不平衡》(GB/T 15543—2008)规定：电力系统公共连接点正常电压不平衡度允许值为 2%，短时不得超过 4%。低压系统(指标称电压不大于 1 kV 的供电系统)零序电压限值暂没有规定，但是各相电压必须满足《电能质量　供电电压偏差》(GB/T 12325—2008)的要求。另外，该标准中的不平衡度为在电力系统正常运行的最小方式(或较小方式)下，最大的生产(运行)周期中负荷所引起的电压不平衡的实测值。

上述标准规定接于公共连接点的每个用户引起的该点负序电压不平衡度允许值一般为 1.3%，短时不超过 2.6%。根据连接点的负荷状况以及邻近发电机、继电保护和自动装置安全运行要求，该允许值可作适当变动，但是必须满足正常电压不平衡度不超过 2%，短时不得超过 4%的规定。

《旋转电机　定额和性能》(GB/T 755—2019)规定：对于负序电流，长期运行情况，

$I_{相\max}\leqslant I_N$ 时，$I^-/I_N\leqslant 0.08$（可长期运行）；适时运行情况，$\left(\dfrac{I^-}{I_N}\right)^2 t\leqslant 20$ s（运行时间受限制）。

2. 谐　　波

限制电力系统谐波水平主要通过限制用户的谐波发射水平来实现，而限制用户谐波发射水平的依据是国家标准。

《电能质量　公用电网谐波》(GB/T 14549—1993)规定了公用电网谐波的允许值及测试方法。该标准适用于交流额定频率为 50 Hz、标称电压为 110 kV 及以下的公用电网，标称电压为 220 kV 的公用电网可以参照标称电压为 110 kV 的公用电网执行。《电能质量　公用电网谐波》(GB/T 14549—1993)规定的谐波电压限值和谐波电流允许值分别见表 2.6 和表 2.7。

表 2.6　公用电网谐波电压(相电压)限值

电网标称电压/kV	电压总谐波畸变率	各次谐波电压含有率	
		奇次	偶次
0.38	3.0%	4.0%	2.0%
6	4.0%	3.2%	1.5%
10			
35	3.0%	2.4%	1.2%
66			
110	2.0%	1.6%	0.8%

表 2.7　注入公共连接点的谐波电流允许值

标称电压/kV		0.36	6	10	35	66	110
基准短路容量/MVA		10	100	100	250	500	750
谐波次数及谐波电流允许值/A	2	78	43	26	15	16	12
	3	62	34	20	12	13	9.6
	4	39	21	13	7.7	8.1	6.0
	5	62	34	20	12	13	9.6
	6	26	14	8.5	3.1	3.4	4.0
	7	44	24	15	8.8	9.3	6.8
	8	19	11	6.4	3.8	4.1	3.0
	9	21	11	6.8	4.1	4.3	3.2
	10	16	8.5	3.1	3.1	3.3	2.4
	11	28	16	9.3	3.6	3.9	4.3
	12	13	7.1	4.3	2.6	2.7	2.0
	13	24	13	7.9	4.7	3.0	3.7
	14	11	6.1	3.7	2.2	2.3	1.7

续上表

谐波次数及谐波电流允许值/A	15	12	6.8	4.1	2.5	2.6	1.9
	16	9.7	3.3	3.2	1.9	2.0	1.5
	17	18	10	6.0	3.6	3.8	2.8
	18	8.6	4.7	2.8	1.7	1.8	1.3
	19	16	9.0	3.4	3.2	3.4	2.5
	20	7.8	4.3	2.6	1.5	1.6	1.2
	21	8.9	4.9	2.9	1.8	1.9	1.4
	22	7.1	3.9	2.3	1.4	1.5	1.1
	23	14	7.4	4.5	2.7	2.8	2.1
	24	6.5	3.6	2.1	1.3	1.4	1.0
	25	12	6.8	4.1	2.5	2.6	1.9

《电能质量　公用电网谐波》(GB/T 14549—1993)规定公共连接点的全部用户向该点注入的谐波电流分量(均方根值)不应超过表2.7中规定的允许值。当公共连接点处的最小短路容量不同于基准短路容量时,应按比例进行换算。

目前对于电气化铁路非线性负荷主要考核谐波电压畸变率限值。

2.5.2　电气化铁路对电网电能质量影响预测

1. 预测流程

电气化铁路对电网电能质量影响预测包括牵引负荷统计、牵引供电系统建模与仿真、接入评估、评估结果及建议等,具体预测流程如图2.10所示。

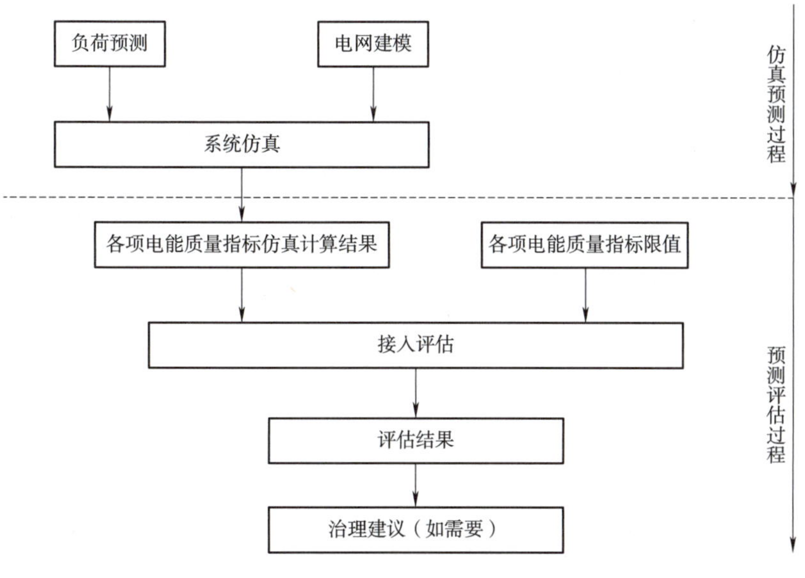

图2.10　电气化铁路对电网电能质量影响预测流程

2. 牵引负荷预测

电气化铁路牵引负荷的数字特征值来源于牵引计算，牵引计算结果主要有：区间纯运行时分；区间给电运行时分；区间能耗；上、下行单位能耗；上、下行技术速度等。

根据牵引计算结果开展供电计算，可得馈线电流的平均值、有效值、最大值和空载概率等数值特征。

3. 接入对电网电能质量影响仿真模型

根据牵引变电站供电负荷情况及电气化铁路牵引负荷的统计数据，考虑向其供电的系统的不同运行方式，建立系统中各元件的仿真模型，分析牵引变电所引起的谐波、负序分量在电网中的分布情况，重点统计系统各公共连接点的负序电压不平衡度和谐波电压总畸变率。

由电气化铁路谐波、负序渗透规律可知，谐波、负序电流在渗透过程中均呈现衰减趋势，其衰减强弱与距牵引负荷的电气距离成正比，即与牵引负荷距离越远，谐波电压综合畸变率和电压不平衡度衰减得越多，牵引负荷对电网的影响越小。故在初步搭建电网网架时只搭建与各牵引变电所电气距离较近的系统元件模型，电气距离较远的系统元件统一用综合负荷等效。但当仿真结果显示牵引负荷对电网影响较大，需要渗透到更远电气距离时，扩大电网网架。

4. 谐波、负序影响预测结果

(1)丰水期大方式

各供电方案及回路下牵引变电所产生的负序影响，其计算统计结果见表 2.8。

表 2.8　电压不平衡度统计值

节点编号	节点名称	电压不平衡度 95% 概率大值	电压不平衡度 最大值
1	朗塘站高压	0.544 0%	0.966 9%
4	拉萨站高压	0.553 1%	0.978 8%
7	朗县站高压	0.599 0%	1.080 8%
10	林芝高压站高压	0.695 5%	1.215 5%
13	乃琼站高压	0.534 4%	0.952 3%
16	夺底站高压	0.529 4%	0.945 8%
19	曲哥站高压	0.536 7%	0.958 1%
22	墨竹工卡站高压	0.535 5%	0.954 8%
25	柳梧站高压	0.541 0%	0.965 6%
28	羊湖站高压	0.536 6%	0.941 9%
31	贡嘎站高压	0.536 8%	0.940 2%
34	山南站高压	0.537 3%	0.870 3%
37	林芝站高压	0.606 6%	1.066 2%
40	巨龙站高压	0.533 6%	0.951 5%

续上表

节点编号	节点名称	电压不平衡度 95%概率大值	电压不平衡度最大值
43	卧龙站高压	0.833 9%	1.334 2%
46	桑达站高压	0.818 7%	1.474 3%
49	泽当站高压	1.008 8%	1.617 5%
52	昌珠站高压	0.892 8%	1.467 2%
55	扎囊站高压	1.008 2%	1.616 6%
59	旁多升压变高压	0.497 8%	0.892 0%
61	老虎嘴升压高压	0.554 2%	0.981 7%
63	多布升压高压	0.549 7%	0.973 9%
65	加查升压高压	0.379 1%	0.679 7%
67	藏木升压高压	0.295 5%	0.478 7%
68	拉萨南牵引变高压	0.859 3%	1.501 6%
70	协荣牵引变高压	1.618 5%	2.769 8%
72	扎囊牵引变高压	1.301 5%	1.847 4%
74	山南牵引变高压	1.274 0%	1.948 7%
76	拜珍牵引变高压	0.852 1%	1.416 0%
78	加查牵引变高压	1.021 1%	1.540 2%
80	朗县牵引变高压	0.746 4%	1.324 6%
82	林芝牵引变高压	0.715 1%	1.233 0%
84	米林牵引变高压	0.950 4%	1.541 1%
86	康萨牵引变高压	1.292 5%	2.121 9%
88	下却牵引变高压	3.021 3%	4.359 1%

各回路注入各发电机支路的负序电流占额定电流比的统计结果见表 2.9。

表 2.9　各发电机支路的负序电流占额定电流比的统计结果

节点编号	发电机节点	负序电流占额定电流比平均值
58	旁多电厂	0.538 8%
60	老虎嘴	0.982 5%
62	多布电厂	0.920 4%
64	加查电厂	0.147 6%
66	藏木发电厂	0.119 0%

谐波计算网络采用三相模型，各供电回路下牵引变注入电力系统的电压总谐波畸变率见表 2.10。

表 2.10 电压总谐波畸变率

节点编号	节点名称	A 相 THDu95% 概率大值	B 相 THDu95% 概率大值	C 相 THDu95% 概率大值
1	朗塘站高压	0.043 3%	0.045 6%	0.044 0%
4	拉萨站高压	0.044 3%	0.046 5%	0.044 9%
7	朗县站高压	0.047 8%	0.049 9%	0.048 4%
10	林芝高压站高压	0.053 4%	0.055 7%	0.053 1%
13	乃琼站高压	0.040 1%	0.043 2%	0.041 7%
16	夺底站高压	0.039 6%	0.042 5%	0.041 1%
19	曲哥站高压	0.039 9%	0.043 2%	0.041 7%
22	墨竹工卡站高压	0.039 0%	0.041 6%	0.040 1%
25	柳梧站高压	0.040 2%	0.043 7%	0.042 2%
28	羊湖站高压	0.041 6%	0.044 1%	0.043 2%
31	贡嘎站高压	0.042 1%	0.044 4%	0.043 6%
34	山南站高压	0.037 8%	0.039 7%	0.037 8%
37	林芝站高压	0.042 5%	0.045 2%	0.043 4%
40	巨龙站高压	0.038 7%	0.041 3%	0.039 8%
43	卧龙站高压	0.068 6%	0.070 3%	0.063 2%
46	桑达站高压	0.057 6%	0.078 5%	0.070 3%
49	泽当站高压	0.096 3%	0.098 8%	0.090 7%
52	昌珠站高压	0.083 6%	0.085 7%	0.079 0%
55	扎囊站高压	0.096 2%	0.098 7%	0.090 7%
59	旁多升压变高压	0.037 3%	0.039 8%	0.038 5%
61	老虎嘴升压高压	0.039 7%	0.042 1%	0.040 5%
63	多布升压高压	0.039 4%	0.041 8%	0.040 2%
65	加查升压高压	0.024 7%	0.025 8%	0.025 2%
67	藏木升压高压	0.021 1%	0.022 1%	0.021 1%
68	拉萨南牵引变高压	0.064 0%	0.082 3%	0.072 1%
70	协荣牵引变高压	0.107 4%	0.189 3%	0.160 4%
72	扎囊牵引变高压	0.137 6%	0.121 2%	0.131 7%
74	山南牵引变高压	0.123 5%	0.128 5%	0.116 4%
76	拜珍牵引变高压	0.038 1%	0.039 4%	0.037 2%
78	加查牵引变高压	0.040 2%	0.041 7%	0.040 7%
80	朗县牵引变高压	0.038 7%	0.040 4%	0.039 3%
82	林芝牵引变高压	0.041 9%	0.077 1%	0.076 8%
84	米林牵引变高压	0.050 3%	0.052 0%	0.049 9%
86	康萨牵引变高压	0.121 2%	0.121 4%	0.102 5%
88	下却牵引变高压	0.268 6%	0.255 6%	0.234 6%

(2)枯水期大方式

各供电方案及回路下牵引变电站产生的负序影响,其计算统计结果见表 2.11。

表 2.11　电压不平衡度统计值

节点编号	节点名称	电压不平衡度 95%概率大值	电压不平衡度最大值
1	朗塘站高压	0.519 4%	0.916 9%
4	拉萨站高压	0.529 6%	0.931 6%
7	朗县站高压	0.577 8%	1.034 7%
10	林芝高压站高压	0.671 4%	1.165 0%
13	乃琼站高压	0.499 2%	0.887 5%
16	夺底站高压	0.496 5%	0.884 0%
19	曲哥站高压	0.500 9%	0.893 3%
22	墨竹工卡站高压	0.507 6%	0.901 2%
25	柳梧站高压	0.505 9%	0.900 7%
28	羊湖站高压	0.498 8%	0.873 3%
31	贡嘎站高压	0.500 5%	0.872 2%
34	山南站高压	0.517 6%	0.842 1%
37	林芝站高压	0.580 1%	1.013 7%
40	巨龙站高压	0.505 8%	0.898 0%
43	卧龙站高压	0.807 7%	1.285 4%
46	桑达站高压	0.781 2%	1.392 6%
49	泽当站高压	1.009 7%	1.607 1%
52	昌珠站高压	0.893 3%	1.457 7%
55	扎囊站高压	1.008 6%	1.605 4%
59	旁多升压变高压	0.470 8%	0.839 3%
61	老虎嘴升压高压	0.527 9%	0.930 2%
63	多布升压高压	0.523 6%	0.922 8%
65	加查升压高压	0.368 4%	0.653 8%
67	藏木升压高压	0.284 7%	0.463 2%
68	拉萨南牵引变高压	0.822 4%	1.428 1%
70	协荣牵引变高压	1.595 2%	2.683 7%
72	扎囊牵引变高压	1.289 2%	1.807 2%
74	山南牵引变高压	1.275 3%	1.937 1%
76	拜珍牵引变高压	0.833 7%	1.366 3%
78	加查牵引变高压	1.011 6%	1.522 2%
80	朗县牵引变高压	0.729 2%	1.283 7%
82	林芝牵引变高压	0.684 1%	1.172 3%
84	米林牵引变高压	0.925 1%	1.486 6%
86	康萨牵引变高压	1.266 5%	2.064 9%
88	下却牵引变高压	3.008 5%	4.291 3%

各回路注入各发电机支路的负序电流占额定电流比的统计结果见表 2.12。

表 2.12　各发电机支路的负序电流占额定电流比的统计结果

节点编号	发电机节点名	负序电流占额定电流比平均值
58	旁多电厂	0.508 3%
60	老虎嘴	0.933 3%
62	多布电厂	0.874 3%
64	加查电厂	0.143 5%
66	藏木发电厂	0.114 7%

谐波计算网络采用三相模型,各供电回路下牵引变注入电力系统的电压总谐波畸变率见表 2.13。

表 2.13　电压总谐波畸变率

节点编号	节点名称	A 相 THDu95%概率大值	B 相 THDu95%概率大值	C 相 THDu95%概率大值
1	朗塘站高压	0.036 8%	0.038 9%	0.037 2%
4	拉萨站高压	0.038 0%	0.040 0%	0.038 2%
7	朗县站高压	0.041 2%	0.043 3%	0.041 4%
10	林芝高压站高压	0.046 2%	0.048 2%	0.045 6%
13	乃琼站高压	0.032 7%	0.035 5%	0.034 2%
16	夺底站高压	0.032 5%	0.035 1%	0.033 7%
19	曲哥站高压	0.032 5%	0.035 5%	0.034 1%
22	墨竹工卡站高压	0.032 7%	0.035 0%	0.033 4%
25	柳梧站高压	0.032 8%	0.036 1%	0.034 6%
28	羊湖站高压	0.034 0%	0.036 0%	0.035 1%
31	贡嘎站高压	0.034 5%	0.036 4%	0.035 5%
34	山南站高压	0.033 3%	0.034 9%	0.033 0%
37	林芝站高压	0.036 1%	0.038 9%	0.036 8%
40	巨龙站高压	0.032 4%	0.034 6%	0.033 1%
43	卧龙站高压	0.063 0%	0.064 6%	0.057 1%
46	桑达站高压	0.052 1%	0.073 1%	0.064 8%
49	泽当站高压	0.098 6%	0.101 3%	0.093 4%
52	昌珠站高压	0.085 9%	0.087 7%	0.081 3%
55	扎囊站高压	0.098 5%	0.101 1%	0.093 3%
59	旁多升压变高压	0.031 1%	0.033 2%	0.031 9%
61	老虎嘴升压高压	0.033 4%	0.035 8%	0.034 0%
63	多布升压高压	0.033 1%	0.035 5%	0.033 8%
65	加查升压高压	0.021 4%	0.022 5%	0.021 6%
67	藏木升压高压	0.018 5%	0.019 4%	0.018 4%

续上表

节点编号	节点名称	A相THDu95% 概率大值	B相THDu95% 概率大值	C相THDu95% 概率大值
68	拉萨南牵引变高压	0.058 9%	0.077 7%	0.066 7%
70	协荣牵引变高压	0.104 5%	0.186 3%	0.158 0%
72	扎囊牵引变高压	0.135 1%	0.116 3%	0.126 9%
74	山南牵引变高压	0.126 2%	0.130 9%	0.119 6%
76	拜珍牵引变高压	0.033 5%	0.034 6%	0.032 6%
78	加查牵引变高压	0.036 4%	0.037 2%	0.036 2%
80	朗县牵引变高压	0.034 0%	0.035 6%	0.034 0%
82	林芝牵引变高压	0.034 9%	0.071 9%	0.071 4%
84	米林牵引变高压	0.043 9%	0.045 5%	0.043 0%
86	康萨牵引变高压	0.118 0%	0.117 6%	0.098 5%
88	下却牵引变高压	0.266 7%	0.253 4%	0.233 5%

(3)枯水期小方式

各供电方案及回路下牵引变电站产生的负序影响,其计算统计结果见表2.14。

表2.14 电压不平衡度统计值

节点编号	节点名称	电压不平衡度95% 概率大值	电压不平衡度最大值
1	朗塘站高压	0.546 9%	0.971 3%
4	拉萨站高压	0.555 7%	0.983 7%
7	朗县站高压	0.601 7%	1.084 1%
10	林芝高压站高压	0.698 4%	1.216 1%
13	乃琼站高压	0.534 5%	0.951 4%
16	夺底站高压	0.530 3%	0.946 1%
19	曲哥站高压	0.536 4%	0.957 3%
22	墨竹工卡站高压	0.536 8%	0.956 1%
25	柳梧站高压	0.540 8%	0.964 5%
28	羊湖站高压	0.534 7%	0.939 5%
31	贡嘎站高压	0.535 9%	0.938 0%
34	山南站高压	0.540 1%	0.872 6%
37	林芝站高压	0.608 3%	1.065 8%
40	巨龙站高压	0.535 3%	0.953 4%
43	卧龙站高压	0.829 7%	1.338 0%
46	桑达站高压	0.815 4%	1.467 2%
49	泽当站高压	1.035 6%	1.659 3%
52	昌珠站高压	0.917 8%	1.508 4%
55	扎囊站高压	1.035 3%	1.658 8%

续上表

节点编号	节点名称	电压不平衡度 95%概率大值	电压不平衡度最大值
59	旁多升压变高压	0.499 7%	0.894 3%
61	老虎嘴升压高压	0.555 4%	0.982 2%
63	多布升压高压	0.550 9%	0.974 3%
65	加查升压高压	0.380 8%	0.682 2%
67	藏木升压高压	0.297 1%	0.479 9%
68	拉萨南牵引变高压	0.856 3%	1.501 0%
70	协荣牵引变高压	1.611 1%	2.762 4%
72	扎囊牵引变高压	1.302 6%	1.836 7%
74	山南牵引变高压	1.301 9%	1.988 4%
76	拜珍牵引变高压	0.849 4%	1.417 3%
78	加查牵引变高压	1.023 1%	1.535 4%
80	朗县牵引变高压	0.749 5%	1.327 5%
82	林芝牵引变高压	0.709 7%	1.218 9%
84	米林牵引变高压	0.953 3%	1.540 2%
86	康萨牵引变高压	1.277 6%	2.096 6%
88	下却牵引变高压	3.005 7%	4.327 5%

各回路注入各发电机支路的负序电流占额定电流比的统计结果见表 2.15。

表 2.15 各发电机支路的负序电流占额定电流比的统计结果

节点编号	发电机节点名	负序电流占额定电流比平均值
58	旁多电厂	0.539 1%
60	老虎嘴	0.980 7%
62	多布电厂	0.918 6%
64	加查电厂	0.148 2%
66	藏木发电厂	0.119 5%

谐波计算网络采用三相模型，各供电回路下牵引变注入电力系统的电压总谐波畸变率见表 2.16。

表 2.16 电压总谐波畸变率

节点编号	节点名称	A 相 THDu95%概率大值	B 相 THDu95%概率大值	C 相 THDu95%概率大值
1	朗塘站高压	0.045 9%	0.047 8%	0.046 9%
4	拉萨站高压	0.047 1%	0.048 7%	0.047 9%
7	朗县站高压	0.050 6%	0.052 1%	0.051 4%
10	林芝高压站高压	0.055 9%	0.057 5%	0.056 1%
13	乃琼站高压	0.042 1%	0.044 9%	0.044 1%

续上表

节点编号	节点名称	A相THDu95%概率大值	B相THDu95%概率大值	C相THDu95%概率大值
16	夺底站高压	0.041 7%	0.044 2%	0.043 5%
19	曲哥站高压	0.042 0%	0.044 9%	0.044 2%
22	墨竹工卡站高压	0.041 2%	0.043 2%	0.042 4%
25	柳梧站高压	0.042 2%	0.045 5%	0.044 6%
28	羊湖站高压	0.043 5%	0.045 5%	0.045 1%
31	贡嘎站高压	0.043 9%	0.045 8%	0.045 5%
34	山南站高压	0.040 6%	0.042 0%	0.040 9%
37	林芝站高压	0.044 5%	0.046 8%	0.045 6%
40	巨龙站高压	0.040 8%	0.042 9%	0.042 0%
43	卧龙站高压	0.070 4%	0.071 6%	0.065 2%
46	桑达站高压	0.059 1%	0.079 9%	0.072 0%
49	泽当站高压	0.104 0%	0.105 2%	0.099 2%
52	昌珠站高压	0.091 5%	0.092 1%	0.087 3%
55	扎囊站高压	0.104 0%	0.105 2%	0.099 1%
59	旁多升压变高压	0.039 5%	0.041 5%	0.040 9%
61	老虎嘴升压高压	0.041 6%	0.043 6%	0.042 7%
63	多布升压高压	0.041 3%	0.043 3%	0.042 4%
65	加查升压高压	0.026 1%	0.026 9%	0.026 6%
67	藏木升压高压	0.022 7%	0.023 4%	0.022 8%
68	拉萨南牵引变高压	0.065 5%	0.083 6%	0.073 8%
70	协荣牵引变高压	0.108 3%	0.190 1%	0.161 4%
72	扎囊牵引变高压	0.138 5%	0.122 1%	0.132 8%
74	山南牵引变高压	0.130 8%	0.133 9%	0.124 5%
76	拜珍牵引变高压	0.040 7%	0.041 7%	0.040 0%
78	加查牵引变高压	0.041 8%	0.043 2%	0.042 7%
80	朗县牵引变高压	0.040 7%	0.041 9%	0.041 6%
82	林芝牵引变高压	0.043 2%	0.077 3%	0.077 4%
84	米林牵引变高压	0.052 7%	0.053 7%	0.052 4%
86	康萨牵引变高压	0.121 0%	0.121 1%	0.102 3%
88	下却牵引变高压	0.076 8%	0.087 5%	0.081 5%

(4)预测结论

由表2.8、表2.11及表2.14可见，丰水期大、枯水期大、枯水期小三种运行方式下，仅下却牵引变电站的高压侧的电压不平衡度95%概率大值和最大值大于《电能质量　三相电压不平衡》(GB/T 15543—2008)规定值，其他牵引变电站的高压侧及电网各公共连接点电压不平衡度均在国标允许范围之内。但由表2.9、表2.12及表2.15

可见，丰水期大、枯水期大、枯水期小三种运行方式下，注入各发电机支路的负序电流均远小于《旋转电机　定额和性能》(GB/T 755—2019)规定的8%的要求。

由表2.10、表2.13及表2.16可见，丰水期大、枯水期大、枯水期小三种运行方式下，各节点三相的电压总谐波畸变率95%概率大值均远小于《电能质量　公用电网谐波》(GB/T 14549—1993)标准规定的2%的要求。

由表2.10、表2.13及表2.16的仿真结果可见，电压总谐波畸变率和电压不平衡度在谐波、负序渗透过程中均呈现衰减趋势，其衰减强弱跟距牵引负荷的电气距离成正比，即距牵引负荷的电气距离越远，电压总谐波畸变率和电压不平衡度衰减得越多。

拉林铁路开通后，各项电能质量指标未出现超出标准限值的情况。

第3章 服役环境影响机理研究

高原苛刻的环境对于服役设备及材料的蚀损影响机理研究一直是我国研究的空白。随着电气化铁路向更高海拔地区发展,研究设备及材料在高海拔等特殊环境下的服役性能显得极其重要。设备材料在高原环境中服役时,其稳定性与常温常压下不同,所表现出的腐蚀、磨损机制也与常压环境下不同,尤其拉林铁路面临沿线地理位置偏僻、工程条件复杂、气候环境恶劣、地质灾害频发等诸多困难,材料的腐蚀速率、摩擦系数及磨损均会加剧。通过提炼高原电气化铁路牵引供电工程的设计理念与具体做法,形成高原牵引供电工程服役环境影响机理研究方法与思路,为高原电气化铁路牵引供电系统设计做示范引领。

3.1 高海拔绝缘修正研究

3.1.1 高海拔绝缘修正理论及标准分析

1. 气体放电基本理论分析

目前,通常采用的气体放电理论主要有汤逊理论和巴申定律。汤逊理论是在低气压、短气隙条件下通过放电试验建立的,当气隙过小或过大,放电机理将出现变化,汤逊理论就不再适用了。巴申定律只适用于均匀电场,且电极之间气隙较小的情况,而牵引供电系统的气隙属于极不均匀电场,且其气隙较大。

因此,汤逊理论与巴申定律均不适用于电气化铁路牵引供电系统高海拔绝缘修正研究。为研究拉林铁路牵引供电系统绝缘修正值,主要结合国内标准规范,分析不同标准中条文来历、依据、适用条件和修正方法,给出相应的推荐值。这种方法虽然可能与实际理论、试验数据有所差异,但从工程应用角度上是合理的且具有足够的安全裕度。

2. 国内规范标准分析

(1)国内高海拔绝缘修正主要规范标准见表 3.1。

表 3.1 高海拔绝缘修正规范标准

序号	规范标准号	名　称
1	GB/T 11022—2011	高压开关设备和控制设备标准的共用技术要求

续上表

序号	规范标准号	名　称
2	GB/T 20626.1—2017	特殊环境条件　高原电工电子产品　第1部分:通用技术要求
3	GB/T 311.1—2012	绝缘配合　第1部分:定义、原则和规则
4	GB/T 16927.1—2011	高电压试验技术　第1部分:一般定义及试验要求
5	GB 50061—2010	66 kV及以下架空电力线路设计规范
6	GB 50545—2010	110 kV～750 kV架空输电线路设计规范
7	GB/T 50064—2014	交流电气装置的过电压保护和绝缘配合设计规范
8	DL/T 620—1997	交流电气装置的过电压保护和绝缘配合
9	TB/T 2805—1997	电气化铁道牵引变电所供电设备绝缘水平
10	DL/T 562—1995	高海拔污秽地区悬式绝缘子串片数选用导则
11	Q/GDW 13001—2014	高海拔外绝缘配置技术规范
12	TB 10009—2016	铁路电力牵引供电设计规范

(2)国内主要规范标准的修正方法。

①根据《铁路电力牵引供电设计规范》(TB 10009—2016),在高程大于1 000 m的地区,空气绝缘间隙值应按照《高压开关设备和控制设备标准的共用技术要求》(GB/T 11022—2011)进行修正。

$$K=e^{q\left(\frac{H-1\,000}{8\,150}\right)} \tag{3.1}$$

式中　K——海拔高度修正系数;

H——设备安装地点的海拔高度,m;

q——指数,取1.0(适用于雷电冲击、工频及操作过电压)。

②根据《特殊环境条件　高原电工电子产品　第1部分:通用技术要求》(GB/T 20626.1—2017)中工频耐受电压和雷电冲击耐受电压的规定(适用于海拔1 000～5 000 m高原地区高低压电工电子产品):

a. 工频耐受电压和冲击耐受电压的海拔修正系数K_a:

$$K_a=e^{\frac{H_2-H_1}{8\,150}} \tag{3.2}$$

式中　H_1——产品试验地点,m;

H_2——产品适用地点,m。

b. 湿式电压海拔修正。适用于海拔1 000 m以上的输变电设备,当适用地点海拔与试验地点海拔不同时,在淋雨状态下外绝缘如有要求时,其淋雨状态下的工频耐受电压的海拔修正系数:

$$K=1+0.76\left[\frac{h-1}{10}+\frac{(2.5h-2.5)^2}{1\,000}\right] \tag{3.3}$$

式中　h——海拔,km。

③根据《绝缘配合　第1部分:定义、原则和规则》(GB/T 311.1—2012)、《绝缘配

合　第 2 部分：使用导则》(GB/T 311.2—2013)相关规定，运行在海拔高度大于 1 000 m 的电气设备外绝缘的绝缘水平进行海拔高度修正(适用范围≤4 000 m)：

$$K = e^{\frac{qH}{8\,150}} K_s \tag{3.4}$$

式中　K_s——安全因数，根据《绝缘配合　第 2 部分：使用导则》(GB/T 311.2—2013)规定，为 1.05；

H——设备安装地点的海拔高度，m；

q——指数，取 1.0。

根据《高海拔外绝缘配置技术规范》(Q/GDW 13001—2014)附录 B"B.2 青藏铁路Ⅱ期 110 kV 输变电工程相关技术研究"说明，国网青海省电力公司通过承担的"青藏铁路Ⅱ期 110 kV 输变电工程关键技术研究"项目，分别在武汉(23 m)、西宁(2 254 m)、拉萨(3 698 m)及那曲(4 510 m)四个试区开展了 110 kV 典型杆塔空气间隙在 0.5 m、1.0 m、1.5 m 和 2.0 m 下的工频、操作和雷击冲击放电电压试验，其结果与《绝缘配合　第 1 部分：定义、原则和规则》(GB/T 311.1—2012)中海拔修正因数的指数公式拟合，可适用于系统绝缘配合；《绝缘配合　第 2 部分：使用导则》(GB/T 311.2—2013)中 K_s 安全因数主要考虑设备产品质量、安装的分散性以及装配中的差异、绝缘老化及其他未知因素，现有设备绝缘修正前的绝缘水平已考虑上述因素。

④根据《高电压试验技术　第 1 部分：一般定义及试验要求》(GB/T 16927.1—2011)相关规定，大气修正因数 K_t：

$$K_t = k_1 k_2 \tag{3.5}$$

式中　k_1——空气密度修正因素；

k_2——湿度修正因数。

⑤根据《66 kV 及以下架空电力线路设计规范》(GB 50061—2010)，在海拔高度超过 1 000 m 的地区，海拔高度每增加 100 m，内部过电压和运行电压的最小间隙应按 1 000 m 的地区最小间隙增加 1%。

⑥根据《110 kV～750 kV 架空输电线路设计规范》(GB 50545—2010)中空气放电电压海拔修正系数：

$$K = e^{mH/8\,150} \tag{3.6}$$

式中　H——海拔高度，m；

m——海拔修正因子，工频、雷击电压海拔修正因子 $m=1$；操作过电压海拔修正因子按图 3.1 中曲线 a、c 取值。

⑦根据《交流电气装置的过电压保护和绝缘配合设计规范》(GB/T 50064—2014)中输电线路和变电站的绝缘子串、空气间隙及电气设备的外绝缘的绝缘配合公式，适用于海拔高度 0 m 地区。当输电线路、变电站所在地区海拔高度高于 0 m 时，应按下式进行校正(适用于海拔高度 2 000 m 及以下地区)：

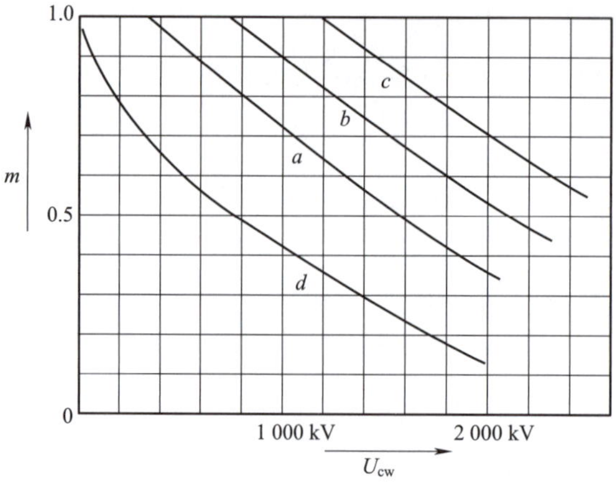

图 3.1 海拔修正因子 m 与电压的关系

$$K_a = e^{m\frac{H}{8\,150}} \tag{3.7}$$

式中 K_a——海拔修正因数；

m——系数，如图 3.1 所示；

H——海拔高度。

⑧根据《交流电气装置的过电压保护和绝缘配合》(DL/T 620—1997)中附录 D 规定，外绝缘放电电压的气象条件校正：

a. 外绝缘放电电压试验数据通常以标准气象条件给出。标准气象条件：气压 101.325 kPa，温度 20 ℃，绝对湿度 11 g/m^3。

b. 外绝缘所在地区气象条件异于标准气象条件时，放电电压可按下式校正：

$$u = \frac{\delta^n u_0}{H^n} \tag{3.8}$$

式中 u_0——标准气象条件下绝缘放电电压，kV；

u——实际放电电压，kV；

δ——相对空气密度，标准气象条件下为 1，不同海拔时可按表 3.2(或实测数据)决定；

H——空气湿度校正系数，由式(3.9)、式(3.10)决定；

n——指数，与绝缘长度有关，由式(3.11)决定。

表 3.2 不同海拔高度的气象参数

海拔高度/m	0	500	1 000	1 500	2 000	2 500	3 000	3 500
相对气压	1	0.945	0.888	0.835	0.786	0.741	0.695	0.655
相对空气密度 δ	1	0.955	0.908 5	0.865	0.824	0.784	0.745	0.708
空气绝对湿度 h/(g/m^3)	11	9.17	7.64	6.37	5.33	4.42	3.68	3.08

空气湿度校正系数 H：

工频交流电压：

$$H=1+0.0125(11-h) \tag{3.9}$$

式中 h——空气绝对湿度，g/m^3，不同海拔高度时可按表3.2(或实测数据)决定(式中 $3\leqslant h\leqslant 11$)。

雷电及操作冲击电压波：

$$H=1+0.009(11-h) \tag{3.10}$$

指数 n：

工频交流电压、正极性操作冲击电压波：

$$n=1.12-0.12l_i \tag{3.11}$$

式中 l_i——绝缘的长度(对绝缘子即串的净长，对空气间隙即间距)，m。

式(3.11)适用于 $1\leqslant l_i\leqslant 6$。对于另外的 l_i，取 $n=1$。

正极性雷电冲击电压波：$n=1$。

⑨根据《电气化铁道牵引变电所供电设备绝缘水平》(TB/T 2805—1997)中规定海拔校正系数 K_a：

$$K_a=\frac{1}{1.1-H\times 10^{-4}} \tag{3.12}$$

式中 H——海拔高度，km。

⑩根据《高海拔污秽地区悬式绝缘子串片数选用导则》(DL/T 562—1995)中附录A高海拔地区的海拔高度及气压表及附录B高海拔地区的海拔修正系数：

$$N=\frac{1}{(P/P_0)^n} \tag{3.13}$$

式中 N——海拔修正系数；

P——高海拔地区的大气压力；

P_0——标准大气压力；

n——特性指数，$n=0.5$。

⑪规范、标准分析比较。不同规范、标准下雷击、工频电压海拔校正系数计算结果见表3.3。

表3.3 不同规范、标准下雷击、工频电压海拔校正系数对比

序号	规范、标准	海拔修正系数					规范、标准允许的应用海拔高度/m
		1 000 m	2 000 m	3 000 m	4 000 m	5 000 m	
1	《高压开关设备和控制设备标准的共用技术要求》(GB/T 11022—2011)	1.00	1.13	1.28	1.45	1.63	4 000
2	《特殊环境条件 高原电工电子产品 第1部分：通用技术要求》(GB/T 20626.1—2017)	1.00	1.13	1.28	1.45	1.63	5 000

续上表

序号	规范、标准	海拔修正系数					规范、标准允许的应用海拔高度/m
		1 000 m	2 000 m	3 000 m	4 000 m	5 000 m	
3	《绝缘配合　第1部分:定义、原则和规则》(GB/T 311.1—2012)	1.00	1.13	1.28	1.45	1.63	4 000
4	《高电压试验技术　第1部分:一般定义及试验要求》(GB/T 16927.1—2011)	1.11	1.23	1.35	1.49	1.63	2 000
5	《66 kV及以下架空电力线路设计规范》(GB 50061—2010)	1.00	1.10	1.21	1.33	1.46	—
6	《110 kV～750 kV架空输电线路设计规范》(GB 50545—2010)	1.00	1.13	1.28	1.45	1.63	—
7	《交流电气装置的过电压保护和绝缘配合设计规范》(GB/T 50064—2014)	1.00	1.13	1.28	1.45	1.63	2 000
8	《交流电气装置的过电压保护和绝缘配合》(DL/T 620—1997)	1.00	1.15	1.30	1.47	1.65	3 500
9	《电气化铁道牵引变电所供电设备绝缘水平》(TB/T 2805—1997)	1.00	1.11	1.25	1.43	1.67	4 000
10	《高海拔污秽地区悬式绝缘子串片数选用导则》(DL/T 562—1995)	1.10	1.21	1.34	1.49	1.66	—
11	《高海拔外绝缘配置技术规范》(Q/GDW 13001—2014)	1.00	1.13	1.27	1.42	1.60	—

注:《110 kV～750 kV架空输电线路设计规范》(GB 50545—2010)、《交流电气装置的过电压保护和绝缘配合设计规范》(GB/T 50064—2014)、《高海拔外绝缘配置技术规范》(Q/GDW 13001—2014)中的公式基准海拔为0 m,为便于比较,已将公式换算至基准海拔1 000 m。

计算结果分析:

a.《绝缘配合　第1部分:定义、原则和规则》(GB/T 311.1—2012)、《高压开关设备和控制设备标准的共用技术要求》(GB/T 11022—2011)、《特殊环境条件　高原电工电子产品　第1部分:通用技术要求》(GB/T 20626.1—2017)、《110 kV～750 kV架空输电线路设计规范》(GB 50545—2010)、《交流电气装置的过电压保护和绝缘配合设计规范》(GB/T 50064—2014)与《电气化铁道牵引变电所供电设备绝缘水平》(TB/T 2805—1997)海拔修正系数基本一致,且适用于海拔4 000 m以下地区,并与《高海拔外绝缘配置技术规范》(Q/GDW 13001—2014)电力标准中试验研究获得的结果较为接近。

b. 仅《66 kV及以下架空电力线路设计规范》(GB 50061—2010)海拔修正系数小于《高海拔外绝缘配置技术规范》(Q/GDW 13001—2014)电力标准中试验研究获得的指数公式。

分析结论:通过上述规范标准对比,结合电力系统相关试验成果,拉林铁路中、高压外绝缘修正采用《绝缘配合　第1部分:定义、原则和规则》(GB/T 311.1—2012)中规定的方法进行海拔修正。

3.1.2　电气化所亭中高压系统高海拔绝缘修正

1. 设计采用环境条件

(1)污秽等级

根据西藏自治区电力系统污区分布图结果显示,拉林铁路全线污秽度均不超过 c 级,考虑各地区今后发展裕度和高海拔地区变电所特殊环境要求,电气化所亭户外设备按 d 级设计,统一爬电比距取值为 43.3 mm/kV,户内设备按 c 级设计,统一爬电比距为34.7 mm/kV。

(2)海拔高度

拉林铁路海拔在 2 900～3 650 m 之间,为了沿线电气设备统一、方便后期运营维护,海拔高度统一按照 4 000 m 进行修正。

(3)电压等级

拉林铁路全线新建 5 座 110 kV 电压等级、6 座 220 kV 电压等级的牵引变电所;新建 1 座拉萨西开闭所;新建 10 座 10 kV 配电所。故拉林铁路电气化所亭中、高压系统涉及的相关电压等级为 220 kV、110 kV、27.5 kV、10 kV。

2. 高海拔修正结果

根据《绝缘配合　第 1 部分:定义、原则和规则》(GB /T 311.1—2012)相关要求,采用统一爬电比距计算爬电距离应采用系统最高工作相电压,10 kV、110 kV、220 kV 系统是三相系统,标称电压值为线电压,计算爬电距离采用的最高相电压应是系统最高电压除以$\sqrt{3}$,即 12 kV/$\sqrt{3}$、126 kV/$\sqrt{3}$、252 kV/$\sqrt{3}$;对于牵引供电系统而言,是单相供电系统,最高工作电压为 31.5 kV。

根据《污秽条件下使用的高压绝缘子的选择和尺寸确定　第 2 部分:交流系统用瓷和玻璃绝缘子》(GB/T 26218.2—2010)中爬电比距附表,依照《输电线路用绝缘子污秽外绝缘的高海拔修正》(DL/T 368—2010)的修正方法,按海拔高度 4 000 m 进行修正,计算结果见表 3.4。

表 3.4　变电所户内外爬电距离修正计算结果

单位:mm

电压等级	10 kV	27.5 kV	110 kV	220 kV
户内爬电距离修正值(计算)	307	1 399	—	—
户内爬电距离修正值(设计)	310	1 400	—	—
户外爬电距离修正值(计算)	384	1 745	4 032	8 064
户外爬电距离修正值(设计)	390	1 750	4 050	8 070

(1)外绝缘耐受电压修正

参照《绝缘配合　第 1 部分:定义、原则和规则》(GB/T 311.1—2012),按照海拔高度 4 000 m 修正，中、高压系统电气一次设备外绝缘耐受电压高海拔修正计算结果见表 3.5。

表 3.5　电气一次设备外绝缘耐受电压高海拔修正计算结果

系统标称电压/条目		海拔 4 000 m			
		工频耐受电压/kV(有效值)		雷电冲击耐受电压/kV(峰值)	
		1 000 m 基准值	修正值	1 000 m 基准值	修正值
10 kV	相对地	42	61	75	109
	相间	42	61	75	109
	隔离断口	49	71	85	123
27.5 kV	相对地	85	123	185	268
	相间	85	123	185	268
	隔离断口	118	171	215	311
110 kV	相对地	230	333	550	795
	相间	230	333	550	795
	隔离断口	303	438	653	944
220 kV	相对地	460	665	1 050	1 518
	相间	460	665	1 050	1 518
	隔离断口	606	876	1 256	1 816

(2)空气间隙修正

按照海拔高度 4 000 m 修正，修正计算结果见表 3.6。

表 3.6　变电所空气间隙高海拔修正计算结果　　单位：mm

标称电压	海拔 4 000 m			
	户内		户外	
	相对地	相间	相对地	相间
10 kV	180	180	290	290
27.5 kV	440	440	580	580
110 kV	1 250	1 350	1 300	1 440
220 kV	2 600	2 880	2 600	2 880

3.1.3　电气化所亭低压系统高海拔绝缘修正

1. 空气介质绝缘强度的影响及修正

空气介质绝缘强度是随着气压的降低而降低，随着空气密度的降低而降低；高海拔地区气压及空气密度随着海拔的升高而降低。相关数据表明，海拔每升高 1 000 m，平均气压则降低 7.7～10.5 kPa，电气外绝缘强度降低 8%～13%。

因此，设计时需对产品使用地点高于 2 000 m 低压电器的电气间隙、爬电距离、工频及操作冲击试验电压进行修正。修正系数见表 3.7、表 3.8。

2. 温升的影响及修正

对于海拔的升高，环境温度降低，一般海拔每升高 100 m，环境温度降低 0.5 ℃。

表 3.7　低压配电系统空气电气间隙及爬电距离的海拔修正系数

海拔 H/m	正常气压/kPa	修正系数
H<2 000	80	1
2 000≤H<3 000	70	1.11
3 000≤H<4 000	62	1.29
4 000≤H≤5 000	54	1.48

表 3.8　低压配电系统工频耐压和冲击耐压的海拔修正系数

设备使用地点海拔/m		2 000	3 000	4 000
低压电气设备（产品试验地点海拔）	0 m	1.25	1.43	1.67
	1 000 m	1.11	1.25	1.43
	2 000 m	1	1.11	1.25
	3 000 m	0.91	1	1.11

高海拔地区户外箱变、户外配电箱等低压电器，由于环境温度的降低值补偿海拔升高而导致的温升增加值明显，此时需要对温升限值进行海拔修正，修正系数见表 3.9。

高海拔地区 10/0.4 kV 变电所、户内配电箱等低压电器，环境温度的降低值不能补偿由于海拔升高而导致的温升增加值，此时不允许对温升限值进行海拔修正。

表 3.9　低压配电系统温升限值的海拔修正系数

海拔 H/m	$\Delta\tau$/K
H=2 000	0
2 000<H≤2 500	2
2 500<H≤3 000	4
3 000<H≤3 500	6
3 500<H≤4 000	8
4 000<H≤4 500	10

3.1.4　接触网高海拔绝缘修正

1. 接触网空气绝缘间隙修正

拉林铁路最高海拔高度为 3 650 m，考虑安装一致，方便运营维护，按照《绝缘配合　第 1 部分：定义、原则和规则》（GB/T 311.1—2012）的规定，接触网全线空气绝缘间隙及外绝缘修正系数统一按照海拔高度 4 000 m 修正，为 1.45。

根据《铁路电力牵引供电设计规范》(TB 10009—2016)表 5.3.2 空气绝缘间隙值，按照海拔高度修正系数 1.45 进行修正，修正后的主要技术参数见表 3.10。

表 3.10 接触网空气绝缘间隙修正情况

序号	技术参数		正常值/mm	修正后/mm
1	25 kV 带电体距固定接地体间隙		300	435
2	25 kV 带电体距机车车辆或装载货物间隙		350	510
3	受电弓振动至极限位置和导线被抬起的最高位置距接地体的瞬时间隙		200	290
4	25 kV 带电体距跨线建筑物底部的静态间隙		500	725
5	同回路自耦变压器供电线带电体距接触悬挂或供电线带电体间隙(适用于任何高程)		540	540
6	绝缘锚段关节两接触悬挂间的间隙(同相位，适用于任何高程)		450	450
7	分相锚段关节两接触悬挂间的间隙(适用于任何高程)	120°相位，相间电压 43.3 kV	400	400
		180°相位，相间电压 50 kV	540	540
8	25 kV 带电体绝缘子接地侧裙边距接地体间隙(适合于任何高程)	瓷及钢化玻璃绝缘子	100	100
		合成材料绝缘元件	50	50

2. 主要设备外绝缘的绝缘水平修正

全线接触网相关电气设备主要包括 27.5 kV 户外隔离开关、避雷器、分段绝缘器、棒(悬)式绝缘子，并对外绝缘耐受电压及爬电距离进行相应修正，主要电气参数修正情况见表 3.11～表 3.14。

表 3.11 27.5 kV 单极电动隔离开关绝缘参数修正

项　　目		H≤1 000 m	拉林铁路
额定频率/Hz		50	50
额定雷电冲击耐受电压(峰值)/kV	相对地/相间	≥185	≥268.25
	断口间	≥215	≥311.75
额定短时工频耐受电压(1 min，有效值)/kV	相对地/相间	≥80	≥116
	断口间	≥90	≥130.5
绝缘子爬电距离/mm		≥1 200	≥1 600
开关打开后的带电间距/mm		≥450	≥660
开关绝缘子柱间距/mm		≥500	≥750

表 3.12 27.5 kV 氧化锌避雷器绝缘参数修正

项　　目	H≤1 000 m	拉林铁路
爬电距离/mm	≥1 200	≥1 600
避雷器外套雷电冲击耐受电压/kV	≥185	≥268.25
避雷器外套工频干耐受电压/kV	≥95	≥137.75
避雷器外套工频湿耐受电压/kV	≥80	≥116

表 3.13　分段绝缘器绝缘参数修正

项　目		$H\leqslant 1\,000$ m	拉林铁路
电气性能单件绝缘体技术参数	空气绝缘距离/mm	≥300	435
	工频湿耐受电压/kV	≥87	≥126.15
	雷电冲击耐受电压(1.2/50 μs)/kV	≥160	≥236.35
绝缘件电气性能	工频干耐受电压/kV	≥160	≥236.35
	工频湿耐受电压/kV	≥130	≥188.5
	雷电冲击耐受电压(1.2/50 μs)/kV	≥270	≥391.5
	人工污耐受电压/kV(盐密为 0.4 mg/cm^2)	≥37	≥53.65
	泄漏距离/mm	≥1 200	≥1 600

表 3.14　27.5 kV 中等污秽 c 级绝缘子绝缘参数修正

项　目	棒瓷、复合绝缘子额定标准值	拉林铁路
工频干耐受电压(有效值)/kV	≥120	≥174
工频湿耐受电压(有效值)/kV	≥95	≥137.75
雷电全波冲击耐受电压(峰值)/kV	≥205	≥297.25
污耐受电压(c 级污秽)/kV	≥31.5	≥45.675
公称泄漏距离(c 级污秽)/mm	≥1 200	≥1 600

3.2　高地震烈度影响及对策研究

电气化铁路接触网系统是一种沿铁路架设且无备用的复杂架空系统，一般由基础、支撑、定位、下锚装置等组成，构成“坠砣-导线-腕臂-支柱”耦合系统，通过与受电弓滑动接触取流为列车提供持续、稳定的能源。接触网系统除了承受高速受电弓运行带来的冲击外，还要承受冰、风、温度、地震等自然荷载，极易发生故障和事故，已成为电气化铁路相对薄弱的部分。尤其在高地震烈度等恶劣环境作用下，极易发生架构、接触网支(吊)柱、设备杆塔变形或倾覆，支柱及设备基础的开裂甚至破坏，导致电气化装备破坏而丧失功能等，造成行车中断，恢复极其困难，给铁路正常运行及抢修等带来严重影响。高地震热度下接触网震害如图 3.2 所示。

拉林铁路横穿我国著名的喜马拉雅高烈度地震带，线路途经大量地处地震动峰值加速度Ⅷ度 0.3g 地区，为保证拉林铁路电气化结构在地震作用下的安全性、可靠性，保障拉林铁路在震后的正常运行，需结合拉林铁路工程实际从牵引变电设备架构及基础、接触网坠砣、导线、支(吊)柱、腕臂结构、后置化学锚栓等方面开展电气化结构在高烈度地震环境下的适应性、安全性、可靠性的技术攻关，并经理论研究与试验验证，提出适应于拉林铁路的成套电气化结构抗震设防策略和抗震设计方法，构建牵引供电系统结构抗震减振技术，补充丰富电气化铁路相关设计规范及技术标准。

图 3.2 高地震烈度下接触网震害

3.2.1 高地震烈度牵引供电系统影响机理研究及试验

1. 高地震烈度牵引供电系统影响机理研究

(1)抗震设防目标

目前国内外建筑物的抗震设防采用在设计使用寿命内对不同强度和频度的地震，具有不同的抵抗能力。铁路桥梁、隧道、路基等土建结构在强烈地震时会出现破坏导致列车停运，牵引供电系统即使不损坏也无法发挥铁路运输功能，同时高设防也意味着高投资，因此牵引供电系统的抗震设计应以结构不倒塌作为最低要求，只要不倒塌就可以最大限度地减少生命财产损失和人员伤亡，减轻地震灾害，同时降低工程投资。

牵引供电系统的抗震设防目标如下：

水准Ⅰ：当遭遇低于本地区抗震设防烈度的多遇地震(小震)影响时，牵引供电系统不受损坏或不需修理可继续使用。

水准Ⅱ：当遭遇相当于本地区抗震设防烈度的多遇地震(中震)影响时，牵引供电系统可能损坏，但经一般修理即可恢复正常使用。

水准Ⅲ：当遭遇高于本地区抗震设防烈度的多遇地震(大震)影响时，牵引供电系统不致倒塌或发生危及生命安全的严重破坏。

具体设计时牵引供电系统的设防目标与设计使用年限密切相关，对设计使用年限50年的结构，可根据《建筑抗震设计标准》(GB 50011—2010)中多遇地震、设防地震和罕遇地震的地震作用进行抗震设计。对设计使用年限超过50年的结构，应结合实际需要对地震作用进行适当调整。

一般情况下，牵引供电系统结构的设计使用年限如下：

①接触网装配一般按照设计使用年限25～30年考虑。

②接触网支柱、牵引供电架构等一般按照设计使用年限50年考虑。

③路基区段接触网支柱基础及牵引供电架构基础一般按照设计使用年限60年考虑，桥梁区段接触网支柱基础一般按照设计使用年限100年考虑，隧道区段接触网槽道

一般按照设计使用年限100年考虑。

因此，提出牵引供电系统的抗震设防目标如下：

①地上部分三水准——小震不坏、中震可修、大震不倒。位于地上部分的接触网支柱、吊柱、装配及牵引变电架构等，当遭遇低于本地区抗震设防烈度的多遇地震（小震）影响时，不受损坏或不需修理可继续使用；当遭遇相当于本地区抗震设防烈度的多遇地震（中震）影响时，可能损坏，但经一般修理即可恢复正常使用；当遭遇高于本地区抗震设防烈度的多遇地震（大震）影响时，不致倒塌或发生危及生命安全的严重破坏。

②地下部分两水准——中震不坏、大震可修。位于路基、桥梁、隧道等土建结构中的接触网基础及槽道以及牵引变电架构基础等，当遭遇相当于或小于本地区抗震设防烈度的设防烈度地震（中震）影响时，不受损坏或不需修理可继续使用；当遭遇高于本地区抗震设防烈度的罕遇地震（大震）影响时，可能损坏，但经一般修理即可恢复正常使用。具体表现见表3.15。

表3.15　牵引供电系统抗震设防目标

地震动水准		牵引供电系统抗震设防目标	
等级	重现期/年	地上部分	地下部分
E1地震作用（小震）	50	Ⅰ	Ⅰ
E2地震作用（中震）	475	Ⅱ	Ⅰ
E3地震作用（大震）	1 642～2 475	Ⅲ	Ⅱ

（2）抗震设防目标实现途径

①地上部分（接触网支柱、吊柱、装配及牵引变电架构）。第一阶段设计，基于多遇地震作用进行的强度和变形验算以及抗震措施，主要内容：

a. 按照多遇地震作用计算结构的弹性地震效应，包括内力及变形。

b. 采用多遇地震作用效应于其他荷载效应的基本组合验算结构构件承载能力并采取抗震措施。

c. 进行多遇地震作用下的结构弹性变形验算。

d. 概念设计和抗震构造措施。

其中，前3项工作旨在实现第一水准和第二水准的设防目标，第4项则用于实现第二水准及第三水准的设防目标。

第二阶段设计，基于罕遇地震作用进行弹塑性变形验算，主要内容：

a. 进行罕遇地震作用下的接触网系统弹塑性变形计算。

b. 进行薄弱部位的弹塑性变形验算并采取相应的构造措施。

其目的是实现第三水准的设防目标。

②地下部分（基础及槽道等）。地下部分只进行第一阶段设计，主要内容：

a. 按照设防烈度地震作用计算结构的弹性地震效应，包括内力及变形。

b. 采用设防烈度地震作用效应于其他荷载效应的基本组合验算结构构件承载能力并采取抗震措施。

c. 进行设防烈度地震作用下的结构弹性变形验算。

d. 概念设计和抗震构造措施。

(3)抗震设防类别

抗震设防类别是根据结构遭遇地震破坏后，可能造成人员伤亡、直接和间接经济损失、社会影响的程度及其在抗震救灾中的作用等因素，对各类结构所作的划分，包括以下四个抗震设防类别：

①特殊设防类：指使用上有特殊设施，涉及国家公共安全的重大建筑工程和地震时可能发生严重次生灾害等特别重大灾害后果，需要进行特殊设防的建筑。简称甲类。

②重点设防类：指地震时使用功能不能中断或需尽快恢复的生命线相关建筑，以及地震时可能导致大量人员伤亡等重大灾害后果，需要提高设防标准的建筑。简称乙类。

③标准设防类：指除特殊设防类、重点设防类、适度设防类以外按标准要求进行设防的建筑。简称丙类。

④适度设防类：指使用上人员稀少且震损不致产生次生灾害，允许在一定条件下适度降低要求的建筑。简称丁类，丁类建筑应属于抗震次要结构。

现行相关规范对牵引供电系统的抗震设防类别规定见表 3.16。

表 3.16　供电设施抗震设防类别规定

规范规定	抗震设防类别
《建筑工程抗震设防分类标准》(GB 50223—2008)第 5.3.3 条规定：铁路建筑中，高速铁路、客运专线(含城际铁路)、客货共线Ⅰ、Ⅱ级干线和货运专线的铁路枢纽的行车调度、运转、通信、信号、供电、供水建筑，以及特大型站和最高聚集人数很多的大型站的客运候车楼，抗震设防类别应划为重点设防类	重点设防类(乙类)
《建筑工程抗震设防分类标准》(GB 50223—2008)第 5.3.7 条规定：城市轨道交通的地下隧道、枢纽建筑及其供电、通风设施，抗震设防类别应划分为重点设防类	重点设防类(乙类)
《电力设施抗震设计规范》(GB 50260—2013)第 1.0.7 条规定：重要电力设施中发电厂的主要建(构)筑物以及国家生命线工程中的输供电建(构)筑物为重点设防类	重点设防类(乙类)

结合上述规定以及电气化铁路牵引供电系统的服役性能，确定牵引供电系统的抗震设防类别为重点设防类(乙类)。

(4)牵引供电系统地震作用计算方法

①底部剪力法。使用近似计算，即底部剪力法计算时，《建筑抗震设计规范》(GB 50011—2010)中规定计算的要求：高度不超过 40 m、以剪切变形为主且刚度沿高度分布比较均匀的结构，以及近似于单质点体型的结构，可采用底部剪力法等简化方法。位移是通过基本振形计算的，基本振形可以近似地取直线计算，如图 3.3 所示。

满足上述条件，在进行抗震计算和验算时，使用基本振形计算可以更加准确，通过试验可以看出，建筑物在基本振形时，质点的相对水平位移与质点的计算高度成正比，两者的比例关系：

$$x_i = \eta H_i \tag{3.14}$$

式中　x_i——第 i 个质点的水平位移；

η——比例常数；

H_i——第 i 个质点的计算高度。

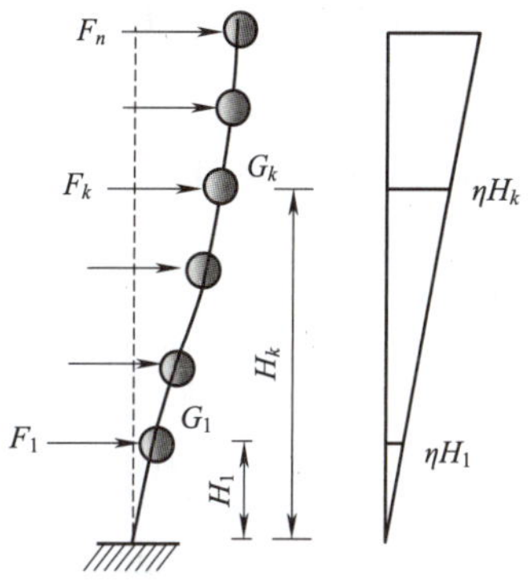

图 3.3　剪力法振形图

《建筑抗震设计规范》(GB 50011—2010)规定，按下式计算质点的水平地震作用标准值：

$$F_{Ek} = \alpha_1 G_{eq} \tag{3.15}$$

$$F_i = \frac{G_i H_i}{\sum_{j=1}^{n} G_j H_j} F_{Ek}(1-\delta_n) \quad (i = 1,2,3,\cdots,n) \tag{3.16}$$

$$\Delta F_n = \delta_n F_{Ek} \tag{3.17}$$

式中　F_{Ek}——结构总水平地震作用标准值；

α_1——相应于结构基本自振周期的水平地震影响系数；

G_{eq}——结构等效总重力荷载；

F_i——质点 i 的水平地震作用标准值；

G_i, G_j——集中与质点 i、质点 j 的重力荷载代表值；

H_i, H_j——质点 i, j 的计算高度；

δ_n——顶部附加地震作用系数，多层钢筋混凝土和钢结构房屋可按《建筑抗震设计规范》(GB 50011—2010)表 5.2.1 采用，其他房屋可采用 0；

ΔF_n——顶部附加水平地震作用，如图 3.4 所示。

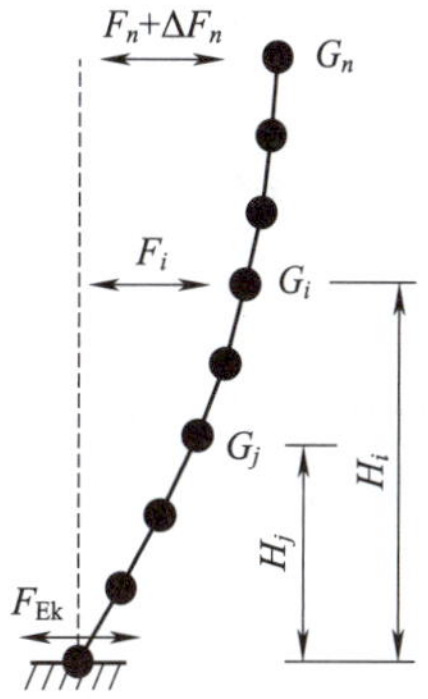

图 3.4　结构水平地震作用计算简图

②振形分解反应谱法。反应谱是在给定的地震加速度作用期间内，单质点体系的最大位移反应、速度反应和加速度反应随质点自振周期变化的曲线，用作计算在地震作用下结构的内力和变形。更直观的定义：一组具有相同阻尼、不同自振周期的单质点体系，在某一地震动时程作用下的最大反应，为该地震动的反应谱，如图 3.5 所示。

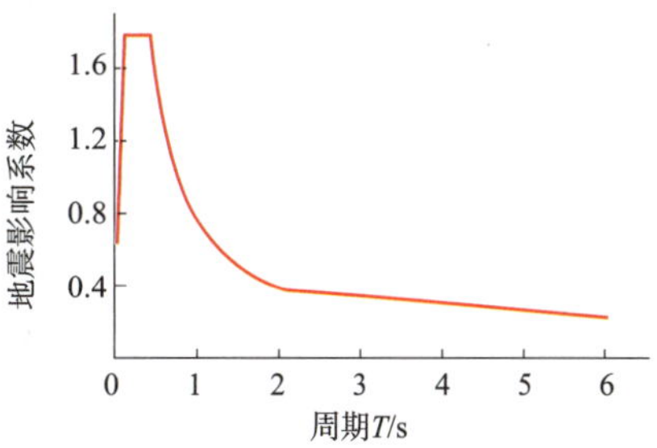

图 3.5　设计反应谱

反应谱理论考虑了结构动力特性与地震动特性之间的动力关系，通过反应谱来计算由结构动力特性(自振周期、振形和阻尼)所产生的共振效应，但其计算公式仍保留了早期静力理论的形式。地震时结构所受的最大水平基底剪力，即总水平地震作用为 $F_{Ek} = \alpha_1 G_{eq}$，其中 α_1 为地震影响系数，即单质点弹性体系在地震时最大反应加速度。另一方面地震影响系数也可视为作用在质点上的地震作用与结构重力荷载代表值之比。

地震作用反应谱分析本质上是一种拟动力分析，它首先使用动力法计算质点地震响应，并使用统计的方法形成反应谱曲线，然后使用静力法进行结构分析。但它并不是结构真实的动力响应分析，只是对于结构动力响应最大值进行估算的近似方法，在线弹性范围内，反应谱分析法被认为是高效而且合理的方法。

反应谱分为加速度反应谱、速度反应谱和位移反应谱。基于不同周期结构相应峰值的大小，可以绘制结构速度及加速度的反应谱曲线。一般情况下，随着周期的延长，位移反应谱为上升曲线，速度反应谱为平直曲线，加速度反应谱为下降曲线，目前结构设计主要依据加速度反应谱。

加速度反应谱在短周期部分为快速上升曲线，并且在结构周期与场地特征周期接近时出现峰值，后面更大范围为逐渐下降阶段。峰值出现的时间与对应的结构周期和场地特征周期有关。一般来说结构自振周期的延长，地震作用将减小。当结构自振周期接近场地特征周期时，地震作用最大。

③时程分析法。时程分析法是将动力作用以时间函数的形式引入微分方程，对结构物的运动微分方程直接进行逐步积分求解的一种动力分析方法，即基于振形叠加法或其他方法在地震作用的整个过程中对结构的响应进行完整计算得到结构在动力荷载作用下结构在每一时刻的响应以及响应的变化情况。由时程分析可得到各个质点随时间变化的位移、速度和加速度动力反应，进而计算构件内力和变形的时程变化。时程分析的积分方法是此类型分析的关键问题之一。

时程分析法在数学上称步步积分法，抗震设计中也称为“动态设计”。由结构基本运动方程输入地面加速度记录进行积分求解，以求得整个时间历程的地震反应的方法。此法输入与结构所在场地相应的地震波作为地震作用，由初始状态开始，一步一步地逐步积分，直至地震作用终了。对工程的基本运动方程，输入对应于工程场地的若干条地震加速度记录或人工加速度时程曲线，通过积分运算求得在地面加速度随时间变化期间结构的内力和变形状态随时间变化的全过程，并以此进行结构构件的截面抗震承载力验算和变形验算。

理论上时程分析是最准确的结构地震响应分析方法，随着计算机运行速度的提高，最初时程分析在计算时间方面的困难已经被解决，另外，随着结构设计领域的不断发展，结构分析早已超出线弹性的范围，面对更多非线性问题，反应谱法动力分析是没有任何意义的，这时就需要动力时程分析。

a. 结构阻尼比选取。在进行非线性分析时，对于系统的初始弹性状态（发生非线性变形之前）定义这个比例阻尼矩阵是适当的，并假设在反应过程中，即使刚度发生改变，而且除了黏滞阻尼损失以外还产生了滞变能量损失，该阻尼特性仍然保持恒定。在进行非线性分析时，振形是不固定的，并且随着刚度的变化而变化，导出比例阻尼矩阵时非常有必要的。

振形阻尼比的数值应该在0～1范围内，在以前的结构动力分析中，通常各阶振形采用的是相同的阻尼比，实测数据表明：结构的高阶振形的阻尼比通常大于低阶振形阻尼比。使用SAP2000时，可以为所有振形统一设置阻尼比，也可以为不同的振形设置不同的阻尼比，或者可以根据周期或频率值设置对应阻尼比，并在默认状态下进行插值，各阶振形的阻尼比之间是不相关的。因为接触网系统更接近钢结构的结构属性，为了方便，接触网系统结构的各阶振形设置统一阻尼比0.2。

b. 一致激励下地震动输入机理。一致激励下，不考虑结构响应时间延迟效应的多自由度体系动力学平衡方程增量形式可写成：

$$\boldsymbol{M}_{sc}U_{sc}+\boldsymbol{M}_{sc}U_{gg}+\boldsymbol{C}_{s}U_{c}+\boldsymbol{K}_{s}U_{s}=0 \tag{3.18}$$

式中　U_{sc}，U_{c}，U_{s}——非支承点相对加速度增量、相对速度增量、相对位移增量；

U_{gg}——地面输入加速度增量；

$\boldsymbol{M}_{sc}$，$\boldsymbol{C}_{s}$，$\boldsymbol{K}_{s}$——结构非支承点自由度的质量矩阵、阻尼矩阵、刚度矩阵。

④三种地震反应分析方法的比较。

a. 底部剪力法使用范围小，只适用于高度不超过40 m、以剪切变形为主且质量和刚度沿高度分布比较均匀的结构，以及近似于单质点体系的结构，由于接触网系统一般高度不超过20 m，且质量和刚度比较均匀，可近似简化为单质点体系，因此接触网系统可采用底部剪力法，但是由于底部剪力法是一种近似方法，其准确度相对反应谱法和时程分析法较低。

b. 反应谱是根据弹性结构地震反应绘制的，引用反映结构延性的结构影响系数后，可给出结构进入弹塑性状态的结构整体最大地震反应，但不能给出结构地震反应的全过程，更不能给出地震过程中各构件进入弹塑性变形阶段的内力和变形状态，因而也就无法找出结构的薄弱环节。由于该法能够考虑结构的前几阶振形，相对底部剪力法更准确。

c. 时程分析法需要复杂的计算，以及详尽而有针对性的场地信息，这一点并不是所有实际工程都能提供的，另外时程分析会输出地震作用整个过程每一时刻的结构位移及内力响应，对于这些信息的统计需要大量的工作量，并且难以形成直接指导结构设计的信息。所以，理论上时程分析是较准确的结构地震响应分析方法，但是由于其分析的复杂性，且地震波的随机性，因此一般只是把它作为地震反应分析的补充方法。

综上，三种抗震分析方法均可用于牵引供电系统地震响应分析。

⑤基于牵引供电系统抗震设防策略及服役性能，全面、系统提出牵引供电系统结构的抗震设防流程及抗震设计导则，如图3.6所示。

2. 高地震烈度牵引供电系统影响试验

(1)接触网系统原型足尺振动台试验

研究中，首次建立了4柱3跨1∶1接触网系统原型足尺振动台试验。完成了全方

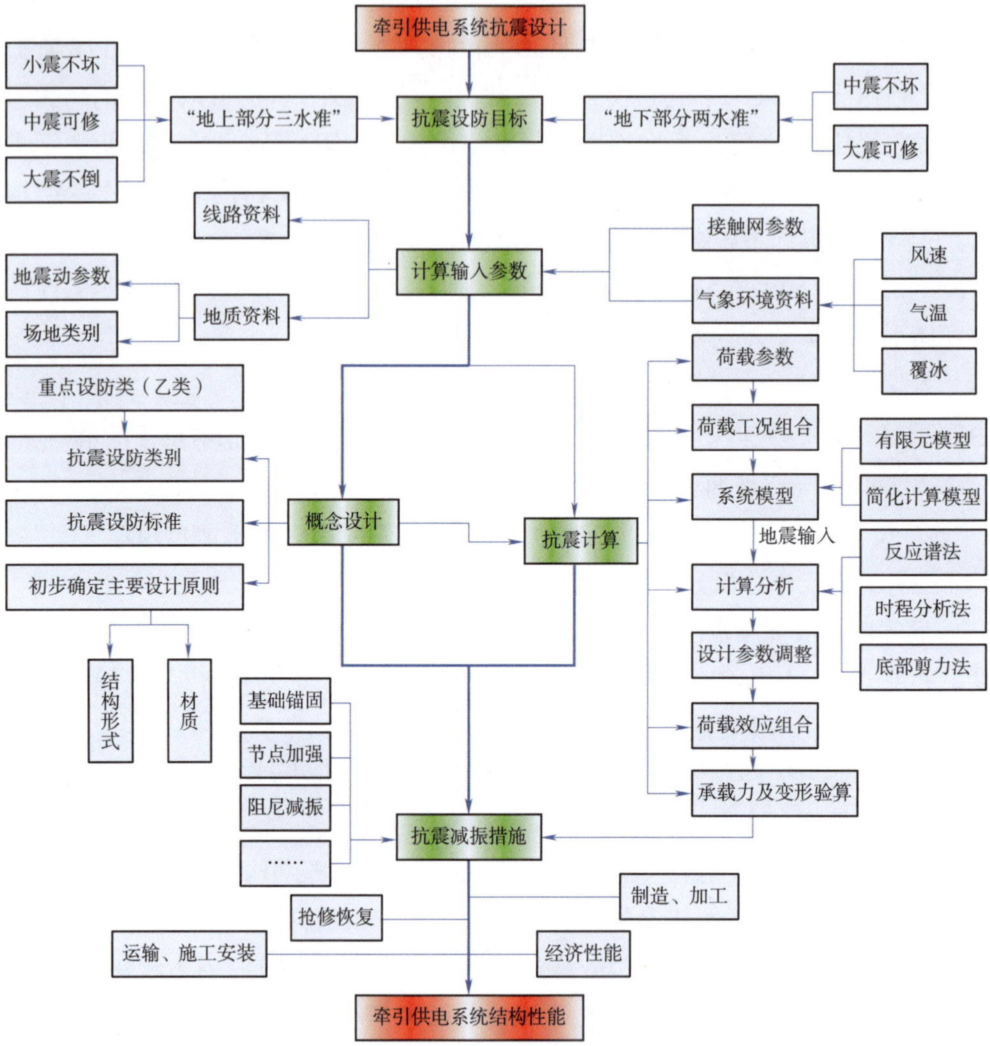

图 3.6　牵引供电系统结构的抗震设防流程

位($x/y/z$)、多工况(多遇、设防、罕遇)多维激励振动试验，如图 3.7 所示。解决了理论分析结果的可靠性验证难题；实现了接触网支柱、腕臂、定位及下锚等关键部件在不同张力、跨距等系统参量下的地震响应量化评估，如图 3.8 所示；揭示了接触网系统的地震响应为"接触网地震响应与导线张力呈负相关，与跨距呈正相关""定位器易出现受压，勾环结构易磨损、脱落""下锚坠砣竖向附加加速度对接触网系统影响较大"，为接触网系统抗震设计提供了技术支撑和理论依据。

(2)接触网后植化学锚栓振动台试验

为研究Ⅷ度 0.3g 及以上地区后植化学锚栓的适应性，首次完成了电气化铁路接触网结构后植化学锚栓振动台足尺模型试验，如图 3.9 所示。通过试验揭示了接触网结构后锚固系统的地震破坏规律：基材出现 1～2 个贯通主裂缝引发整个后锚固系统失

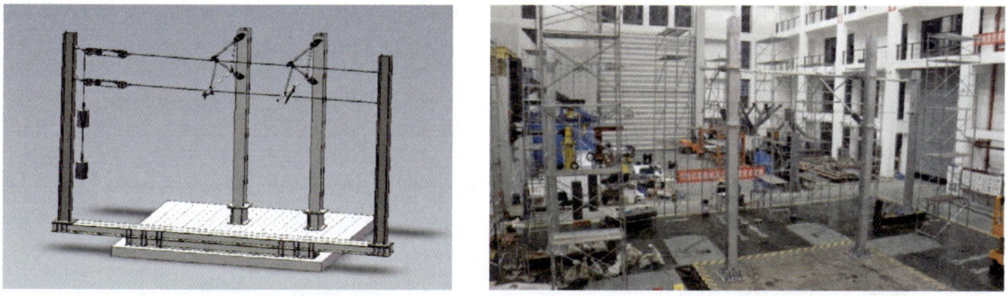

图 3.7　接触网系统 4 柱 3 跨 1∶1 原型足尺振动台试验

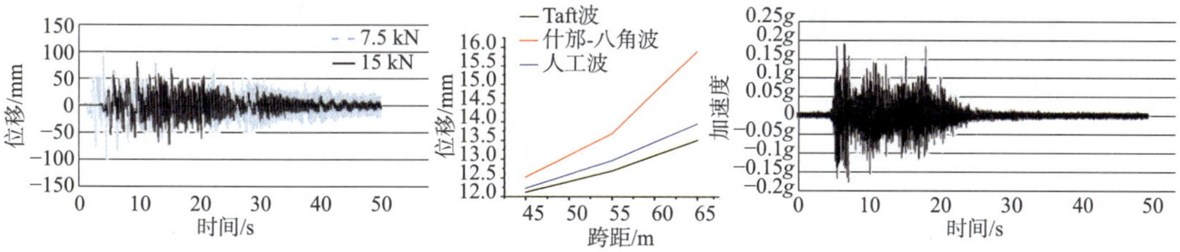

(a) x向地震作用中间柱顶x向位移　(b) 不同跨距主震方向位移峰值　(c) 下锚柱柱顶x方向加速度时程

图 3.8　接触网系统在地震作用下的响应规律(典型)

效;增加锚栓数量,锚栓受力越均匀;增设斜撑可减小地震响应;增大锚栓埋深可减小地震响应。

图 3.9　接触网后植化学锚栓振动台试验及试验结果

为全面分析后植化学锚栓在高地震烈度下的地震响应以及接触网吊柱等构件内力及位移,采用有限元软件建立模型,完成了汶川-绵竹波、什邡-八角波、汶川-卧龙波以及江油波等不同地震波下的分析,如图 3.10 所示。通过分析得出:4 颗锚栓数量较6 颗锚栓数量时地震响应更大;无斜撑结构较有斜撑对地震的响应大;埋深 170 mm 构件较埋深 220 mm 时地震响应更大;Ⅸ度(0.4g)地震作用下化学锚栓内力并未达到其最大承载能力，未发生损坏。通过有限元分析与振动台试验，解决了在Ⅷ度 0.2g 以上高地震烈度区接触网结构后锚固技术难题，为隧道内后锚固提供了新的思路。

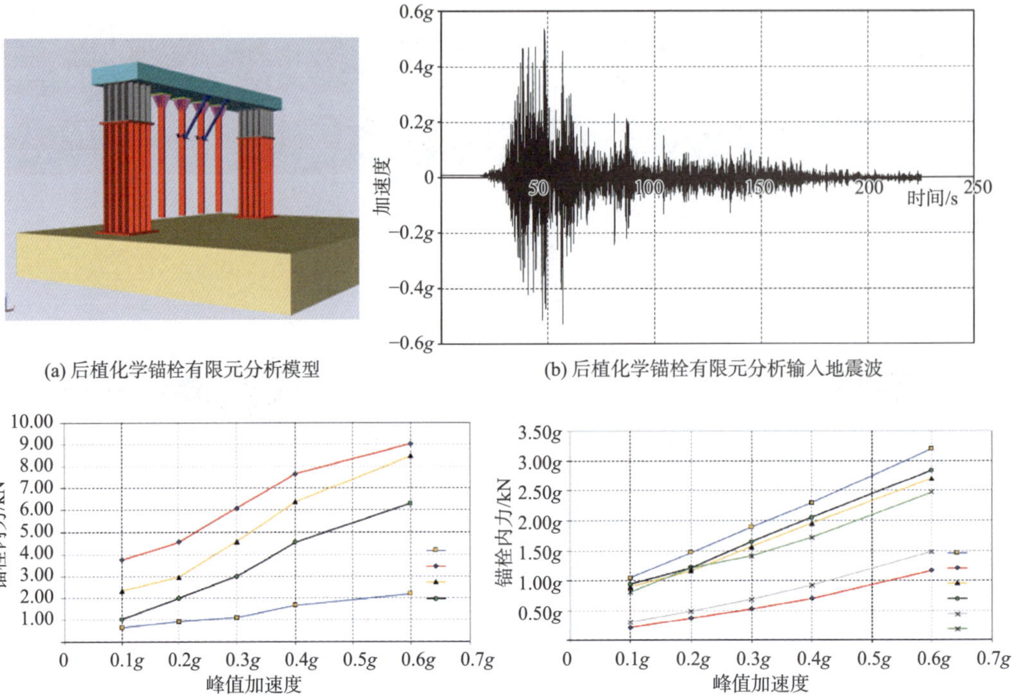

(a) 后植化学锚栓有限元分析模型

(b) 后植化学锚栓有限元分析输入地震波

(c) 后植4颗化学锚栓在地震作用下内力

(d) 后植6颗化学锚栓在地震作用下内力

图 3.10　接触网后植化学锚栓有限元分析及不同数量化学锚栓内力

(3)接触网植筋螺栓振动台试验

为研究Ⅷ度 0.3g 及以上地区植筋螺栓的适应性，首次完成了电气化铁路接触网格构式钢柱采用后植 360 mm、420 mm、450 mm、520 mm、550 mm 等不同深度、直径 30 mm 的植筋螺栓的振动台足尺模型试验，如图 3.11 所示。

图 3.11　接触网植筋螺栓振动台试验

通过试验揭示了接触网支柱采用植筋螺栓时的地震响应规律：地震响应随地震波峰值增加而增加；植筋锚固剂对周边混凝土膨胀力无挤压作用；采用全螺纹螺杆的化学植筋技术在Ⅸ度 0.4g 时未出现弯曲变形和拔出情况，附近混凝土外观完好，未发现开裂，如图 3.12 所示。解决了在Ⅷ度 0.2g 以上高地震烈度区接触网支柱采用植筋螺栓的难题，为桥梁区段后锚固提供了技术支撑。

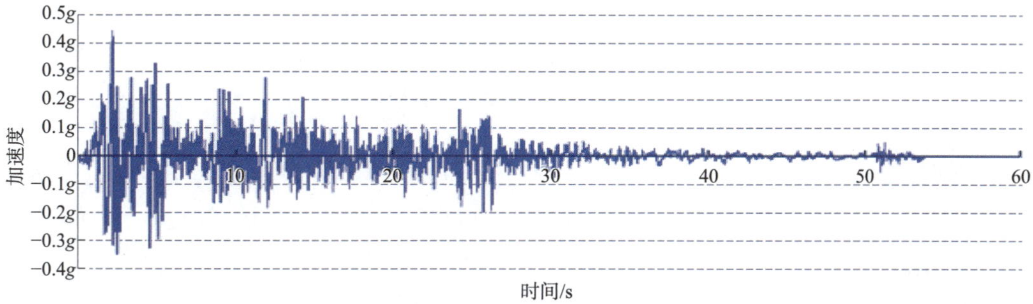

(a) 接触网植筋振动台试验输入地震波

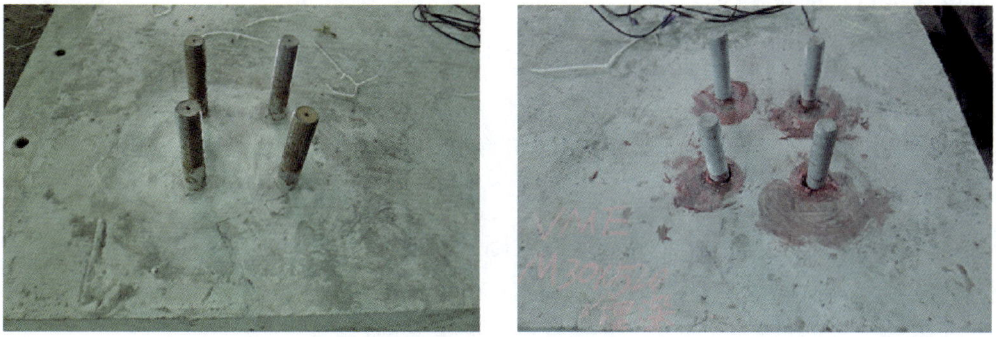

(b) 接触网植筋螺栓振动台试验结果

图 3.12　接触网植筋螺栓振动台试验输入地震波及试验结果

3. 高地震烈度牵引供电系统抗震设计方法

根据振动台试验与有限元分析结果，结合牵引供电系统服役性能及抗震设防目标，提出牵引供电系统结构抗震设计方法。

(1)构建“坠砣-导线-腕臂-支柱”耦合作用的多质点体系动力计算简化模型，如图 3.13 所示，采用接触网系统动力响应和耦合特性的振形分解反应谱法进行地震响应分析计算，得出接触网格构式钢柱(H 型钢柱及等径钢管柱)在抗震计算时应考虑接触网系统耦合影响的放大系数 1.6～1.8。

$$F=\eta\alpha_1 G \tag{3.19}$$

式中　G——集中于质点处的重力荷载代表值；

η——考虑接触网系统耦合影响的放大系数；

α_1——相应于结构基本自振周期的水平地震影响系数。

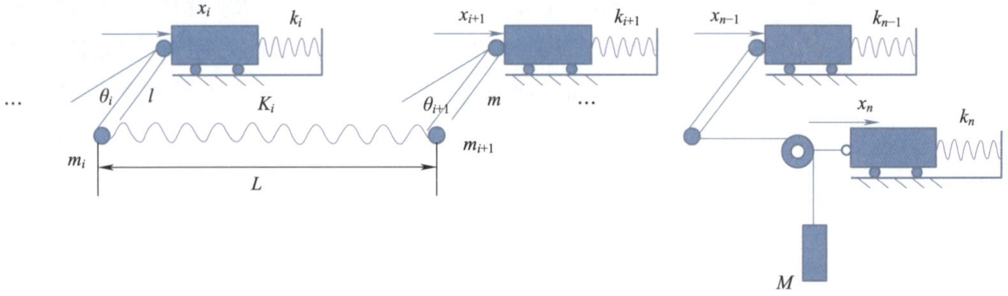

图 3.13　多质点体系动力计算简化模型

(2)对Ⅷ度 0.3g 及以上地区的后植化学锚栓应采用“增加化学锚栓数量、增大锚栓有效埋深及增设斜撑”等抗震设计，如锚栓数量由 4 颗增为 6 颗，锚栓由 170 mm 增大至 220 mm 的方式。

(3)电气化铁路牵引变电设备架构在抗震设防烈度小于或等于Ⅷ度、场地类别Ⅱ类时可不进行截面抗震验算。

3.2.2　高地震烈度牵引供电系统对策

根据振动台试验与有限元分析结果，并结合拉林铁路的工程特点提出了拉林铁路的成套抗震减振解决方案。

(1)针对牵引变电设备，分别从牵引设施系统设计、支柱及架构、设备基础、抗震设计参数以及材料选型等方面，系统地提出了多项抗震措施，牵引变电所架构采用轻型钢管结构、设备间基础采用联合基础形式，如图 3.14 所示。

图 3.14　轻型钢管结构牵引变电所架构

(2)提出拉林铁路接触网支柱采用法兰连接的轻小型格构式钢柱，支柱基础采用钻孔桩基础的形式，如图3.15所示，大幅提高了接触网支柱、基础在地震作用下的安全性与可靠性。

图3.15　轻小型格构式钢柱及基础

(3)通过大量试验与专家论证，在拉林铁路Ⅷ度0.3g及以上高地震烈度区首次采用“短吊柱采用6颗化学锚栓固定”的方式，解决了接触网结构后锚固技术难题，该方法为高地震烈度区接触网的后锚固提供了指导与参考，如图3.16所示。

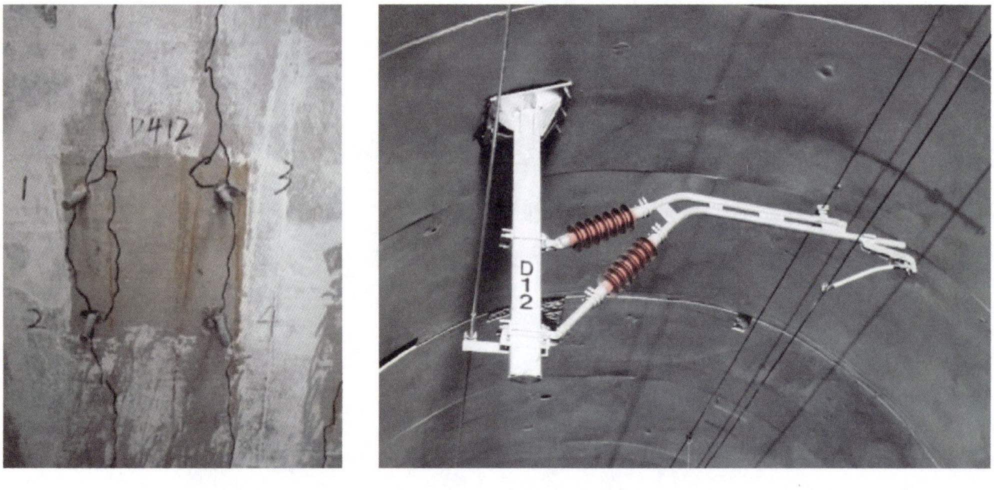

图3.16　高烈度地区后锚固试验及现场采用方案

2021年4月28日西藏那曲市巴青县发生地震后，对已送电运行的拉林铁路接触网设备进行震后逐一核查，通过对全线接触网基础、支柱、横梁、腕臂、下锚、设备等状态的测量和分析，未发现变形、开裂、松脱等现象。

3.3 高原峡谷风影响及对策研究

拉林铁路跨越典型风谷、峡谷达50多处，如图3.17所示。跨越峡谷区约占隧道外线路比例达70%，复杂的峡谷地形对风速影响极大，其特性与沿海台风、戈壁大风等完全不同。同时由于峡谷风经峡谷地形产生的加速效应后，将严重影响接触网线索、装备、支柱等结构性能，劣化弓网动态耦合受流性能，严重时将导致接触网结构失稳、列车停运等。

图3.17 拉林铁路沿线典型的高山峡谷地形地貌

峡谷风的主要特点是气流加速，而峡谷高度和峡谷两侧边界层决定了峡谷风的加速效应，即两边的边界层可以使谷内的风速减小，随着高度的增加峡谷上方风速增加的幅度较大，跨中的风速明显大于两侧的风速，因此需考虑峡谷区段的峡谷风特性。同时由于接触网是柔性结构，峡谷桥梁接触网的风环境较为复杂，其设计风荷载取值与平原地区接触网设计风荷载存在较大的差别，来流风经过峡谷地形和桥梁断面及桥上挡风屏障，其风速特性会发生改变，在脉动风作用下接触网会出现较大的风振响应，使结构位移明显增大。为提高拉林铁路在复杂恶劣、多变的峡谷风环境下接触网结构的安全性、可靠性与耐久性，结合拉林铁路的实际工程情况开展了峡谷风环境下接触网及其支撑结构的适用性研究，研究成果成功应用于拉林铁路。

3.3.1 高原峡谷风影响机理研究及试验

1. 设计风速修正方法的提出

目前《建筑结构荷载规范》(GB 50009—2012)对峡谷区段接触网系统的结构计算未做详细规定，因此在应用过程中未能反映峡谷风对接触网系统的影响。参考《建筑结构荷载规范》(GB 50009—2012)提出峡谷桥梁接触网设计风速的修正方法，修正后的接触网设计风荷载计算公式为

$$w_{ks}=\beta_z\beta_s\eta_t\mu_s\mu_z w_0 \tag{3.20}$$

式中　w_{ks}——峡谷区段接触网设计风压；

β_z——风振系数；

β_s——挡风屏障风压增大系数；

η_t——峡谷地形修正系数；

μ_s——体型系数；

μ_z——高度系数；

w_0——桥梁所在地区的10 m高度处设计基准风速。

其中与现行规范相比较，η_t与β_s为新增峡谷风影响因子，β_s、μ_s及μ_z均需进行修正。

2. 峡谷地形修正系数η_t的确定

峡谷内桥址(接触网位置)处风速特性与谷口气象观测站的数据通常有很大差异，因峡谷地形条件复杂，难以在桥址处架设风速检测设备直接测量桥位处的风速特性。为了获取桥位处接触网结构的设计风速，通过谷口气象站A提供的风速资料得到桥位处桥梁跨中位置B处的风速，其中风速修正的峡谷地形修正系数η_t就是由峡谷谷口气象站A点向峡谷跨中位置B处的转换系数，其中A点与B点的关系如图3.18所示。

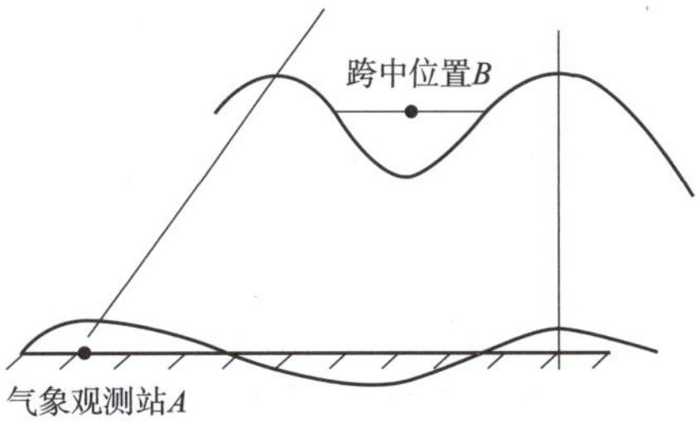

图3.18　峡谷区段接触网支柱位置与气象站观测点相对关系

为获得峡谷修正系数取值，利用DEM得到拉林铁路某特大桥处地质模型，并建立分析模型，为获得该桥峡谷地形下的风速数据，在主梁高度轴向方向每隔50 m布置一个监测点，共21个监测点。在关键位置处布置沿高度方向的一系列监测点，即监测两个桥塔处、1/4桥跨、1/2桥跨、3/4桥跨沿高度的风速变化，如图3.19所示。

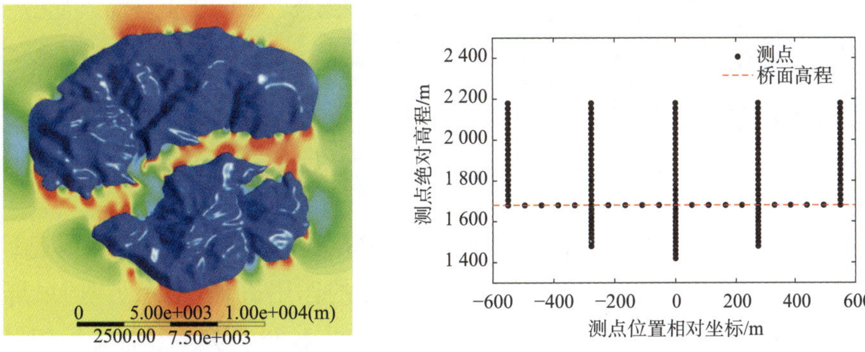

图3.19　峡谷地形模型

通过分析，得出该桥沿桥梁轴线方向的风速变化及主梁测点风速剖面如图3.20所示。

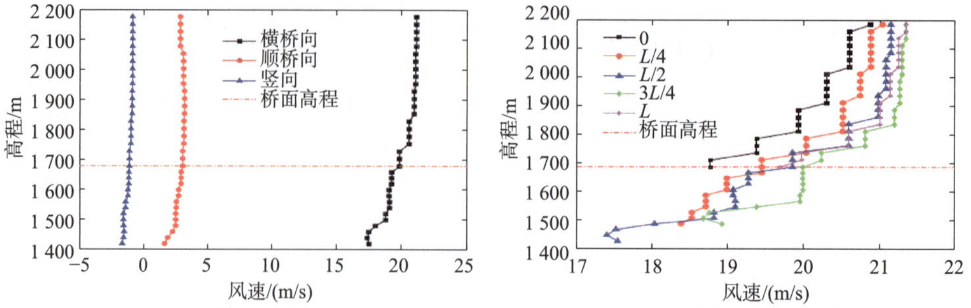

(a) 桥梁跨中位置风速剖面　　(b) 主梁各测点风速剖面

图 3.20　峡谷区段桥梁风速变化及主梁测点风速剖面

从图 3.20 可以看出，风速沿桥梁轴线方向变化不大，横桥向(顺风向)＞顺桥向＞竖向，同时峡谷内风速沿高度分布难以用指数率拟合，需考虑修正系数，一般情况下该系数大于 1，“峡谷地形修正系数与峡谷宽深比、峡谷地形、峡谷风攻角相关”的规律，具体设计中应根据峡谷实际地形进行 CFD 建模分析确定。

3. 挡风屏障风压增大系数 β_s 的确定

来流风经过主梁断面及风屏障到达桥面区域，其风速特性会发生显著的改变，设置不同结构参数的风屏障，其主梁的气动特性有明显差别。为研究风屏障对接触网系统风场的影响，开展了 1∶50 缩尺的挡风屏障透风率为 30%、高度为 3 m 的桥梁结构在 0°、30°风偏角的峡谷风洞试验，如图 3.21 所示。

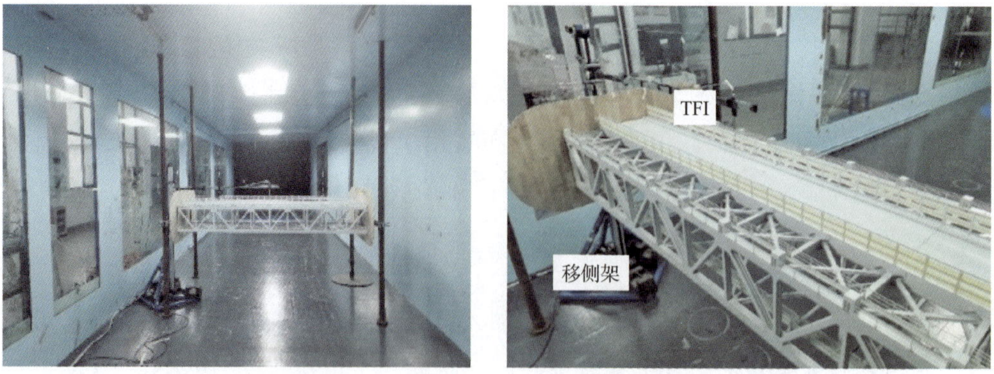

图 3.21　挡风屏障风洞试验及 CFD 模拟增大系数响应规律(典型)

选取桥上接触网承力索、接触线等构件所在高度作为测点，采集测点风速 U_{ij}，探明了挡风屏障风速增大系数对接触网系统风场响应的作用机理，揭示了“挡风屏障风速增大系数与透风率、挡风屏障高度相关”的规律，如图 3.22 所示(图中 η_b 为挡风屏障风速增大系数)。

选取的某挡风屏障透风率为 30%、高度为 3 m 时设置的风屏障接触线高度处风压增大系数 β_s 为 1.26，承力索高度处风压增大系数为 1.28。

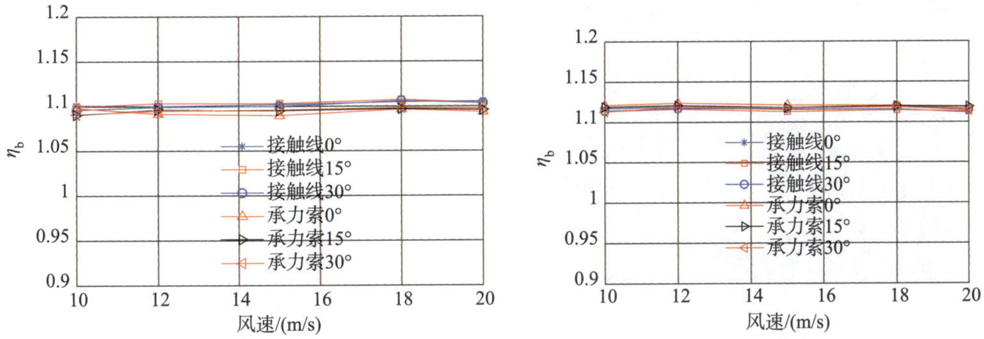

(a) 迎风侧　　(b) 背风侧

图3.22　挡风屏障接触网风速增大系数

4. 体型系数μ_s的确定

《铁路电力牵引供电设计规范》(TB 10009—2016)中承力索、接触线体型系数μ_s均规定为1.25,通过开展"接触线-吊弦-承力索"多线索耦合接触网体型系数1∶1原型气动力试验,如图3.23所示,揭示了竖直交叉(吊弦)、平行排列(双线)时线索间耦合作用对接触网体型系数μ_s存在影响,具体表现:吊弦及双线的耦合作用对接触网尤其是承力索的体型系数μ_s影响较大,吊弦耦合作用引起体型系数μ_s增大约10%,双线耦合作用引起体型系数μ_s增大约20%,吊弦及双线同时耦合作用引起承力索和接触线体型系数μ_s分别增大约30%、15%。

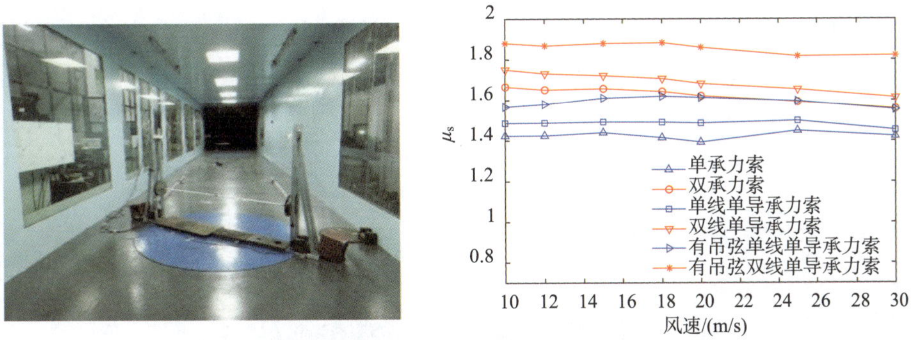

图3.23　峡谷区段接触网体型系数

5. 风振系数μ_z的确定

《铁路电力牵引供电设计规范》(TB 10009—2016)中未考虑接触网风振系数,通过开展接触网系统3柱2跨1∶10缩尺的"导线-腕臂-支柱"耦合结构在随机风场中的气弹性风洞试验,如图3.24所示,接触网风振系数在紊流风场比均流风场增大约20%,承力索及接触线的风振系数μ_z最大值分别为1.28、1.20。

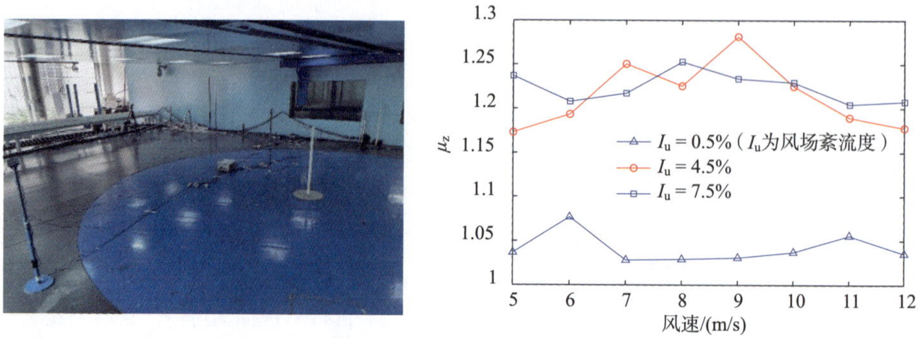

图 3.24　3 柱 2 跨“导线-腕臂-支柱”耦合模型气弹性动力响应试验

3.3.2　高原峡谷风接触网抗风对策

对高原峡谷风的抗风策略可从接触网结构参数及接触网支撑结构形式等方面进行优化。

通过对接触网张力、跨距等结构参数进行分析，得出如下结论：

(1)线索张力增加，结构频率增大，随着导线张力的增加，接触线和承力索跨中竖向和顺风向位移均值逐渐减小。

(2)跨距增加，结构频率减小，当跨距增大时，接触线和承力索的顺风向和竖向的位移均值增大。

根据峡谷风研究结论，并结合拉林铁路地处高原山区养护维修困难等难题，采用防风型整体腕臂接触悬挂系统，如图 3.25 所示。该套腕臂系统具有安全可靠性高、抗风性能优异、运营维护便捷的优点。

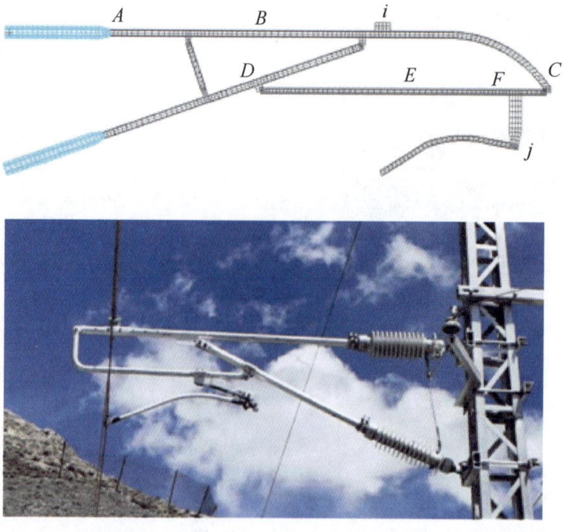

图 3.25　拉林铁路接触网用防风型接触悬挂腕臂系统

3.4　高原极寒环境材料低温性能研究

拉林铁路沿线区域最低温度因季节和天气情况而异，根据现场调查情况，冬季的最低温度为－15 ℃。这样极端的低温会对铁路设施和列车运行带来极大的挑战，需要采用特殊的材料和技术来保障安全和可靠性。高原极寒环境对材料的性能有很大的影响，因此需要对材料在这种环境下的性能进行研究：

(1)低温性能：高原极寒环境下温度极低，材料的低温性能变得尤为重要。需要研究材料在低温下的强度、韧性、脆性、断裂韧性等性能。

(2)疲劳寿命：高原区域的气压低，空气稀薄，会对材料的疲劳寿命造成影响，需要研究材料在高原极寒环境下的疲劳寿命及其影响因素。

(3)热膨胀性：高原极寒环境昼夜温差大，材料容易出现热胀冷缩，需要研究材料在高原极寒环境下的热膨胀性。

3.4.1　铝合金低温性能研究

铝合金在低温环境下的性能会受到影响，具体表现如下：

(1)强度和塑性：随着温度的降低，铝合金的强度和塑性会显著降低，导致材料的可靠性和安全性下降。

(2)断裂韧性：铝合金在低温环境下的断裂韧性也会降低，容易发生脆性断裂。

(3)疲劳寿命：低温环境下，铝合金的疲劳寿命会减少，因为在低温下，材料中的缺陷和裂纹容易扩展，导致疲劳破坏。

(4)腐蚀性能：在低温环境下，铝合金的腐蚀性能可能会发生变化，受到低温气候、湿度等因素的影响。

为了提高铝合金在低温环境下的性能，可通过添加微量合金元素、改变铝合金的组织结构和加工工艺等方法，也可通过表面涂层、防腐处理等方式来提高铝合金的耐低温性能。

对于拉林铁路铝合金主要用于接触网定位器的定位管，目前常规采用的铝合金材料为 A5052TD-H34。A5052TD-H34 是一种铝合金牌号，主要由铝、镁和少量的铬、锰、钛等元素组成。其中 A 表示铝合金的类型，5052 表示合金中铝的含量约为 97.5%，镁为 2.5%，TD 表示经过热轧和加工处理，H 表示硬化状态，34 表示硬化程度。常温下，A5052TD-H34 具有较高的强度和优良的可加工性。但是在低温环境下，其性能会发生变化。

在强度和塑性方面，随着温度的降低，A5052TD-H34 的强度和塑性会逐渐降低。但相比其他铝合金，A5052TD-H34 在低温下的强度和塑性仍比较高，且具有较好的延展性和韧性。

在断裂韧性方面，A5052TD-H34 在低温下的断裂韧性较低，容易发生脆性断裂。这是由于低温下合金的晶体结构变化、位错密度增加、组织中的间隙含量增加等因素导致的。

在疲劳寿命方面，A5052TD-H34 在低温下的疲劳寿命较短，容易发生疲劳破坏。

因此，为了适用拉林铁路高原、极寒、低温环境，提高 A5052TD-H34 的低温性能，采取了以下措施：

(1)添加铜、锰、硅等合金元素，来提高合金在低温下的强度和塑性。

(2)采用减少晶界间隙的方法来改变合金的组织结构，提高合金的韧性。

(3)用较低的变形速率或热处理等加工工艺，改善合金的性能。

3.4.2　不锈钢低温性能研究

拉林铁路接触网设计中，不锈钢主要用于接触网零部件，主要的不锈钢材质为 12Cr18Ni9 和 06Cr19Ni10。12Cr18Ni9 是一种常见的不锈钢材料，也被称为 304 不锈钢。它含有 12%的铬、18%的镍和 0.9%的碳，具有较好的耐腐蚀性、可塑性、高温强度和耐磨性能；06Cr19Ni10 也是一种常见的不锈钢材料，被称为 304L 不锈钢，与 12Cr18Ni9 类似，都是奥氏体不锈钢，但 06Cr19Ni10 的碳含量更低，仅为 0.03%，耐腐蚀性和可塑性更好。在低温环境中，不锈钢具有一定的抗冷脆性能，但需要根据具体的使用环境进行评估和选择。

低温下的强度和塑性：通常情况下，不锈钢低温下的强度会随着温度的降低而逐渐增加，但是在一定温度范围内，随着温度的继续降低，强度会开始下降。这是由于低温下材料的韧性和塑性降低，导致材料易于发生断裂和变形。这一范围通常称为“低温脆性区”，其范围因不同的不锈钢而有所不同，一般来说，－100～－50 ℃之间是不锈钢的低温脆性区。在这个温度范围内，由于晶格的结构发生变化，材料的韧性和塑性降低，容易发生断裂和变形，从而导致强度下降。根据拉林铁路的气象条件调查，最低温度为－15 ℃，按照不锈钢材料的特性，在此范围内，强度会随着温度的降低而逐渐增加。

低温下的疲劳寿命：研究表明，12Cr18Ni9 和 06Cr19Ni10 不锈钢在低温下的疲劳寿命会比室温下更长，因此应用于拉林铁路其寿命相对于平原地区铁路基本不受影响，同时为了进一步提高不锈钢在低温环境下的疲劳寿命，12Cr18Ni9 经过适当的冷加工处理可以获得较高的疲劳寿命，06Cr19Ni10 可通过热处理方式来加以改善。

低温下的腐蚀性能：一般来说，在低温环境下不锈钢的腐蚀性能通常都比较好，因此可适用于拉林铁路环境。

低温下的微观结构和晶界：12Cr18Ni9 和 06Cr19Ni10 在－196 ℃的低温下才会发

生微观结构和晶界的变化，因此对于拉林铁路，不锈钢材料的微观结构和晶界不会发生变化。

3.4.3　碳素结构钢低温性能研究

接触网设计中，碳素结构钢主要用于接触网腕臂底座、腕臂本体、附加导线肩架等，主要钢号有 20 号钢、35 号钢、45 号钢、Q235 等。

20 号钢的碳含量为 0.17%～0.24%，强度、韧性和可塑性较好，易于焊接和冷加工成形，常用于制造低强度要求的零部件；35 号钢的碳含量为 0.32%～0.40%，强度和硬度较高，但韧性和可塑性相对较差；45 号钢的碳含量为 0.42%～0.50%，强度、硬度和耐磨性较高，但可塑性和韧性相对较差，常用于制造要求较高的机械零件；Q235 钢碳含量为 0.12%～0.20%，具有优良的可塑性、韧性和焊接性，常用于制造一些结构件，并根据其不同温度下的冲击韧性要求，可分为 Q235A、Q235B、Q235C、Q235D。

20 号钢、35 号钢、45 号钢和 Q235 钢都是常用的结构钢材料，其低温性能也略有不同。一般来说，钢材在低温下的韧性会降低，易发生脆性断裂。以下是这些钢材的低温性能：

20 号钢：在较低的温度下，20 号钢的韧性会降低，但其强度和硬度不会明显降低，因此适用于一些低温要求不太高的场合，接触网腕臂本体主要用 20 号钢。

35 号钢：35 号钢的低温韧性比 20 号钢略低，但相对于 45 号钢和 Q235B 钢，其韧性要好一些。

45 号钢：在低温下，45 号钢的韧性明显降低，容易发生脆性断裂，因此可用于制造接触网承力索、接触线夹等零部件，同时也可以用于制造接触网的悬挂、支撑构件等，但不适用于低温环境下受弯、受剪的零件和受力工况。

Q235 钢：低温韧性比较好，主要用于附加导线肩架的制造，目前根据工作温度的不同通常采用 Q235B 钢和 Q235C 钢。二者除了化学成分稍有不同外，主要区别在于冲击韧性温度，其中 Q235B 钢具有 20 ℃冲击韧性的合格保证，适用于工作温度高于 0 ℃的结构设计，Q235C 钢具有 0 ℃冲击韧性的合格保证，适用于工作温度不高于 0 ℃但高于−20 ℃的结构设计，Q235C 钢较 Q235B 钢冲击韧性更好，低温下的性能更优，但价格相对较高。

3.4.4　合金结构钢低温性能研究

低合金高强度结构钢是在碳素结构钢的基础上加入少量合金元素（以 Mn 元素为主）而制成，其化学成分见表 3.17。

表 3.17　低合金高强度结构钢主要化学成分

<table>
<tr><th rowspan="2">牌号</th><th colspan="9">化学成分(质量分数)</th></tr>
<tr><th>C</th><th>Si</th><th>Mn</th><th>P</th><th>S</th><th>V</th><th>Nb</th><th>Ti</th><th>Al</th></tr>
<tr><td>Q345A</td><td rowspan="3">≤0.20%</td><td rowspan="5">≤0.50%</td><td rowspan="5">≤0.17%</td><td>≤0.035%</td><td>≤0.035%</td><td rowspan="5">≤0.15%</td><td rowspan="5">≤0.07%</td><td rowspan="5">≤0.20%</td><td>—</td></tr>
<tr><td>Q345B</td><td>≤0.035%</td><td>≤0.035%</td><td>—</td></tr>
<tr><td>Q345C</td><td>≤0.030%</td><td>≤0.030%</td><td rowspan="3">≥0.015%</td></tr>
<tr><td>Q345D</td><td rowspan="2">≤0.18%</td><td>≤0.030%</td><td>≤0.025%</td></tr>
<tr><td>Q345E</td><td>≤0.025%</td><td>≤0.020%</td></tr>
</table>

表 3.17 中 A、B、C、D、E 是质量等级，主要根据 S、P 含量划分。低合金高强度结构钢的力学性能见表 3.18。

表 3.18　低合金高强度结构钢的力学性能

牌号	壁厚/mm	伸长率 δ_5	屈服强度 δ_s/MPa	试验温度/℃	抗拉强度 σ/MPa
Q345A	≤16	≥21%	345	不需	470～630
Q345B	≤16	≥21%	345	20	470～630
Q345C	16～35	≥22%	≥325	0	470～630
Q345D	35～50	≥22%	≥295	－20	470～630
Q345E	50～100	≥22%	≥275	－40	470～630

一般情况下，Q345 钢在低温环境下的力学性能明显优于 Q235 钢，适用于拉林铁路环境的应用，同时还应关注在低温环境对 Q345 钢材性能的影响：

晶格结构的畸变：在低温环境下，由于原子的热运动减缓，晶格中的原子更加紧密，从而导致晶格畸变。这种畸变可能导致钢材的强度和硬度增加，但会降低其韧性和塑性。

相变：在低温环境下，可能会出现马氏体相的生成，从而使钢材的硬度和强度增加，但韧性和塑性降低。

位错的运动：在低温环境下，位错会运动减缓，从而降低了钢材的可塑性和韧性。

晶粒尺寸的变化：在低温环境下，晶粒尺寸可能会变小，导致钢材的硬度和强度增加，韧性和塑性降低。

拉林铁路沿线区域最低温度为－15 ℃。为满足最低温度要求，通过上述分析，理论上应优选 Q235C 钢，但由于实施过程中 Q235C 原材料价格较高，通过技术经济及工程可行性分析，拉林铁路接触网低合金高强度结构钢采用了 Q345B 钢，并满足 0 ℃冲击韧性要求，通过拉林铁路开通以来的运行，证明了所选择的材料性能能够满足接触网运行环境、温度及性能参数要求。

第4章　电气化装备技术创新

拉林铁路是国内外现阶段海拔最高、环境最复杂的电气化铁路，在装备技术、标准以及运营维护方面均无经验可借鉴，如 27.5 kV GIS 开关设备及 27.5/10 kV 交-直-交电源设备无海拔 3 000 m 以上制造和运行经验，接触网腕臂在高海拔低净空隧道需开展特殊设计，接触网化学锚栓无适用于Ⅷ度 0.3g 及以上高地震烈度的标准，其装备制造、安装及运营维护面临巨大的挑战。因此，在拉林铁路建设过程中，结合沿线具体的工程及环境条件开展了牵引变电、接触网、电力等一系列装备创新。

4.1　牵引变电装备技术创新

4.1.1　27.5 kV 架空出线 GIS 开关柜

1. 研究背景

在非高海拔地区，我国时速 200 km 及以下电气化铁路牵引变电所 27.5 kV 侧开关设备通常采用户外单体柱上布置、户内网栅布置、户内空气开关柜布置等方式，均以空气作为绝缘介质，全部电气元件及导体均裸露在空气中，其外绝缘性能受空气绝缘强度的限制。随着海拔高度的升高，设备外绝缘水平及最小空气间隙需要修正加大以满足绝缘要求，使得设备的体积及布置间隔变得庞大，制造工艺复杂，制造成本大幅增加。另外，由于高海拔地区温差增大及热辐射及紫外线强度增强，使得裸露在外的开关设备容易出现绝缘破坏、闪络跳闸等问题，需要定期检修维护。

气体绝缘开关柜主要的一次设备如断路器、隔离开关、母线、电流互感器等均安装于以 SF_6 气体作为绝缘介质的密封箱体内，不受外界环境的影响，依靠气体的高绝缘特性和气箱的良好密封性，可使设备运行 20 年不需要维护。且在任一海拔处，充气开关柜的内绝缘特性都是相同的，不需要进行海拔修正，能够很好地适应高海拔地区使用环境，因此在高海拔地区的应用越来越广泛。

目前，国内外电气化铁路使用的 27.5 kV 气体绝缘封闭式开关设备均为电缆出线方式。由于电缆及电缆头的制作及安装工艺要求极为严格，现场制作及安装过程中极容易留下安全隐患，通过多年来的运行情况分析，部分故障是由电缆及电缆头故障引发的，严重影响运输安全。相比高压电缆，架空线是裸露的金属导体，在空中架设，以绝缘子串固定在杆塔上，以空气为绝缘，投资成本低、机动性强、故障概率低，故障后便于检修更换，因此架空出线布置形式能够更好地适用于高海拔地区。

结合高海拔使用条件下 GIS 开关柜优点及传统电缆出线形式缺点，综合考虑高海拔气候条件对电气设备性能的影响及牵引变电所 27.5 kV 侧开关设备不同的布置形式与进出线方式在使用上的差异情况，开展了高原型“27.5 kV 架空出线气体绝缘金属封闭开关设备技术研究及运用”专题研究。

研制成功的高原型架空出线气体绝缘封闭式开关设备，是我国首次通过对 27.5 kV GIS 充气柜的结构形式进行研究，将电缆出线改为架空出线的 27.5 kV GIS 柜，如图 4.1 所示，其减少了 27.5 kV 电缆的使用，降低了牵引变电设施故障概率，有效提高了牵引供电系统运行的可靠性。同时高原型架空出线气体绝缘封闭式开关柜在传统 GIS 结构的基础上增加连接件使其抗震能力达到地震烈度Ⅷ度地区的设防等级，GIS 开关柜外绝缘能够适应海拔不低于 5 000 m 的环境应用，能够很好地适应拉林铁路线路特点，也具备了传统 GIS 开关柜的免维护少维修的特点，方便后期的运营维护。

2. 关键技术创新

27.5 kV 架空出线气体绝缘金属封闭开关设备是一款专门针对高海拔地区的特殊环境设计的牵引供电开关设备。它的一次主要元器件都密封在不锈钢气箱内，以 SF_6 气体作为绝缘介质，不受外界环境影响，最大限度地提高了供电的安全性、可靠性，为行车安全和人身安全提供了保障。摒弃了常规充气柜的电缆进出线方式，采用架空出线方式，简单、可靠、易维护。其主要创新点是绝缘套管的研制，包括材质选择。

(1)绝缘材质选择

目前，常用的中压出线绝缘套管的材质有电瓷和环氧树脂两种。电瓷虽然具有机、电、热、化学和抗氧辐射等方面的一系列优良性能，但是电瓷的机械强度和冲击韧度是其短板。

考虑高海拔地区，地震多发，运输不便等因素，选取了具有高玻璃化转变温度(≥110 ℃)、优良的电性能和极佳的抗开裂性能的 XRUN 8329 环氧树脂绝缘，其技术参数见表 4.1～表 4.3。

(2)海拔修正系数计算结果

随着海拔的增加，空气密度降低，其介电强度也随之降低，导致以空气为绝缘介质的电气外绝缘的放电电压下降。在海拔 0～5 000 m 范围内，海拔每升高 1 000 m，气压降低 7.7～10.5 kPa，外绝缘电气强度降低 8%～13%。对于使用在海拔高于 1 000 m 处的设备，为了在 1 000 m 海拔以下地区对电气设备做绝缘试验，应对试验电压值进行修正。

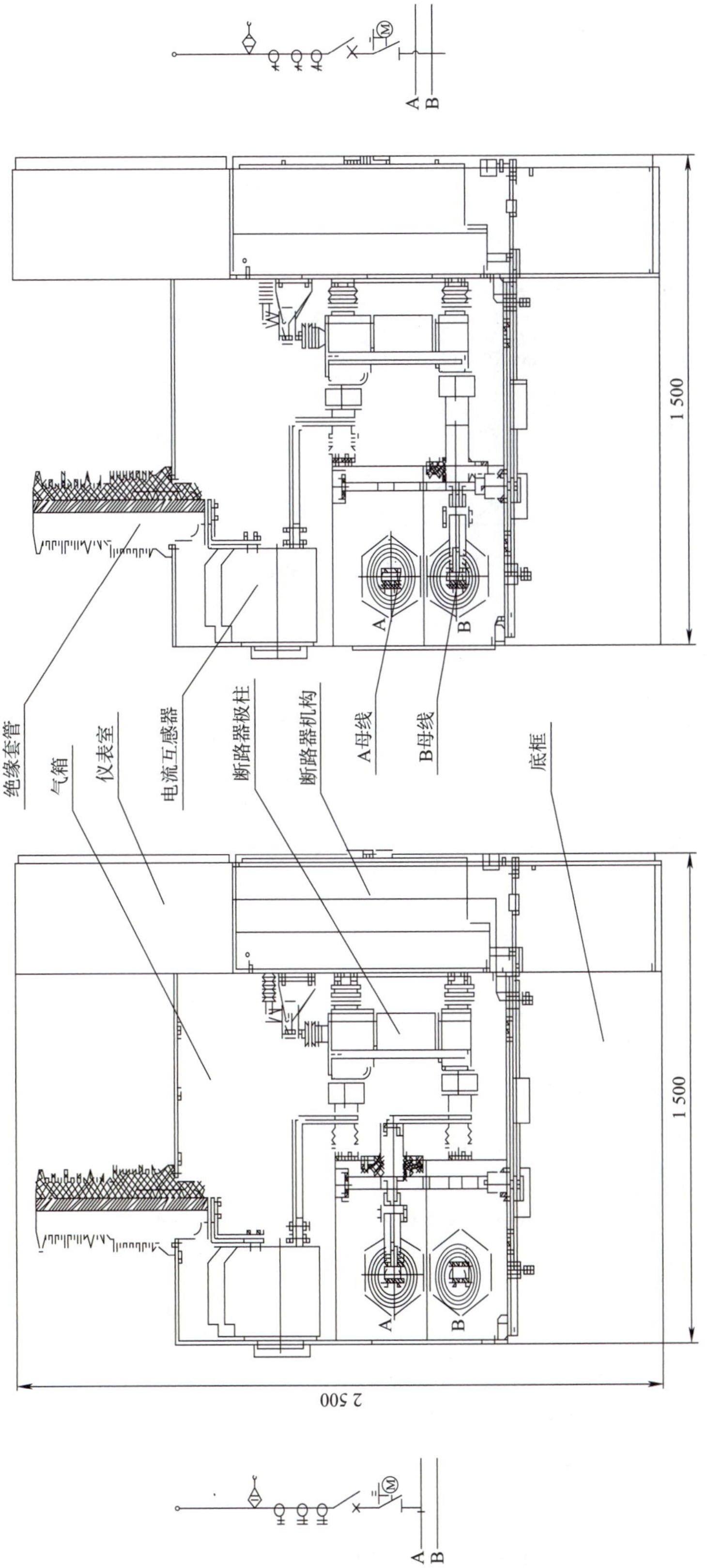

图4.1　27.5 kV 架空出线气体绝缘金属封闭开关设备结构（单位：mm）

表 4.1　XRUN 8329 环氧树脂技术参数

类　别	环氧胶 A：HE-8329	环氧胶 B：HH-8329	填料 X171
外　观	浅黄色液体	浅棕色液体	白色粉末
黏度/(MPa·s)(25 ℃)	10 000～15 000	500～900	改性型填充料
密度/(g/cm³)(25 ℃)	1.16～1.21	1.17～1.24	2.65
凝胶时间/min	4.0～8.0(140 ℃)		
起始混合料黏度/(MPa·s)	30 000～60 000(40 ℃)		

表 4.2　XRUN 8329 环氧树脂成形工艺参数

工　艺	APG 工艺(CT210.1)	真空浇注工艺(CT239.3)
混料条件	(30～40)℃/(1～3)h,100～300 Pa	(60～80)℃/(1～2)h,100～300 Pa
模具温度	130～160 ℃	80～100 ℃
脱模时间	12～40 min	4～8 h
固化条件	(130～140)℃/(8～12)h	(130～140)℃/(8～12)h

表 4.3　XRUN 8329 环氧树脂典型性能参数

性能参数	取值及要求
配料比例（质量比）	HE-8329：HH-8329：填料 X171=100：100：300
固化条件	80 ℃/4 h+140 ℃/10 h
密度/(g/cm³)	1.8±0.1
拉伸强度/MPa	70～95
弯曲强度/MPa	120～150
冲击强度/(kJ/m²)	10～16
玻璃化转变温度/℃	110～120
线膨胀系数/(1/K)	$(33\sim38)\times10^{-6}$
抗开裂指数	40
耐热等级	H
介电强度/(kV/mm)	>23
介质损耗(23 ℃,50 Hz)	0.015
体积电阻系数/(Ω·cm)	1 015
相比漏电起痕指数级别(CTI 600)	0 级
耐电弧/s	183～195
热分解温度/℃	360
盐雾试验/h	>1 000

出线绝缘套管外绝缘在海拔 1 000 m 及以下需要满足的绝缘水平为 1 min 工频耐受电压试验 95 kV，雷电冲击耐受电压试验 200 kV。当设备安装在海拔 5 000 m 地区时，1 min 工频耐受电压修正值为 155 kV，雷电冲击耐受电压修正值为 326 kV。

(3)出线绝缘套管外绝缘设计计算

当出线绝缘套管场强具有强垂直场强分量时，容易发生沿面闪络的现象，外绝缘的设计计算很重要。

①出线绝缘套管外绝缘雷电冲击、工频电压下的设计计算。借鉴大气中瓷件闪络电压分布的标准偏差值，对出线绝缘套管外绝缘距离根据海拔 5 000 m 修正后的雷电冲击耐受电压、1 min 工频耐受电压进行计算。

工频干闪耐受电压：

$$U_g=(2.9L_{g1}+25)\times(1-3.08\sigma_1) \tag{4.1}$$

雷电冲击电压耐受值：

$$U_{th}=(5.7L_{g2}+20)\times(1-3.08\sigma_2) \tag{4.2}$$

式中　L_{g1}，L_{g2}——工频、雷电冲击电压下的绝缘子外部干闪距离，cm；

σ_1——1 min 工频电压下闪络电压分布标准偏差，取 $\sigma_1=5\%$；

σ_2——雷电冲击电压下闪络电压分布标准偏差，取 $\sigma_2=3\%$。

根据式(4.1)取 $U_g=155$ kV，则 $L_{g1}=54.6$ cm。

根据式(4.2)取 $U_{th}=326$ kV，则 $L_{g2}=59.5$ cm。

因此，取架空出线绝缘套管的外绝缘干闪距离设计基准为 $L_g=60$ cm。

②绝缘套管爬电距离的海拔修正计算。为了保证运行可靠，留有足够的设计余量，绝缘套管爬电比距设计基准选取 22 mm/kV。

表 4.4　海拔高度与绝对湿度的对应关系

海拔高度/m	0	1 000	2 000
绝对湿度/(g/m³)	11.0	7.64	5.30
海拔高度/m	3 000	4 000	5 000
绝对湿度/(g/m³)	3.68	2.54	1.77

根据表 4.4 可知，海拔 5 000 m 绝对湿度 1.77 g/m^3，湿度较海拔 1 000 m 以下有所降低，沿面闪络起始电压也降低，因此需要增大爬电距离，参考《湿度对绝缘表面工频闪络电压的影响》文献中数据，支柱绝缘子在绝对湿度 1.77 g/m^3 时的工频闪络电压为 255 kV，绝对湿度 11 g/m^3 中的最高工频闪络电压是 310 kV，则由于湿度的下降，工频闪络电压下降最大系数为 310/255=1.22，设计基准选取 1.3。因此，海拔 5 000 m 处的出线绝缘套管外绝缘表面的爬电距离基准值取 31.5 kV×22 mm/kV×1.3=900.9 mm。

(4)绝缘套管伞形及屏蔽极的设计

绝缘套管的上半部分用大、中、小三种伞径间隔，高低伞裙错落，来增加滑闪有效距离；而绝缘套管的下半部分，为了配合接地内屏蔽而采用小伞，且以伞根往外延伸来降低伞面场强，如图 4.2 所示。

在套管内部设置接地内屏蔽环来均衡出线绝缘套管下端的电位和场强分布，降低接地内屏蔽环端部的场强从而间接降低其对应外伞裙处的场强，避免伞裙下端对地出现闪络放电现象，有效地改善了架空出线绝缘套管的电场分布情况，增大了架空出线绝缘套管的外部干闪有效距离，从而提高了架空出线绝缘套管的绝缘水平。

(5)整体结构设计

根据上述计算结果，套管整体设计如图 4.3 所示。

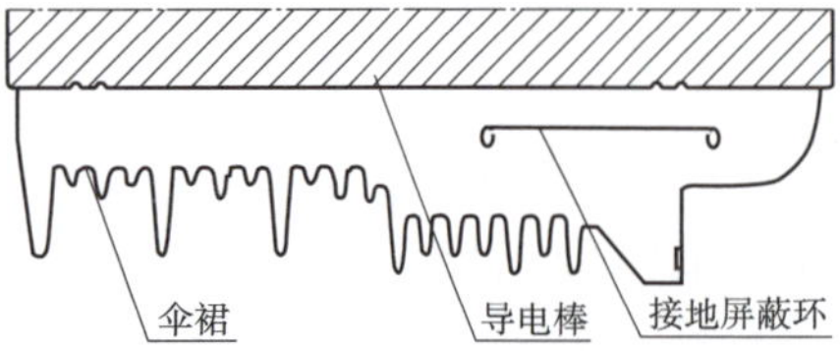

图 4.2　27.5 kV 绝缘套伞群示意图

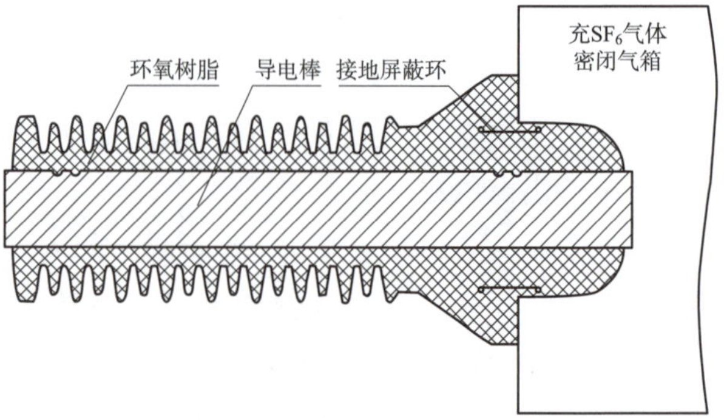

图 4.3　出线绝缘套管结构示意

绝缘套管由导电棒、环氧树脂、接地屏蔽环和固定嵌件组成，一端在 SF_6 气体中，一端裸露在空气中。外绝缘部分采用大小相间伞裙，干闪距离 600 mm，爬电距离 1 350 mm；内绝缘部分采用"矮胖"形结构，增加接地内屏蔽来均匀电场。

设计完成后，依据相关国家标准进行试验验证，计算分析结果和试验实测结果吻合，验证了架空出线绝缘套管设计方案的合理性。

(6)套管电场分析验证

对出线绝缘套管进行建模并电场分析计算，如图 4.4 所示。

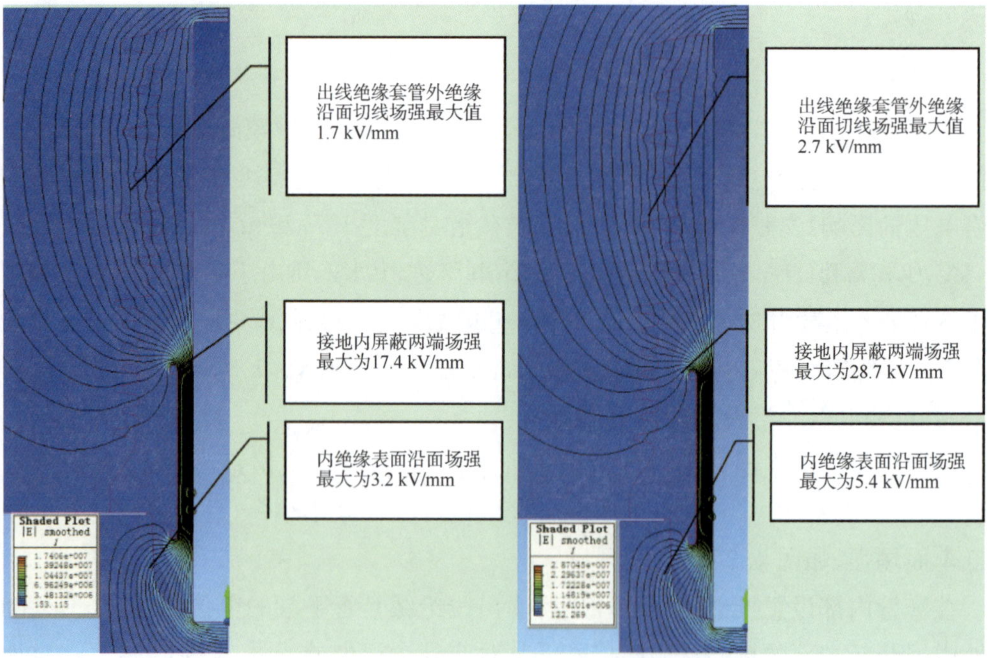

图 4.4　200 kV 及 326 kV 分析结果

出线套管下端密封在气箱内不受外界环境影响，绝缘分析不需要进行海拔修正。雷电冲击电压试验值取 200 kV，出线绝缘套管的最大场强在接地内屏蔽环的外翻边处，内绝缘表面沿面场强最大为 3.2 kV/mm，小于 3.37 kV/mm 的允许场强，满足设计要求。

出线绝缘套管外绝缘分析需要考虑高海拔修正影响。雷电冲击电压试验值取 326 kV，出线绝缘套管的最大场强在接地内屏蔽环的外翻边处，外绝缘最大沿面场强值为 2.7 kV/mm，小于空气击穿场强（3 kV/mm），满足设计要求。

27.5 kV 架空出线气体绝缘金属封闭开关设备在拉林铁路现场安装情况如图 4.5 所示。

图 4.5　27.5 kV 架空出线气体绝缘金属封闭开关设备现场安装

4.1.2　27.5 kV/10 kV 电力电源装置

1. 研究背景

拉林铁路地形条件差，沿线人口稀少，地方 35 kV、10 kV 电源十分薄弱，下却、康萨车站周边无 35 kV、10 kV 电源可用，无法满足铁路电力变配电所用电需求。如果利用电力系统提供的 35 kV、10 kV 电源来解决下却、康萨车站铁路电力变配电所供电电源，需对电力系统进行较大规模的配套建设，工程投资大。

拉林铁路下却牵引变电所外部电源进线电压等级为 110 kV，康萨牵引变电所外部电源进线电压等级为 220 kV。经调查 220/10.5 kV 或 220/35 kV 的电力变压器容量一般在 6 000 kVA 以上，而拉林铁路电力变配电所的需求负荷容量小（仅 1 000～2 000 kVA），高电压等级小容量的电力变压器制造困难；同时，如采用共用高压侧电源，则电力配变电所与牵引变电所两者合建构成的综合变电所，场坪面积将增加较多，下却牵引变电所、康萨牵引变电所本就选址困难，如果再增加场坪面积，将造成工程实施难度加大、工程量增加巨大、投资增加大。为此，针对下却、康萨配电所外部电源引入困难的问题，提出采用牵引变压器低压侧 27.5 kV 作为电力配变电所供电电源，就地解决电力配电所供电电源难题。

由于拉林铁路所在区域的电网薄弱，地方电源系统容量小，电气化铁路机车的牵引功率大，在机车通过牵引供电臂时，牵引变电所 27.5 kV 母线电压急速降低，机车通过后，供电臂空载，牵引变电所 27.5 kV 母线电压又虚高，电压波动范围往往在 23～31 kV 之间，通过 27.5/10 kV 动力变转化的 10 kV 电源的电源也同步大范围波动，其波动范围在 8.36～11.3 kV 之间，远超过了《电能质量　供电电压偏差》(GB/T 12325—2008)中规定的 10 kV 三相供电电压正负偏差绝对值不超过±7%的要求。由于电气化铁路左右两供电臂的机车负荷大小不一致，造成获得的 10 kV 电源三相之间电压不平衡。同时由于牵引机车自身的特性，使得电源中含有大量的谐波，影响电力配电设备的安全运行。因此，27.5/10 kV 动力变获得的 10 kV 电源不能直接给 10 kV 配电所供电，需要进行电能质量治理。

在充分吸收国内外关于电能质量治理相关技术经验的基础上，创新地提出了采用三相多绕组变压器技术和 SPWM 电力电子技术，实现 27.5/10 kV 电力电源成套装置三相输入三相输出的系统方案解决电网薄弱地区电气化铁路 10 kV 配电所进线电源问题，并成功研制出 27.5/10 kV 电压变换成套电源装置。

27.5/10 kV 电力电源装置的研制并成功应用于拉林铁路电力电源引入十分困难的下却及康萨配电所，其不仅能为电力专业提供稳定可靠的 10 kV 电源，满足其需求；又因其设置有旁路开关，能够在装置自身故障情况下通过旁路开关为 10 kV 配电所提供应急电源，进一步提高了电力供电的可靠性。同时该电源装置成套设备具有占地面积小的特点，对所亭场坪面积大小几乎无影响，施工难度低，后期设备运营维护方便。更为重要的是该电源装置的应用，有效节省了下却、康萨配电所电力外电源工程，大幅降低了工程投资。该装置在一定程度上弥补了由于牵引负荷不均衡的特性造成的牵引变压器利用率较低的情况。

2. 主要技术方案及参数

27.5/10 kV 电力电源装置首先将 27.5/10 kV 动力变输出的三相 10 kV 电源通过三相多绕组变压器变换成多个独立的隔离低压电源，作为变流器整流侧的电源；其次将变流器所有的功率单元分成三组，每组功率模块逆变形成峰值和频率相等、相位相差 120°的三相电；最后，为了确保电能质量，再通过滤波单元滤波形成稳定的三相交流 10 kV 电压。同时该电源装置在装置旁边设置有旁路开关，如果装置自身故障时，可以通过旁路开关直接给 10 kV 配电所提供应急电源。

电力电源成套装置采用动力变压器-交直交变换装置-输出变压器的高-低-高技术方案。

电力电源成套装置由动力变压器、输入开关柜、交直交变流装置(含低压滤波装置)、输出变压器、输出开关柜(含高压滤波装置)、旁路装置、保护控制系统(控制柜)、风水冷装置等几部分组成，系统构成如图 4.6 所示。

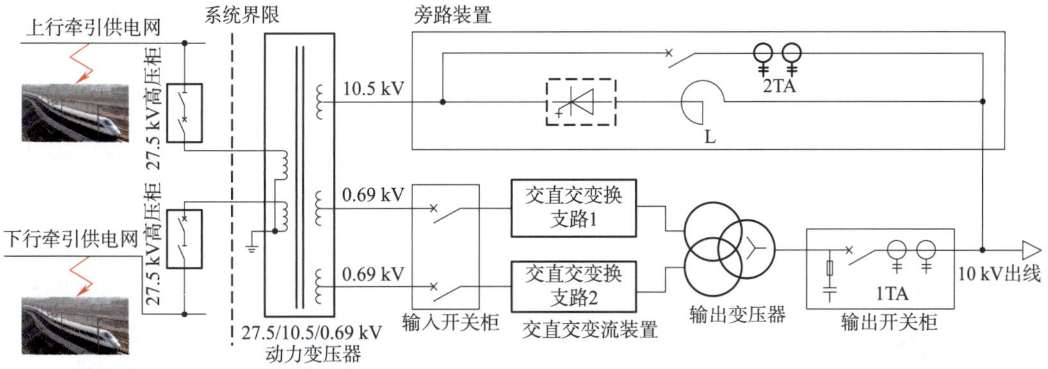

图 4.6　27.5/10 kV 电力电源装置原理接线图

基本工作原理：系统外部电源上电后，首先进行直流环节电容预充电，闭合输入开关柜断路器，交直交变流装置支路 1 和支路 2 直流环节上电，系统具备工作条件；然后，两变流支路的逆变组件工作输出指定频率、指定电压、指定相位的电压，通过输出变压器并联升压后，经输出开关柜为系统供电。同时动力变压器还有一个 10.5 kV 副边绕组，用于旁通支路，以防配电所因短路等原因引起故障保护时装置能迅速切换到旁路输出。

电源装置主要部分均采用柜式结构，整齐美观。功率器件采用模块化，便于安装和维护。控制策略具有自主知识产权，控制系统实现全数字化，采用光纤隔离，抗干扰能力强。人机交互界面直观、简洁、可定制。核心器件 IGBT 及其驱动采用进口产品，选用高可靠性直流支撑电容和元器件。装置采用型材配合风机强制制冷，低耗能、高可靠性。

电源装置主要技术参数见表 4.5。

表 4.5　电源装置主要技术参数

序号	技术参数	取值及要求
1	额定输出容量	三相 2 000 kVA
2	系统输入电压	牵引变电所 27.5 kV 母线，22～31.5 kV
3	动力变输出电压	8～11.5 kV，690 V
4	输入电源频率限值	50(1±5%)Hz
5	输出电压	三相 10(1±2%)kV
6	输出频率	50 Hz±0.2 Hz
7	短时过载能力	1.6 倍 0.5 s，旁通柜 3 倍 100 ms
8	额定工况系统效率	≥96%
9	三相负载不平衡	≤20%
10	输出谐波 THDv	≤3%(50 次谐波以下)
11	输出三相电压不平衡度	≤2%
12	单相接地故障运行	2 h
13	控制方式	现场/远程
14	冷却方式	水风冷
15	操作键盘	现场液晶触摸屏/远程普通键盘

3. 电源装置主要部件

电源装置主要由动力变压器、电力电源成套装置和旁路装置三部分组成。

(1)动力变压器

动力变压器采用 27.5/10/0.69 kV 的多绕组变压器，其中 10.5 kV 副边绕组用于旁通支路，以防配电所因短路等原因引起故障保护时装置能迅速切换到旁路输出。多组三相 690 V 副边绕组作为交直交电力电源的多绕组功率单元的输入，输出经过变压器升压和 LC 滤波获得谐波含量低的 10 kV 电压。变压器采用户外型，如图 4.7 所示。

图 4.7　27.5 kV 室外动力变压器

(2)电力电源成套装置

电力电源成套装置采用户内布置，主要包括输入开关柜、交直交变流装置、输出变压器及输出开关柜。

①输入开关柜。采用户内型固定分隔式开关柜，开关采用抽出式空气断路器。柜体内部器件配置满足电源装置投切、隔离、接地、测量等要求。

②交直交变流装置主要由整流柜、逆变柜、控制柜和水冷系统等组成。

整流柜：整流柜由两部分组成，一部分是整流单元，主要是基于二极管的三相不控整流模块，把动力变压器二次侧交流电转换成稳定的直流母线电压；另一部分是储能单元，由多个容值较大的储能电容并联而成，起存储能量以及平滑滤波的作用。

逆变柜：逆变柜由两部分组成，一部分是逆变单元，由多个基于 IGBT 的三相逆变模块组成，通过控制 IGBT 的通断得到所需的 PWM 波形，将直流转换成交流。逆变单元是电源装置的核心部分，采用较为成熟的功率模块组件。该功率组件内部设计在保证电气间隙和爬电距离的同时，尽量使其电气布置、结构体积达到最优效果。功率组件中电力电子器件采用第四代绝缘式 IGBT，采用水冷散热方式，从而有效提高组件功率密度；功率组件内部集成电流传感器和温度传感器等检测模块。另一部分是滤波单元，布置的主要是 du/dt 滤波器，用于减小逆变器输出的 PWM 电压上升速率，降低对输出变压器的绝缘要求。

控制柜：柜中布置的主要是控制单元、辅助控制电路、PLC 逻辑单元和操作显示单元，负责整个控制系统的运行。控制系统以自主研发的控制器为核心，控制单元硬件平台采用 DSP＋FPGA 架构。DSP 主要完成核心控制算法的运算功能，FPGA 主要完成 PWM 脉冲分配功能、保护功能。设置通信程序模块，通过 RS485 通信协议与 PLC 进行通信，接收 PLC 的控制指令，向 PLC 传递运行参数、状态及故障信息。

水冷系统：使用成熟工业产品，采用内部水冷、外部风冷的水-风冷却方式。

③输出变压器。输出变压器采用干式铁芯多绕组变压器，采用户内网栅式布置。

④输出开关柜。输出开关柜采用户内型铠装式金属封闭结构充气式开关柜，柜体内部器件配置满足电源装置投切、隔离、接地、测量等要求，开关柜与其他设备采用电缆或母排相连，满足载流量和电气安全距离要求。

室内变流器柜、升压变压器、10 kV 输出柜如图 4.8～图 4.10 所示。

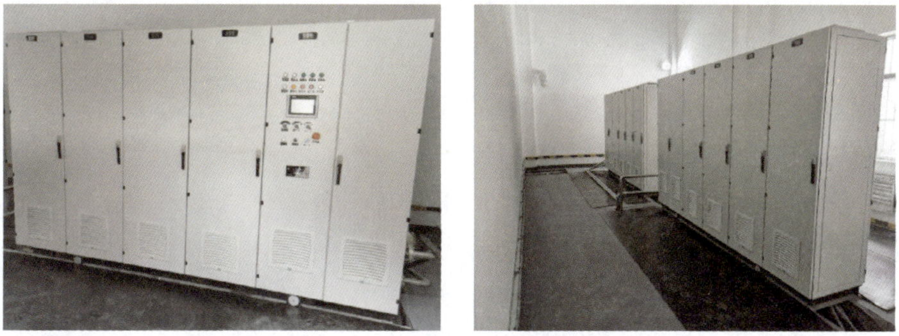

图 4.8　室内变流器柜

图 4.9　升压变压器

图 4.10　10 kV 输出柜

(3)旁路装置

采用晶闸管串联电抗器与旁通断路器并联构成高速旁通开关支路，反并联晶闸管支路采用多个反向并联晶闸管相互串联组成，其额定电压和绝缘程度与变压器的二次侧绕组一致。因负载侧过电流导致装置旁通支路动作，在过电流消失后，控制系统可自动切回电源装置运行，在 100 ms 内完成切换。因装置变流器故障退出，当装置变流器故障排除、维修完毕后，可一键将装置变流器投入、旁路断路器退出，不影响负载正常供电。

旁通开关柜采用户内型铠装式金属封闭结构充气式开关柜，柜体内部器件配置满足旁通支路投切等技术要求。

4.1.3　27.5 kV 绝缘管型母线

1. 研究背景

铁路牵引变电所 27.5 kV 侧架空出线开关柜之间母线连接常采用空气母线桥的方式。但是拉林铁路海拔高，27.5 kV 带电体在空气中的安全净距需进行修正，间距需增大许多，如果采用空气绝缘方式的母线桥，其体积较低海拔地区增大 60%以上，重量也会变大，同时其本体结构的抗震性能也较差，不利于后期的运营维护。

从安全、方便运营的角度出发，优化拉林铁路牵引变电所开关柜之间母线桥的连接，创新应用 27.5 kV 绝缘管型母线作为开关柜之间的母线连接。

2. 主要技术方案及参数

拉林铁路采用的 27.5 kV 绝缘管型母线采用铜导体，绝缘层材料采用三元乙丙橡胶，具有载流量大、表面场强低、机械强度大、散热条件好、绝缘性能好、抗震性能好等特点。

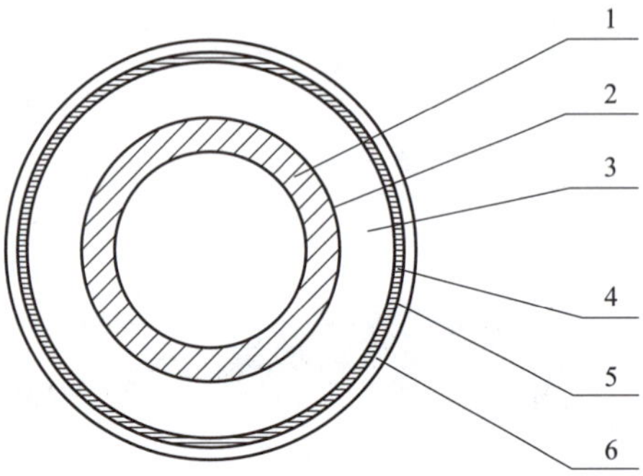

1—管型导体；2—导体半导电屏蔽层；3—固体绝缘层；4—绝缘半导电屏蔽层；5—金属屏蔽层；6—外护层。

图 4.11　27.5 kV 固体绝缘管型母线结构示意

绝缘管型母线本体包括管型导体、导体屏蔽层、固体绝缘层、绝缘屏蔽层、金属屏蔽层及外护层。导体屏蔽层、固体绝缘层及绝缘半导电屏蔽层之间应紧密结合。固体绝缘管型母线本体结构示意如图 4.11 所示。

27.5 kV 绝缘管型母线主要技术参数见表 4.6。

表 4.6　27.5 kV 绝缘管型母线主要技术参数

序号	技术参数	取值及要求
1	额定电压	27.5 kV
2	额定电流	2 000 A
3	工频耐压	干试 124 kV(5 min)，湿试 110 kV(1 min)
4	冲击耐压	250 kV
5	额定热稳定电流	31.5 kA/4 s
6	额定动稳定电流	80 kA/0.3 s
7	额定峰值耐受电流	80 kA
8	绝缘电阻	≥3 000 MΩ/10 m
9	温升要求	要求全部母线段和所有连接部位导体温升均不大于 50 K
10	导体最高允许温升	长期运行导体最高允许温度：90 ℃ 短路导体最高允许温度：250 ℃
11	局部放电水平	在 1.73 倍额定电压下测量值不应大于 5 pC

27.5 kV绝缘管型母线在拉林铁路牵引变电所应用如图4.12所示。27.5 kV绝缘管型母线现场应用情况较常规空气绝缘母线桥及裸铜排设计具有以下几个显著优点：

(1)27.5 kV绝缘管型母线对房屋结构净空要求较小。

(2)27.5 kV绝缘管型母线采用密封屏蔽绝缘方式，外壳接地电位为零，无需额外的绝缘防护，后期无需担心运维人员触电等危险，确保运营安全。同时这种带屏蔽的绝缘管型母线电场分布均匀，电气绝缘性能强，耐恶劣气候性能好。

(3)27.5 kV绝缘管型母线运行稳定可靠，免维护，适应性强。

(4)27.5 kV绝缘管型母线为工厂预制，现场安装，相色标识在工厂根据需要预制完成，工艺水平高，施工方便。

(5)27.5 kV绝缘管型母线采用吊架形式固定在房屋混凝土结构上，管型母线与开关柜之间的连接采用软连接，其抗震性能强。

图4.12　27.5 kV绝缘管型母线现场应用情况

4.1.4　抗震型钢管变电架构

为提高拉林铁路牵引变电架构的安全性、可靠性与耐久性，根据拉林铁路电气化结构抗震研究成果，在充分考虑拉林铁路景观性的基础上，创造性地提出采用轻型钢管结构形式的牵引变电架构，并采用SAP2000有限元分析软件对其进行全方面、多角度的分析，最终确定了其截面形式与尺寸大小，确保了拉林铁路牵引变电架构具有足够抗震性能的同时还兼具美观性。变电架构抗震计算有限元分析模型及架构现场应用情况如图4.13所示。

2021年4月28日西藏那曲市巴青县发生地震后，对全线牵引变电架构进行了测量、分析等检查，未发现任何变形等现象，轻型钢管变电架构经受住了地震的考验。

图 4.13　变电架构抗震计算有限元分析模型及架构现场应用情况

4.2　接触网装备技术创新

4.2.1　一体式折弯型整体腕臂

结合拉林铁路高地震、高海拔风口谷口等特殊气象条件、接触网腕臂结构运营情况，国内外接触网腕臂结构运营成熟、普遍采用的主要有普通三角腕臂和整体腕臂两种腕臂结构形式，如图 4.14～图 4.17 所示。隧道外及隧道内典型接触网腕臂结构主要参数及应用情况分别见表 4.7、表 4.8。

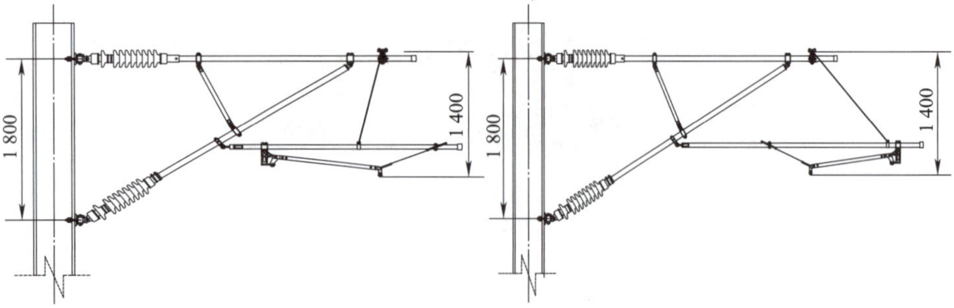

图 4.14　隧道外三角腕臂（单位：mm）

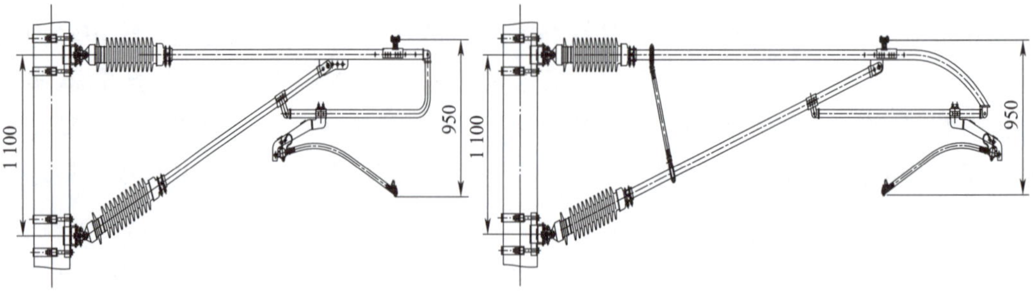

图 4.15　隧道外整体腕臂（单位：mm）

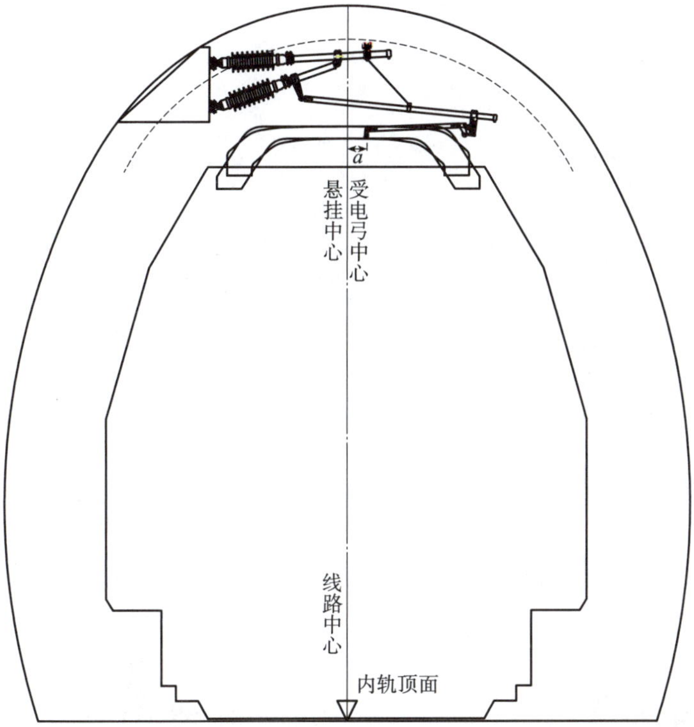

图 4.16　隧道内三角腕臂反定位安装

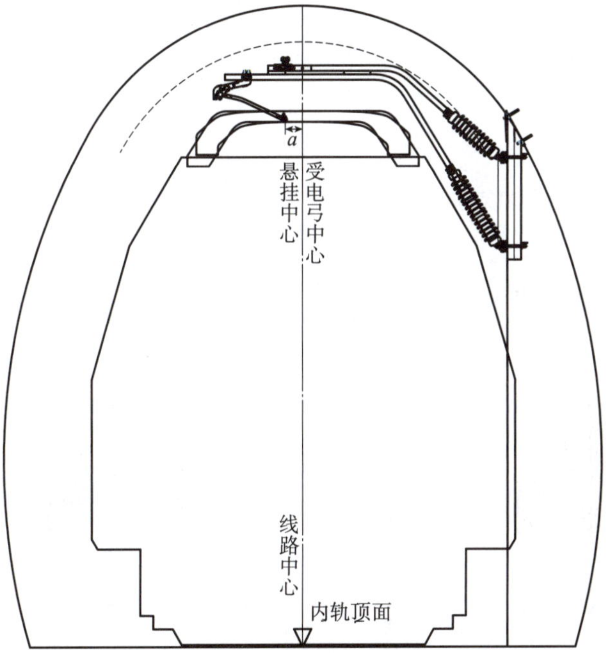

图 4.17　隧道内整体腕臂反定位安装

表 4.7 隧道外典型接触网腕臂结构主要参数及应用情况

结构形式	隧道外三角腕臂	隧道外整体腕臂
结构参数	结构高度 h=1.4 m,上下底座间距 1.8 m	结构高度 h=0.95 m,上下底座间距 1.1 m
运营情况	兰渝铁路(160 km/h,地震烈度Ⅵ度,最大风速 25 m/s);大丽铁路(120 km/h,地震烈度Ⅷ度,最大风速 25 m/s);广昆高速铁路(200 km/h,地震烈度Ⅷ度,最大风速 25 m/s)	海南东环高速铁路(250 km/h,地震烈度Ⅷ度,最大风速 55 m/s);海南西环高速铁路(200 km/h,地震烈度Ⅷ度,最大风速 37 m/s);广深港高速铁路(350 km/h,地震烈度Ⅶ度,最大风速 30 m/s);日本新干线(台风、强震地区)

表 4.8 隧道内典型接触网腕臂结构主要参数及应用情况

结构形式	隧道内三角腕臂	隧道内整体腕臂 1	隧道内整体腕臂 2
结构参数	结构高度 h=0.8 m,上下底座间距 0.3 m	结构高度 h=0.7 m,上下底座间距 0.7 m	结构高度 h=0.7 m,上下底座间距 0.7 m
应用情况	兰渝高兴支线(160 km/h)	莞惠城际铁路(160 km/h)	长株潭城际铁路(200 km/h)

隧道外接触网正、反定位腕臂主杆应力对比情况如图 4.18、图 4.19 所示。

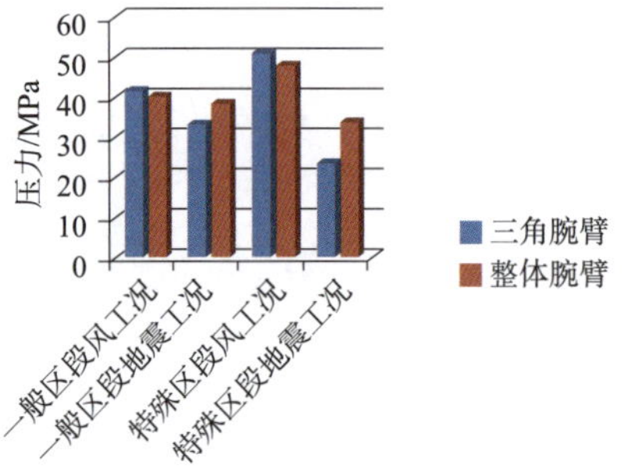

图 4.18 隧道外接触网正定位腕臂主杆应力对比

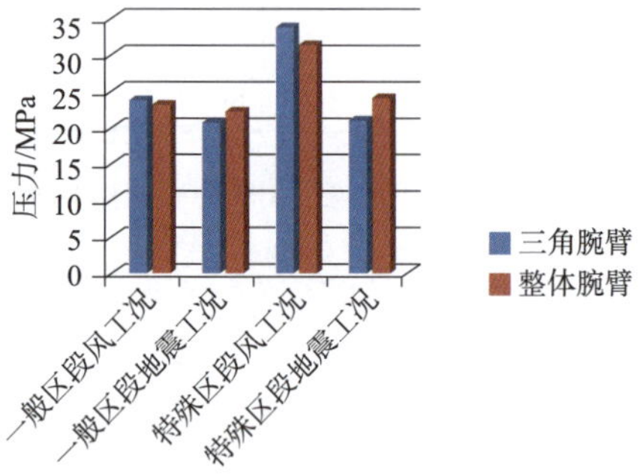

图 4.19 隧道外接触网反定位腕臂主杆应力对比

隧道内接触网正、反定位腕臂主杆应力对比情况如图 4.20、图 4.21 所示。

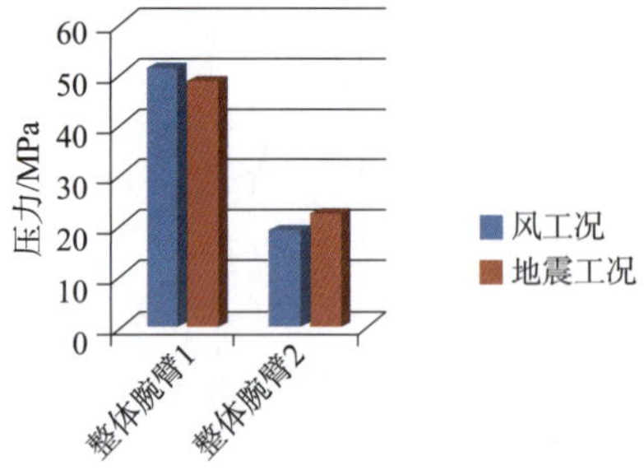

图 4.20 隧道内接触网正定位腕臂主杆应力对比

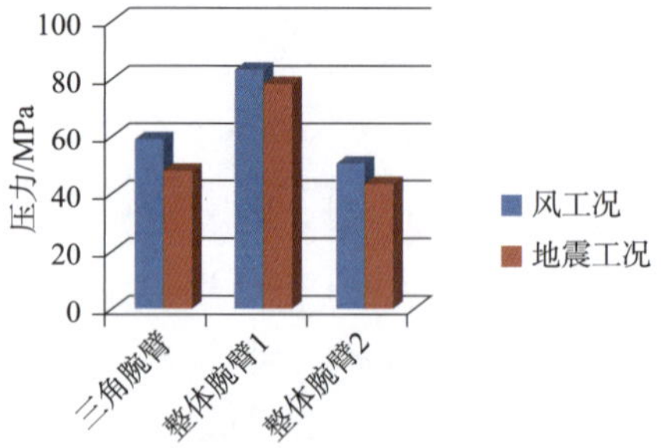

图 4.21 隧道内接触网反定位腕臂主杆应力对比

通过建模仿真分析，对比两类支持结构接触网系统在拉林铁路的地震工况、最大风速等工况下的响应情况，得出如下结论：

(1)拉林铁路主要考虑接触网系统的地震工况和最大风速工况，其中控制腕臂结构计算的最不利工况为最大风速工况。

(2)上述三角腕臂和整体腕臂均能满足拉林铁路各种气象条件下荷载工况性能要求，其中整体腕臂抗风性能较三角腕臂更好。

结合拉林铁路的地形地貌、桥隧特征、气象环境等特点，综合考虑高原地区接触网运营维护的方便快捷性，对隧道内腕臂结构形式分别从结构性能、施工、维护、工程应用等方面进行对照，见表4.9～表4.11。

表4.9　结构性能对照

结构形式	三角腕臂	整体腕臂
结构性能	(1)结构高度较大，腕臂间多为钩环连接、铰接方式，有利于地震工况引起的能量释放。 (2)钩环连接的定位管、定位器、定位管拉线等不能承受压应力，不利于在高频、多振的大风、频繁振动的环境下使用	(1)结构高度较小，腕臂零部件间采用合页抱箍、螺栓连接形式，整体性、刚度更好。 (2)定位线夹采用了带自锁的保险机构，能很好地与接触线可靠连接，抗振动与疲劳性高。 (3)限位定位器采用弹簧机构，能很好地吸收导线的振动能量，使定位系统稳定性能好，同时弹簧机构能够在系统故障情况下，防止接触线脱落，减少事故发生

表4.10　施工、维护对照

结构形式	三角腕臂	整体腕臂
施工、维护	(1) 施工预配较方便，施工安装、调整较灵活。 (2)隧道内上下腕臂绝缘子裙边距离非常近，安装精度要求高，调整不方便。 (3)零部件间连接和整体性能较差，后期运营维护量较大	(1)整体成形、测量及预配要求精度更高，承力索座处可方便施工、调整。 (2)隧道内较三角腕臂方式调整空间更大，安装后与隧道壁间的绝缘距离更大。 (3)零部件间连接更加可靠、整体性更强，后期运营维护量更少，更换方便

表4.11　工程应用对照

结构形式	三角腕臂	整体腕臂
工程应用	5·12汶川地震，采用腕臂的成都枢纽、成渝线、内六线和达成线等，主要为支柱倾斜、裂纹或断裂，在腕臂方面，主要出现过如定位器非正常偏移，套管绞环脱落，拉出值超限，定位器松脱，吊弦断脱等情况	(1)日本采用整体腕臂的新干线铁路：极少出现因台风造成腕臂损坏的事例；在大地震发生时，出现过由于接触网支柱、路基损坏而引起的接触网零件损坏。 (2)强风、沿海台风，采用整体腕臂的海南东环、西环及广深港、兰新二线：极少出现因大风造成腕臂损坏的事例

因此，经弓网动态仿真、结构性能分析和试验，研制了一体式折弯型整体腕臂，其抗风性能更优、连接件更少。

隧道外一体式折弯型整体腕臂由平腕臂、斜腕臂、定位管、承力索座、定位环及弹性限位定位装置等组成,如图 4.22 所示。转换柱处采用可调节的双排架腕臂底座,如图 4.23 所示。

图 4.22　隧道外中间柱整体腕臂

图 4.23　隧道外转换柱整体腕臂

隧道内一体式折弯型整体腕臂采用焊接式腕臂定位形式,由焊接式腕臂结构、承力索座及弹性限位定位装置组成,如图 4.24 所示,具有结构紧凑合理、占用隧道断面小等优点,相较于传统腕臂的零部件,螺栓连接件由 46 个减少至 18 个,提高了运营安全性,降低了后期运营维护工作量。

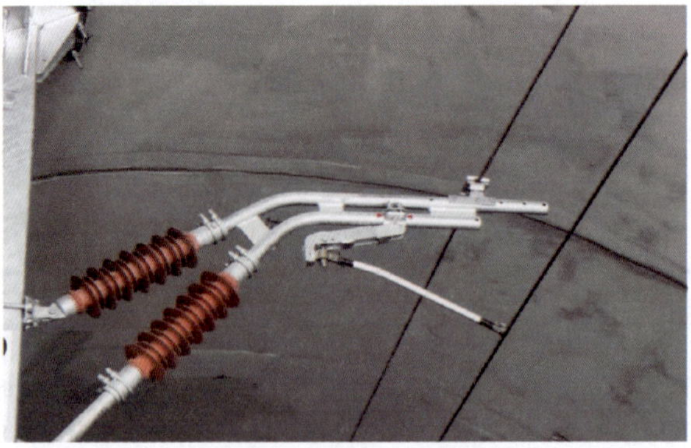

图 4.24　隧道内一体式折弯型整体腕臂

4.2.2　轻小型格构式钢柱

目前电气化铁路常用的接触网支柱类型主要有预应力混凝土支柱和钢结构支柱两大类,其中预应力混凝土支柱主要有横腹杆式预应力混凝土支柱(混凝土方杆)、环形等径预应力混凝土支柱(混凝土圆杆),如图 4.25 所示;钢结构支柱主要有格构式钢柱、H 型钢柱、钢管支柱,如图 4.26 所示。

图 4.25　预应力混凝土支柱

图 4.26　钢结构支柱

由于拉林铁路具有典型的高海拔、高地震、峡谷风、低温等恶劣环境,为确保接触网支柱在恶劣环境下具有安全性、耐久性与可用性,在拉林铁路开展接触网支柱选型时,分别从各型接触网支柱的抗震性能、抗风性能、低温性能、维护便利性、景观性、经济性等方面进行了全面分析。

1. 抗震性能

由于混凝土支柱重量一般大,地震作用大,在地震作用下易开裂,造成支柱结构的破坏。此外由于地震作用不具有方向性,可作用在各方向,而横腹杆式预应力混凝土支柱、格构式钢柱、H 型钢柱具有明显的方向性,顺线路方向的承载力及抗扭能力远小于垂直线路方向的承载力,当地震作用沿着线路方向发生时,支柱易发生破坏,而环形等径预应力混凝土支柱各个方向的截面模量、承载能力均相同,能够承受各个方向的地震作用,抗震性能较好。

2. 抗风性能

横腹式预应力混凝土支柱为开口截面,体型系数为 1.3,同时顺线路方向支柱截面较大,因此抗风性能较差;格构式钢柱的体型系数为 0.8,但是由于格构式钢柱的截面面积较大,因此计算得到的风荷载较大,其抗风性能也较差;H 型钢柱的体型系数为

1.3，截面为开口截面，且受力具有方向性，顺线路方向的抗风性能较差；而环形支柱体型系数为 0.7，此系数为所有支柱中最小，因此相同情况下承受的风荷载最小，具有较好的抗风性能，但是环形预应力混凝土支柱受制于混凝土结构性能。

3. 低温性能

拉林铁路位于海拔 3 000 m 以上，冬春季节气温多在零度以下，冰雪霜冻时间较长，最低可达－15 ℃，而夏季最高温度可达 30 ℃，温差变化较大，由于预应力混凝土其自身构造特点容易产生纵向裂缝，温度应力也是其中一个重要原因。支柱在后期环境温度变化时，会在表面引起较大的拉应力进而引起支柱逐渐产生纵裂，因此拉林铁路不建议采用混凝土支柱。

4. 施工难度

目前横腹式预应力混凝土支柱一般采用回填混凝土形式，需要现场浇筑混凝土，基本上为人工施工，而拉林铁路位于高海拔、高地震区域，一般人烟稀少，自然条件恶劣，施工难度较大；格构式钢柱由于其截面较大，因此相应基础截面尺寸较 H 型钢柱和圆形支柱大，因此施工难度相对也较大。其余两种支柱目前均采用钻孔桩基础，施工相对比较简单。

5. 维护便利性

由于拉林铁路后期运营维护难度较大，因此需要考虑支柱运营维护的便利性。混凝土支柱长时间使用后易出现开裂、钢筋锈蚀等情况，此外横腹杆式支柱一般采用回填混凝土形式，后期更换支柱过程中需要现场人工开挖，施工难度大，且由于支柱重量重，运输困难，因此混凝土支柱后期维护工作量大，不便于维护。格构式钢柱是由角钢焊接而成，支柱本身杆件较多，当一根杆件发生破坏时，整根支柱即存在破坏的风险，后期运维过程中工作量相对较大。H 型钢柱为整根轧制，杆件少，运营维护工作量小。

6. 工程投资

横腹式预应力混凝土支柱，由于支柱截面面积大，单线路基段需护坡，因此投资相对较大，环形等径预应力混凝土支柱投资最低，格构式钢柱投资较低，H 型钢柱投资较高。

结合拉林铁路高海拔、高地震、运维难度大、速度等级等特点，综合考虑接触网支柱的抗震性能、抗风性能、低温性能、施工难度、维护便利性、经济性等，拉林铁路接触网支柱采用轻小型格构式钢柱。该型支柱质量 500 kg，标称容量 120 kN · m，如图 4.27 所示。

图 4.27　轻小型格构式钢柱

4.2.3　整体式回流线肩架/避雷线肩架

为确保避雷线有效安装高度，减少附加荷载，拉林铁路创新采用柱顶安装整体式避雷线肩架，如图 4.28 所示。该增高肩架采用一次整体弯折成形，形似西藏地区“牦牛角”，简洁美观、自然和谐，而且较传统结构重量轻约 40%，构件数量减少约 20%，安全可靠、施工便捷。

整体式回流线肩架/避雷线肩架的设计，应考虑保护接触网避免雷击，接触网重要线索均应在其保护范围内，一般情况如图 4.29 所示。

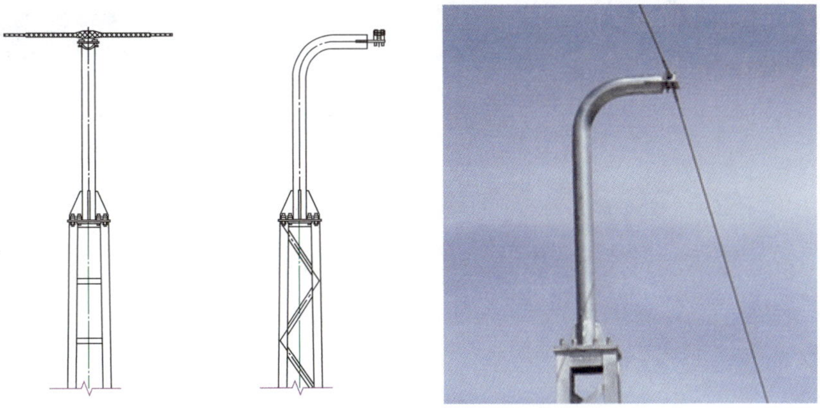

图 4.28　整体式回流线肩架

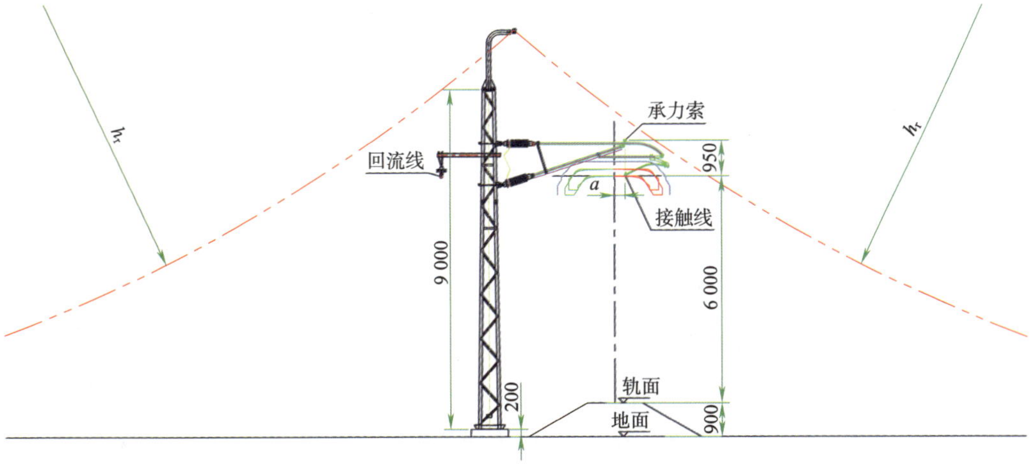

图 4.29　单线带回流线直供方式下的接触网避雷线保护范围示意(单位：mm)

4.2.4　高原高海拔 27.5 kV 单相单芯供电电缆及附件

1. 牵引供电电缆

27.5 kV 单相单芯供电电缆主要由导体、导体屏蔽层、绝缘层、绝缘屏蔽层、金属屏蔽层、隔离层、外护套等组成，其结构如图 4.30 所示。

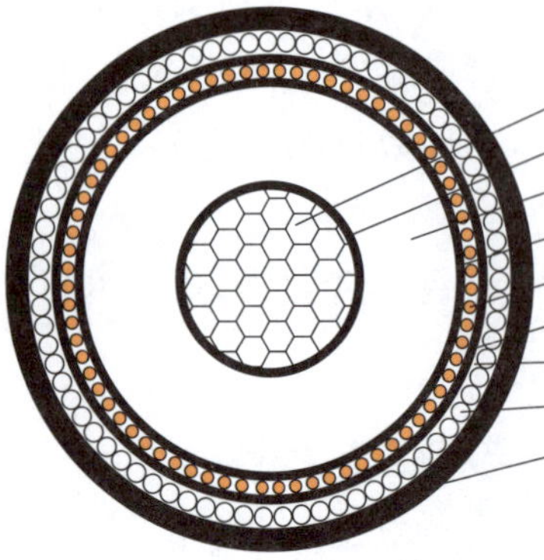

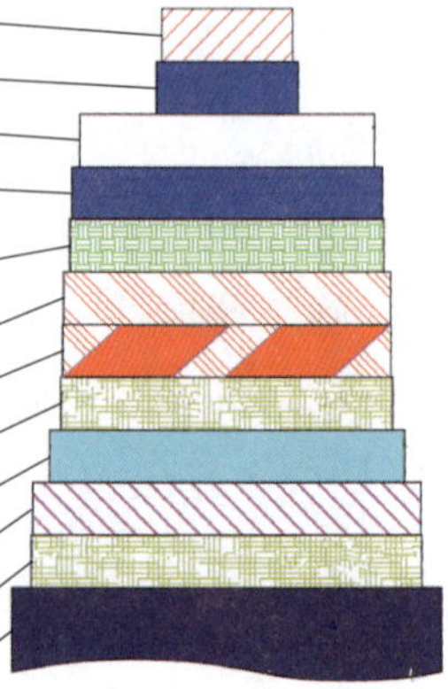

图 4.30　牵引供电电缆结构示意

(1)导体

电缆用铜芯导体应符合《电缆的导体》(GB/T 3956—2008)中绞合紧压圆形导体(第 2 种)的规定。导体表面应光洁，无油污，无损伤屏蔽及绝缘的毛刺、锐边，以及突起或断裂的单线。

(2)绝缘

绝缘应为交联聚乙烯(XLPE)材料，其机械、电气性能应符合表 4.12 的规定。电缆标称绝缘厚度应不小于 11 mm。绝缘厚度的平均值应不小于标称值，任意一处的最薄点厚度应不小于标称值的 90%再减 0.1 mm，厚度的测量结果应修约到 0.1 mm。绝缘的偏芯度应不大于 10%。

(3)屏蔽

单芯电缆绝缘线芯的屏蔽，应由导体屏蔽和绝缘屏蔽组成。导体屏蔽采用挤包交联黏结型半导电材料，其机械、电气性能应符合表 4.12 的规定。半导电屏蔽层应均匀地包覆在导体上，表面应光滑，无明显绞线凸纹、尖角、颗粒、烧焦和擦伤的痕迹。

绝缘屏蔽应由非金属半导电层与金属屏蔽层组合而成。

①非金属半导电层。非金属半导电层采用挤包交联黏结型半导电材料，其机械、电气性能应符合表 4.12 的规定。绝缘屏蔽应均匀地包覆在绝缘上，并与绝缘牢固地黏结。半导电层与绝缘层的界面应光滑，无明显尖角、颗粒、烧焦和擦伤的痕迹。

②金属屏蔽层。电缆应有金属屏蔽层，金属屏蔽采用铜丝屏蔽。

铜丝屏蔽由疏绕的软铜线组成，其表面应用反向绕包的铜丝或铜带扎紧。相邻铜线的平均间隙应不大于 4 mm，任何两根相邻铜线间隙应不大于 8 mm，铜丝屏蔽的标称截面可根据故障电流容量要求选用。

金属屏蔽层中铜线的电阻要求应符合《电缆的导体》(GB/T 3956—2008)的规定。

挤包导体屏蔽、绝缘、绝缘屏蔽应采用“干法三层共挤”工艺。

表 4.12　交联聚乙烯(XLPE)绝缘材料、导体屏蔽、绝缘屏蔽材料性能

序号	性能参数	单位	技术指标		
			绝缘材料	导体屏蔽交联黏结型半导电材料	绝缘屏蔽交联黏结型半导电材料
1	抗拉强度	N/mm^2	⩾13.5	⩾12.5	⩾12.5
2	断裂伸长率	—	⩾350%	⩾200%	⩾200%
3	冲击脆化温度	℃	—	—	—
	试验温度	℃	⩽−76	⩽−40	⩽−40
	冲击脆化性能	失效数	⩽15/30	—	—
4	空气热老化[135 ℃±2 ℃),168 h]	—	—	—	—
	抗拉强度变化率最大	—	±20%	±40%	±40%
	断裂伸长率变化率最大	—	±20%	±40%	±40%
5	热延伸(200 ℃,0.2 MPa,15 min)	—	—	—	—
	负荷下伸长率	—	⩽80%	⩽175%	⩽175%
	冷却后永久变形	—	⩽5%	⩽15%	⩽15%
6	凝胶率	—	⩾80%	—	—
7	介质损耗角正切(50 Hz,20 ℃)	—	⩽0.000 5	—	—
8	体积电阻率(20 ℃,测试电压为 DC 1 kV)	Ω·m	$\geqslant 1\times10^{14}$	⩽1 000 (90 ℃±2 ℃)	⩽500 (90 ℃±2 ℃)
9	介电强度(50 Hz,20 ℃)	kV/mm	⩾25	—	—
10	相对介电常数(50 Hz,20 ℃)	—	⩽2.35	—	—
11	空气热老化(100 ℃,168 h):体积电阻率[(90±2)℃]	Ω·m	—	⩽1 000	⩽500

(4)隔离层

在金属屏蔽层和铠装层之间应设有挤包型隔离层,应采用聚乙烯材料,其厚度不小于 2.0 mm。隔离套外应叠包 0.2 mm 厚的无卤低烟阻燃玻璃纤维带。

(5)铠装

铠装应为非铁磁性材料。采用圆金属丝或扁金属丝,材质采用铝材质,应优先采用下列标称尺寸:

圆金属丝:直径 2.0 mm、2.5 mm。

扁金属丝:厚度 0.8 mm。

圆铠装金属丝的标称直径应不小于表 4.13 规定的数值。

表 4.13　圆铠装金属丝标称直径

铠装前假设直径 d/mm	铠装金属丝标称直径/mm
$25<d\leqslant 35$	2.0
$35<d\leqslant 60$	2.5

(6)外护套

外护套为黑色,也可采用黑色以外的其他颜色。外护套为热塑性无卤低烟材料。外护套材料应与表 4.14 中规定的电缆运行温度相适应。

表 4.14　外护套混合料及电缆导体最高温度

外护套混合料	代号	正常运行条件电缆导体最高温度/℃
无卤低烟阻燃护套料	$WD\text{-}ST_7$	90

在特殊条件下(例如为了防白蚁、防鼠啃、防紫外线)使用的外护套,可在配方中加入化学添加剂。但这些添加剂应对人类及环境无害。外护套材料性能应符合表 4.15 的规定。

表 4.15　外护套材料性能

性能参数	单位	性能指标
		无卤低烟(WD)
老化前物理性能试验		
抗拉强度,最小	N/mm^2	10
断裂伸长率,最小	—	130%
空气热老化后物理性能试验		
老化温度	℃	100±2
老化持续时间	h	168
抗拉强度		
最小	N/mm^2	8
变化率最大	—	±20%
断裂伸长率		
最小	—	120%
变化率最大	—	±20%
高温压力试验		
试验温度	℃	80±2
载荷下持续时间	h	6
允许最大变形	—	40%
抗开裂试验		
试验温度	℃	130±3
持续时间	h	1
低温冲击试验		
试验温度	℃	−15±2
腐蚀性试验		
pH 值最小	—	4.3
电导率	μS/mm	10
HCl 释放量最大	mg/g	—
烟密度最小透光率	—	≥60%
氧指数	—	≥32

外护套厚度按《电缆外护层　第3部分：非金属套电缆通用外护层》(GB/T 2952.3—2008)的规定。外护套厚度的平均值应不小于标称值，最薄点厚度应不小于标称厚度的85%再减0.1 mm，挤包后的外护套表面光洁，无杂质、擦伤等缺陷。

2. 电缆附件

电缆终端绝缘特性应符合：终端的额定电压及其绝缘水平，不得低于所连接电缆额定电压及其要求的绝缘水平；终端的外绝缘，必须符合拉林铁路海拔高度、污秽条件所需的爬电距离要求；电缆终端的机械强度，应满足安置处引线拉力、风力和地震力作用的要求。

电缆接头的绝缘性能应符合：接头的额定电压及其绝缘水平，不得低于所连接电缆额定电压极其要求的绝缘水平；绝缘接头的绝缘环两侧耐受电压，不得低于所连接电缆护层绝缘水平的2倍。

根据《电气化铁路27.5 kV单相交流交联聚乙烯绝缘电缆附件》(GB/T 28427—2012)，安装后中间接头主要尺寸及结构示意如图4.31所示，电缆终端如图4.32所示。

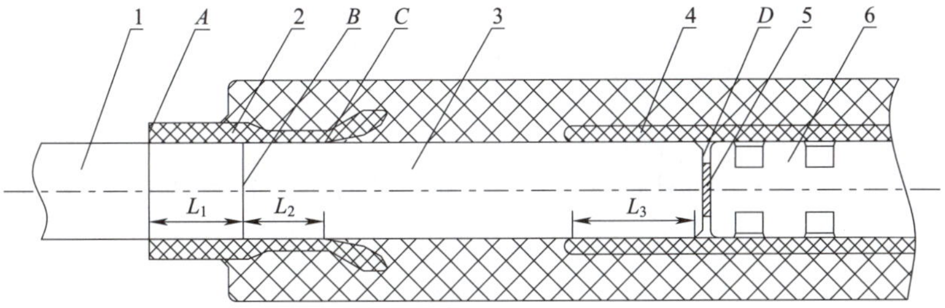

1—电缆半导电屏蔽层；2—应力锥；3—电缆绝缘层；4—屏蔽管；5—线芯；6—连接管；A—应力锥端部；B—外半导电层切断处；C—应力锥控制起点处；D—电缆绝缘端面；$L_1 \geqslant 25$ mm、$L_2 \geqslant 15$ mm、$L_3 \geqslant 25$ mm。

图4.31　安装后中间接头主要尺寸及结构示意

3. 电缆试验及技术措施

根据拉林铁路沿线环境条件，建立高海拔地区馈线电缆模型，研究工频时线芯电流、电压、电缆接地方式、电缆长度、接地电阻对电缆护层电压与接地电流的影响，并在拉林铁路开展电缆不同接地方式电缆护层感应电压、电流试验，如图4.33所示。

根据试验结果，针对拉林铁路工程实际，对27.5 kV单相交流交联聚乙烯绝缘电缆及附件提出了特殊设计要求：

(1)当电缆终端在海拔高于1 000 m地区但不超过4 000 m地区应用时，其试验电压应按《电气化铁路27.5 kV单相交流交联聚乙烯绝缘电缆附件》(GB/T 28427—2012)和《绝缘配合　第1部分：定义、原则和规则》(GB 311.1—2012)等规定进行海拔修正。

(2)电缆及其附件除满足《电气化铁路27.5 kV单相交流交联聚乙烯绝缘电缆附

件》(GB/T 28427—2012)规定外，还应满足拉林铁路实际工程环境要求：海拔高度≤4 000 m，低温及温差(最高温度 40 ℃、最低温度－20 ℃)，紫外线(年平均日照时间>3 000 h)，湿度(年平均相对湿度 80%)等。

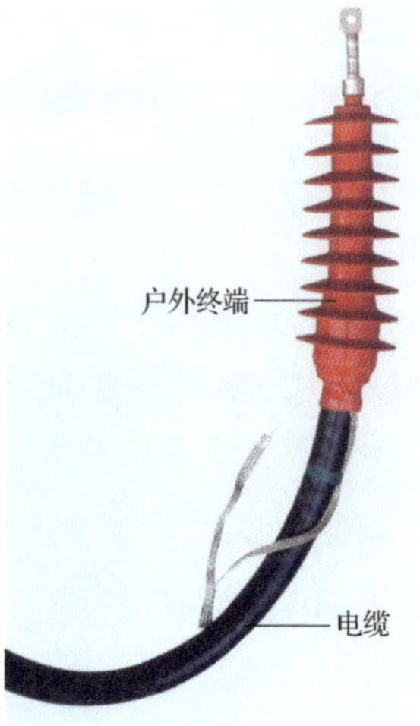

图 4.32　牵引供电电缆终端示意

图 4.33　拉林铁路 27.5 kV 单芯电缆接地试验

(3)为提高施工可靠性和便捷性，电缆附件采用冷缩式，电缆中间接头采用绝缘型中间头。

(4)隧道外安装 27.5 kV 单相交流交联聚乙烯绝缘电缆附件的接触网或供电线支柱处应设置防鸟装置。

(5)电缆在隧道内采用蛇形敷设方式，其允许弯曲半径以及冗余应满足产品特性以及《电力工程电缆设计标准》(GB 50217—2018)等要求。

4.3　电力装备技术创新

4.3.1　10 kV 配电所高压开关柜、环网柜

拉林铁路配电所 10 kV 开关柜选用高原型高压开关柜，高压开关柜尺寸 1 000 mm(宽)×1 800 mm(深)×2 500 mm(高)(含柜顶小母线室高度)。因项目最高海拔 3 650 m，配电所 10 kV 开关柜柜内空气净距按不小于 180 mm 修正。10/0.4 kV 箱变选用高原型箱变，环网柜采用 20 kV 单气箱充气柜。高压开关柜及箱变如图 4.34、图 4.35 所示。

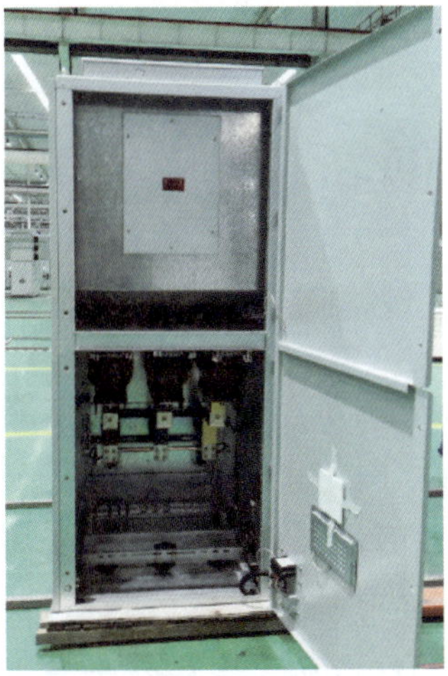

图 4.34 高原型 10 kV 开关柜

图 4.35 高原型 10/0.4 kV 箱式变电站

4.3.2 低压设备

随着海拔增高，空气密度降低，使以自由空气为灭弧介质的开关电器灭弧困难，开关通断能力下降和电寿命缩短。具有热脱扣元件的低压电器产品，在高原环境条件下，其脱扣动作时间一般会缩短。

低压设备的选型方面，断路器脱扣选用电子脱扣。断路器整定电流选择需考虑0.8的降容系数，应考虑绝对湿度对外绝缘强度的影响，因此在变电所配备了空调。

第5章　电气化设计创新

复杂艰险高原地区电气化铁路服役环境恶劣、运营维护困难，与平原地区铁路相比具有更多的复杂性、差异性和特殊性。因此，在电气化设计目标方面，应遵循安全、可靠、耐久、施工便捷、少维修免维护的目标；在设计理念方面，应不断提升、更新甚至突破传统思维。在拉林铁路牵引供电系统设计中，为了更好地彰显其特色和经济性，提高其科技含量，在设计过程中不断地进行优化和创新。如融合地方民族特色及文化元素，基于绿色设计的新理念，使用环保材料避免材料浪费和环境污染，为拉林铁路的电气化设计创新提供了有力的技术支撑。

5.1　设计理念创新

5.1.1　结构安全做加法

电气化设计应充分考虑复杂恶劣环境以及多种环境因素相互叠加作用，对于薄弱和关键环节应针对性地适当增加安全冗余度，不拘泥于通用的技术标准，因地制宜地提升电气化装备性能及选型标准。

5.1.2　设备数量做减法

电气化设计基于运输组织需求，从牵引变电所亭布置、电力箱变数量、维护机构布置等方面进行优化，尽量减少设施数量；基于功能目标需求，从变电所主接线、接触网悬挂支撑结构、电分相、电分段、隔离开关等设备层面进行优化，尽量减少设备数量；基于负荷容量的需求，对电力及牵引供电高低压电缆优化，选取合适的电缆规格以及截面；基于防护防灾需求，从防雷、防风、抗震以及监测等技术方案优化，尽量减少装备配置。

5.1.3　系统性能做乘法

电气化设计应从系统出发，充分考虑各悬挂参数、各装备间的关联和耦合，在弓网受流质量评估时应考虑“轨-车-弓-网”的动态耦合，在线索、装备的安装设计时应考虑“恒荷载-风、冰、地震作用-高海拔电气修正”的累积迭代，在防风、抗震设计时应考虑“支柱-腕臂-线材-下锚”“设备-架构-基础”的系统联动。从整个供电方案出发，充分结合各用电负荷的分布、特点以及属性，在电缆方案设计时应考虑“末端电压降、载流量、设备有功无功功率、电容电流、单相接地灵敏度”的累积迭代，在变压器设计时应考虑“功率因素、需要系数、同时系数、变压器过负荷系数”等的综合因素。

5.1.4　故障风险做除法

电气化设计应充分考虑系统及装备后期可能出现的故障，全面分析及研判可能出现的风险源。从理论计算、技术方案、装备选型等方面全面提升系统抗风险能力，从系统优化、装备数量等方面最大程度减少故障源，全面提升电力及牵引供电方案以及设备抗风险能力，从多重电源供电、设备免维护等方面最大程度减少故障源，从边界接口、土建预留等方面主动前置风险源，最大程度减少风险。

5.2　牵引供电设计

5.2.1　牵引变电所、电力调度所分布方案

新建拉萨南、协荣、扎囊、山南、拜珍、加查、朗县、下却、康萨、米林、林芝共 11 座牵引变电所，新建拉萨西开闭所，改建青藏铁路公司电力调度所。

5.2.2　外部电源供电方案

拉林铁路牵引供电系统设计中基于西藏地区电网外部电源条件，在电网薄弱条件下合理利用选择供电电压等级，结合电网骨架，因地制宜，充分考虑各电压等级网络的供电质量需求和供电能力。

(1)经多方案技术经济比选后，国内首次在同一条铁路中同时采用 220 kV 和 110 kV 两种电压等级，因地制宜地解决了牵引供电外部电源供电问题。其中：拉萨南、拜珍、加查、朗县、康萨、米林牵引变电所引入两回 220 kV 线路；协荣、扎囊、山南、下却、林芝牵引变电所引入两回 110 kV 线路。

(2)将电气化铁路牵引负荷对电网的影响降低至允许范围内，经测算，丰水期大、枯水期大、枯水期小三种运行方式下，注入各发电机支路的负序电流均远小于国标规定的 8%的要求。因此，在外部电网满足电气化铁路负荷需求的同时，电气化铁路负荷也将对电网的影响降至最低。

外部电源对牵引变电所供电方案见表 5.1。

表 5.1　外部电源供电方案

牵引变电所	外部电源对牵引变电所供电方案
拉萨南	由乃琼 220 kV 变电站引入 1 回独立可靠的 220 kV 电源供电、柳梧 220 kV 变电站引入 1 回独立可靠的 220 kV 电源供电，两路电源互为热备用

续上表

牵引变电所	外部电源对牵引变电所供电方案
协荣	由柳梧 220 kV 变电站引入 2 回独立可靠的 110 kV 电源供电，两路电源互为热备用
扎囊	由贡嘎 220 kV 变电站引入 2 回独立可靠的 110 kV 电源供电，两路电源互为热备用
山南	由泽当 110 kV 变电站引入 1 回独立可靠的 110 kV 电源供电，山南 220 kV 变电站引入 1 回独立可靠的 110 kV 电源供电，两路电源互为热备用
拜珍	由沃卡 500 kV 变电站引入 1 回独立可靠的 220 kV 电源供电，山南 220 kV 变电站引入 1 回独立可靠的 220 kV 电源供电，两路电源互为热备用
加查	由沃卡 500 kV 变电站引入 1 回独立可靠的 220 kV 电源供电，朗县 220 kV 变电站引入 1 回独立可靠的 220 kV 电源供电，两路电源互为热备用
朗县	由朗县 220 kV 变电站引入 2 回独立可靠的 220 kV 电源供电，两路电源互为热备用
下却	由卧龙 220 kV 变电站引入 2 回独立可靠的 110 kV 电源供电，两路电源互为热备用
康萨	由卧龙 220 kV 变电站引入 2 回独立可靠的 220 kV 电源供电，两路电源互为热备用
米林	由林芝 500 kV 变电站引入 2 回独立可靠的 220 kV 电源供电，两路电源互为热备用
林芝	由林芝 220 kV 变电站引入 2 回独立可靠的 110 kV 电源供电，两路电源互为热备用

5.2.3 牵引网供电方式

拉林铁路环境复杂，牵引网供电方式的选择应充分考虑线路特点及气象环境条件的影响，为此，在设计时开展了电气参数和绝缘配合的专题研究。

(1)基于多导体传输理论的电气化铁路牵引网电气参数研究。创新发展了牵引供电系统电气参数计算理论，提出了基于完备回路的牵引网空间电磁场描述方法，实现了电流分布的精确计算，解决了隧道内外多源、多回路体系复杂供电系统阻抗、电容、综合载流能力、钢轨电位及钢轨电流等电气参数计算难题，构建了新型链式分析模型，并应用于拉林铁路的牵引供电设计。

(2)雷击过电压引起的牵引供电系统绝缘配合研究。采用“雷击过电压引起的牵引供电系统绝缘配合研究”的研究成果，建立了牵引变电所与接触网的雷电过电压仿真分析模型，给出了接触网不同类型雷害作用范围的计算方法及跳闸率评估算法，解决了雷击过电压引起的牵引供电系统绝缘配合技术难题，降低了牵引供电系统的雷击跳闸率，提高了系统运行的可靠性和安全性。拉林铁路全线牵引网架设了避雷线，起到了较好的防护作用。

(3)通过对线路特点和牵引负荷的仔细分析和研究，合理选择供电方式，经多方案比选，在满足供电能力的前提下，设计中采用了适用于拉林铁路单线低净空隧道，结构简单、经济性好的带回流线的直接供电方式。

5.2.4　牵引供电计算及结果

1. 机车类型

货车采用单机 HXD_2 牵引，客车采用单机 HXD_{1D} 牵引。

2. 列车对数

拉林铁路列车对数见表 5.2。

表 5.2　列车对数　　单位：对/d

年度	区段	客车	快货	直货	摘挂	合计
初期	协荣—林芝	5	0	3	1	9
近期	协荣—林芝	10	2	10	2	24
远期	协荣—林芝	14	2	8	2	26

3. 外电系统基础资料

牵引变电所接入系统的短路容量见表 5.3。

表 5.3　牵引变电所系统短路容量

牵引变电所	拉萨南	协荣	扎囊	山南	拜珍	加查	朗县	下却	康萨	米林	林芝
系统短路容量/MVA	980	380	440	650	650	310	810	350	400	460	790

4. 运输组织条件

采用自动站间闭塞。

5. 牵引网电气参数计算

拉林铁路牵引网电气参数见表 5.4。

表 5.4　牵引网单位阻抗

列　　车	HXD_2、HXD_{1D}
导线组合	JTMH-95+CTAH-120
牵引网阻抗/(Ω/km)	0.137 836+j0.378 435
功率因数	0.95
牵引网等效阻抗/(Ω/km)	0.249 1

6. 牵引网导线的电流分配及各种导线选择

牵引网导线的电流分配及牵引网载流量见表 5.5。

表 5.5　牵引网导线的电流分配与牵引网载流量

导线		型号	电流分配系数	导线载流量/A	20 min 载流能力/A
导线组合	接触线	CTAH-120	0.557 3	526	848
	承力索	JTMH-95	0.454 6	357	

7. 各种线材选择

根据电流计算及接触网导线机械强度要求，选择接触线和承力索及附加导线，各种线材规格见表 5.6。

表 5.6　各种线材选用规格

线材用途		线材规格
接触线	正线	CTAH-120
	站线	CTAH-85
承力索	正线	JTMH-95
	站线	JTMH-70
附加导线	供电线	LBGLJ-185
	回流线	LBGLJ-185

8. 供电臂排车

供电臂排车见表 5.7。

表 5.7　供电臂排车

区间数	排车图
1	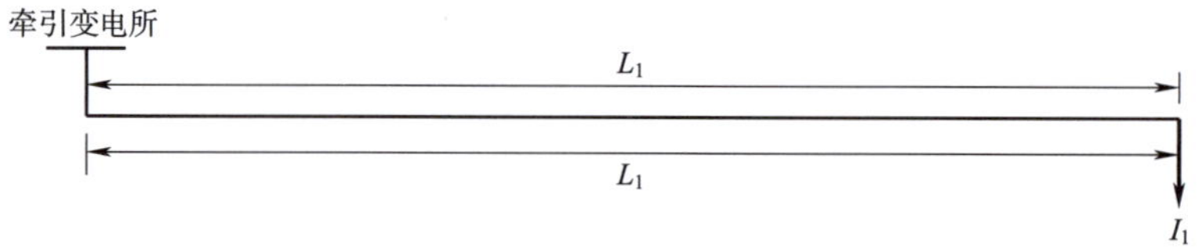
2	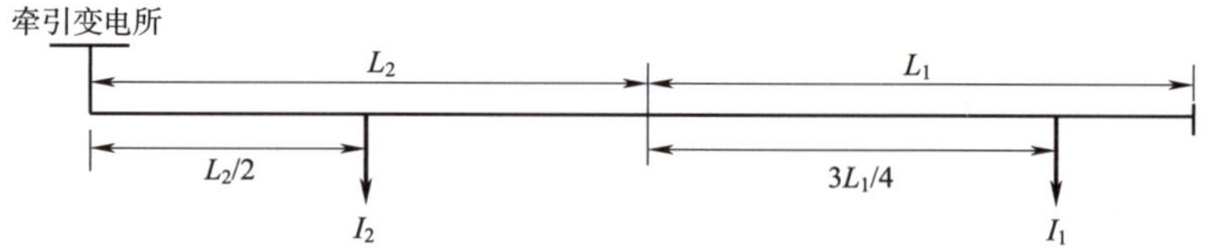
3	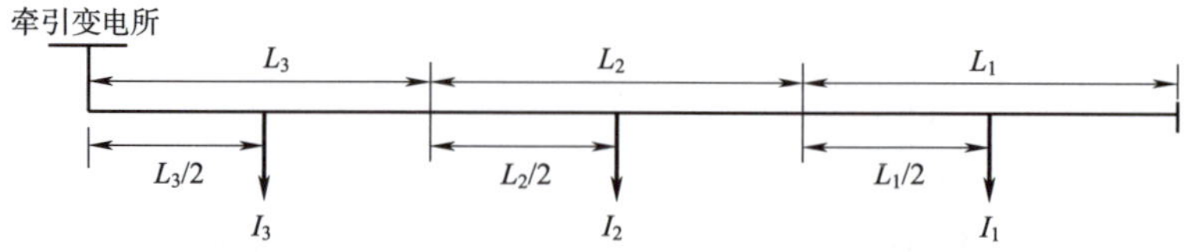
4	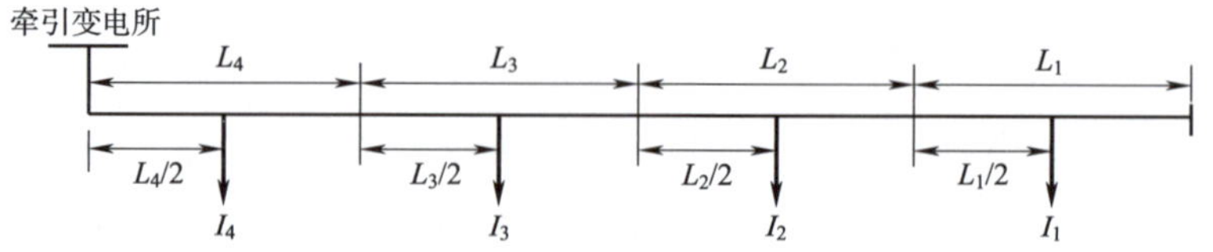

9. 牵引变压器类型及容量

林芝牵引变电所采用单相接线牵引变压器，预留三相 Vv 条件，其余牵引变电所采用三相 Vv 牵引变压器。其安装容量详见表 5.8。

表 5.8　牵引变压器类型和安装容量

牵引变电所	牵引变压器类型	牵引变压器安装容量/MVA
拉萨南	220 kV 三相 Vv 牵引变压器	2×(10+10)
协荣	110 kV 三相 Vv 牵引变压器	2×(12.5+10)
扎囊		2×(6.3+12.5)
山南		2×(10+6.3)
拜珍	220 kV 三相 Vv 牵引变压器	2×(10+6.3)
加查		2×(16+10)
朗县		2×(10+6.3)
下却	110 kV 三相 Vv 牵引变压器	2×(12.5+10)
康萨	220 kV 三相 Vv 牵引变压器	2×(10+6.3)
米林		2×(8+10)
林芝	110 kV 单相接线牵引变压器	2×6.3

10. 牵引能耗及电能损失

各牵引变电所的牵引能耗和电能损失见表 5.9。

表 5.9　牵引变电所牵引能耗和电能损失　　单位：10^4 kWh

牵引变电所	初期		近期		远期	
	牵引能耗	电能损失	牵引能耗	电能损失	牵引能耗	电能损失
拉萨南	557	29	1 484	78	1 608	85
协荣	1 094	58	2 919	154	3 163	166
扎囊	1021	54	2 722	143	2 949	155
山南	1 151	61	3 071	162	3 327	175
拜珍	1 196	63	3 190	168	3 456	182
加查	1 511	80	4 028	212	4 364	230
朗县	1 688	89	4 501	237	4 876	257
下却	1 302	69	3 471	183	3 761	198
康萨	933	49	2 489	131	2 696	142
米林	1 016	53	2 708	143	2 934	154
林芝	489	26	1 306	69	1 415	74

11. 牵引网正常运行和故障运行状态下的供电能力

(1)正常运行状态

牵引变压器安装容量、牵引网载流能力和供电臂末端最低电压水平均满足相应设计年度运输的需要。

(2)故障运行状态

相邻的牵引变电所间可实现越区供电，相互支援，其越区供电能力受牵引网末端电压水平限制。当某一牵引变电所故障解列退出运行，由相邻牵引变电所越区供电时，可满足一列客车或货车运行。

12. 电能质量分析及措施

拉林铁路为客货共线铁路，客车、货车均采用交直交型动车组(功率因数较高，>0.98)，经计算各牵引变电所综合功率因数均高于0.95，因此牵引变电所不设置无功补偿装置，仅预留设置高次谐波滤除装置的条件。

牵引变电所高压侧采用相序轮换方式接入电力系统，以减轻对电力系统的负序影响。

5.3 牵引变电设计

5.3.1 设计基础资料

(1)沿线地区气象条件见表5.10。

表5.10 沿线地区(拉萨—林芝)气象条件

最高温度/℃	30
最低温度/℃	−15
基本风速/(m/s)	25
最大风速时气温/℃	10
覆冰厚度/mm	10
覆冰时风速/(m/s)	10
年平均雷暴日 N/d	$50 \leqslant N \leqslant 70$

(2)工作环境温度要求：

户外：−25～+40 ℃。

户内：−5～+30 ℃。

控制中心：+10～+30 ℃。

(3)海拔高度：2 945 m$\leqslant H \leqslant$3 627 m。

(4)相对湿度：月平均≤90%，日平均≤95%。

(5)抗震设防烈度：Ⅷ度。

(6)结构设计风速：30 m/s。

(7)地震动参数划分区段见表5.11。

表 5.11　地震动参数划分区段

序号	段落	里程	地震动峰值加速度	地震基本烈度	备注
1	拉萨—拉萨南	DK0+000～DK4+800	0.20g	Ⅷ	既有线
2	拉萨南—明则	DK4+800～CK129+776	0.15g	Ⅶ	
3	明则—藏木	CK129+776～CK203+000	0.20g	Ⅷ	沃卡地堑（全新世活动断裂）
4	藏木—里龙	CK203+000～CK349+750	0.15g	Ⅶ	
5	里龙—米林	CK349+750～CK390+500	0.20g	Ⅷ	
6	米林—林芝	CK390+500～终点	0.30g	Ⅷ	

(8)污秽区划。根据国家标准《污秽条件下使用的高压绝缘子的选择和尺寸确定　第2部分:交流系统用瓷和玻璃绝缘子》(GB/T 26218.2—2010)进行设计,污秽等级划分及统一爬电比距详见表5.12。

表 5.12　各污秽等级的统一爬电比距

污秽等级	a	b	c	d	e
统一爬电比距/(mm/kV)	22	27.8	34.7	43.3	53.7

根据西藏自治区电力系统污区分布图结果显示,拉林铁路全线变电所亭污秽度均不超过c级,考虑电气化铁路特殊运行条件,全线牵引变电所按d级污秽开展设计工作。

5.3.2　牵引变电所、开闭所所址选择

拉林铁路线路条件具有桥隧比例高、限制坡度大、地质环境条件极端恶劣等特点,同时拉林铁路位于西藏境内,藏民族文化盛行,沿线诸多山岭均是当地人民供奉、信仰的神山,对牵引变电设施的所址选择提出了较大的挑战。

为便于拉林铁路牵引变电设施选址工作顺利开展,全线的牵引变电所设施的选址工作主要分为两步走。

首先以牵引供电计算确定的所亭分布方案为基础,充分结合拉林铁路现有线路条件、工程实施难度、少数民族文化需求、路局运营维护要求等各方面因素,在设计图纸上会同地质、线路、站场、路基、给排水等专业,结合地质条件和地形地貌,经多方案比选后初步确定各所址位置。

其次,牵引变电所所址选址不仅需要满足铁路自身的需求,还需要满足与地方规划、外部电源引入条件等方面需求。因此,在初步确定各所位置的基础上,建设单位牵头,多次组织设计、外电设计部门、铁路运营单位、咨询单位、地方规划部门等各方单位对牵引变电设施所址进行现场踏勘,并对部分可以优化的所址位置进行局部调整。沿线所亭具体位置详见表5.13,典型牵引变电所选址情况如图5.1、图5.2所示。

表 5.13 沿线所亭具体位置

序号	名称	场坪位置	场坪面积（平行线路×垂直线路）	备注
1	拉萨南变电所（220 kV）	区间范围内（线路右侧、林芝端）DK6+50	80 m×75 m	公路进所
2	协荣变电所（110 kV）	车站范围内（线路右侧、林芝端）DK33+440	80 m×70 m	公路进所
3	扎囊变电所（110 kV）	车站范围内（线路右侧、拉萨端）DK81+765	80 m×70 m	公路进所
4	山南变电所（110 kV）	车站范围内（线路右侧、林芝端）DK125+264	80 m×70 m	公路进所
5	拜珍变电所（220 kV）	车站范围内（线路左侧、林芝端）DK150+907	80 m×75 m	公路进所
6	加查变电所（220 kV）	车站范围内（线路右侧、林芝端）DK213+380	80 m×75 m	公路进所
7	朗县变电所（220 kV）	车站范围内（线路左侧、林芝端）DK265+650	80 m×75 m	公路进所
8	下却变电所（110 kV，合建）	车站范围内（线路右侧、拉萨端）DK312+180	75 m×90 m	公路进所
9	康萨变电所（220 kV，合建）	车站范围内（线路右侧、林芝端）DK361+990	75 m×100 m	公路进所
10	米林变电所（220 kV，合建）	车站范围内（线路右侧、林芝端）DK392+235	100 m×75 m	公路进所
11	林芝变电所（110 kV）	车站范围内（线路左侧、林芝端）DK436+420	80 m×70 m	公路进所
12	拉萨西开闭所	车站范围内 K1945+020	70 m×30 m	公路进所

图 5.1 林芝牵引变电所

图5.2　米林牵引变电所

5.3.3　主接线及运行方式

1. 主 接 线

协荣、扎囊、山南、下却、林芝牵引变电所引入两路独立的110 kV进线电源，拉萨南、拜珍、加查、朗县、康萨、米林牵引变电所引入两路独立的220 kV进线电源。考虑沿线外部电源薄弱，为了提高牵引变电所运行的可靠性，方便后期的运营维护，牵引变电所高压侧采用带跨条的分支接线，正常时，由一路电源供电，另一路电源备用，牵引变压器固定备用。设置电源及主变自投装置。牵引变电所高压侧典型主接线如图5.3所示。林芝牵引变电所牵引变压器近期采用单相接线，预留改造成三相Vv接线条件。

27.5 kV侧采用单母线分段接线，馈线通过电动隔离开关和断路器与接触网相连，馈线断路器采用100%备用方式。牵引变电所27.5 kV侧典型主接线如图5.4所示。

2. 运行方式

(1)牵引变电所高压侧(110 kV,220 kV)正常运行方式

牵引变电所1号进线电源带1B主变运行，2号进线及2B主变备用；牵引变电所2号进线电源带2B主变运行，1号进线及1B主变备用。

(2)牵引变电所27.5 kV侧正常运行方式

各相馈线断路器及相应馈线隔离开关投入运行，备用断路器备用。

(3)牵引变电所高压侧故障运行方式

进线电源或者主变发生故障时，均可进行自动投切到备用回路供电。

1号进线电源故障时，可通过自投装置切换成2号进线带2B主变，或2号进线通过跨条带1B主变。

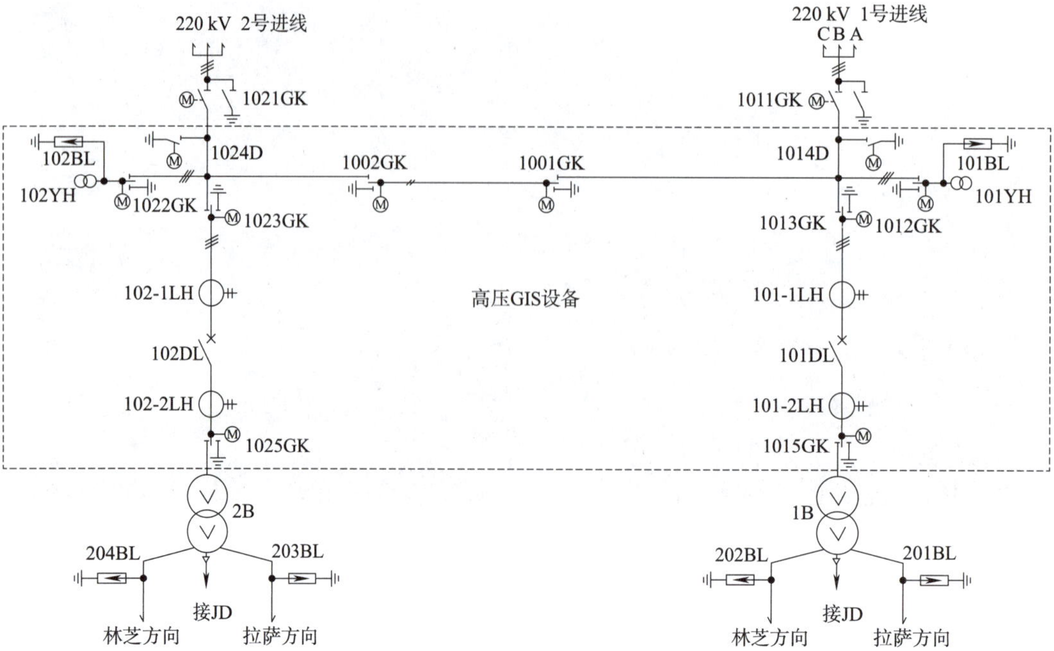

图 5.3 牵引变电所高压侧主接线

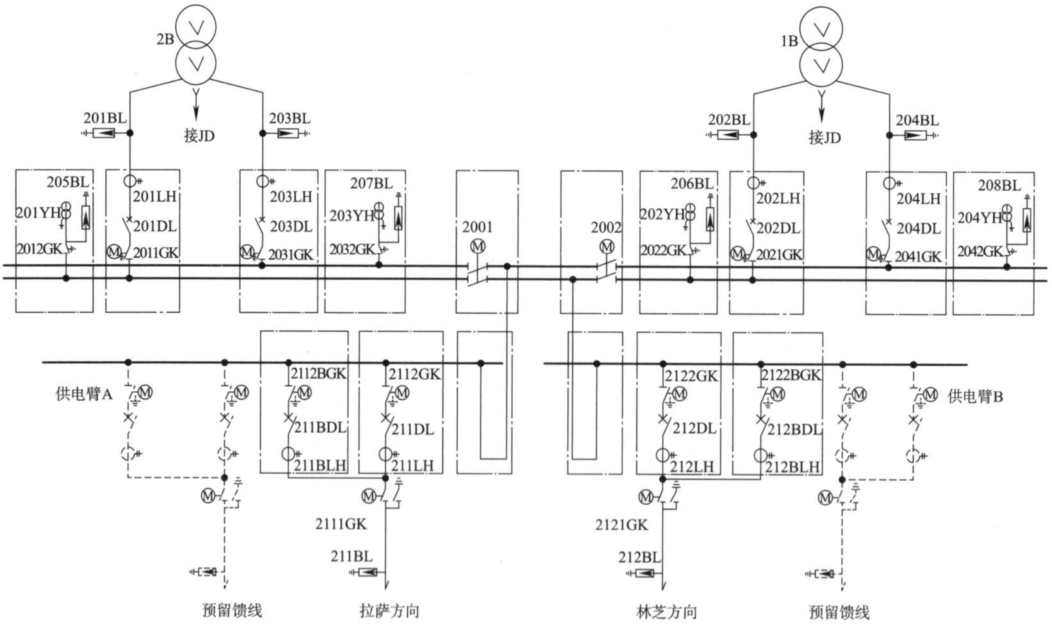

图 5.4 牵引变电所 27.5 kV 侧主接线

2 号进线电源故障时，可通过自投装置切换成 1 号进线带 1B 主变，或 1 号进线通过跨条带 2B 主变。

1B 主变故障时，可通过自投装置切换成 2 号进线带 2B 主变，或 1 号进线通过跨条带 2B 主变。

2B 主变故障时，可通过自投装置切换成 1 号进线带 1B 主变，或 2 号进线通过跨条带 1B 主变。

(4)27.5 kV 侧故障运行方式

馈线断路器故障时，退出故障断路器，备用断路器投入运行。

(5)牵引变电所解列时

当一处牵引变电所解列退出运行时，可由两侧相邻供电臂通过分相处设置的越区电动隔离开关越区供电至该牵引变电所。

5.3.4　主要设备选型及主要技术参数

1. 主要设备选型的一般原则

牵引变电设备选型除需满足相应的电气性能及标准外，还应适应拉林铁路高寒、强震、强风、强紫外线等特殊气象环境需求，满足技术先进、布置紧凑、可靠性高、维护量少的要求。同时设备均配置必要的检测监测设备，减少后期运营维护的工作量。

拉林铁路高压电气设备及绝缘子爬电距离、外绝缘试验电压及带电部分安全空气间隙，均按海拔高度 4 000 m 修正，具体要求见表 5.14～表 5.16。

表 5.14　牵引变电所设备户内外爬电距离修正计算结果

电压等级	10 kV	27.5 kV	110 kV	220 kV
户内爬电距离修正值/mm	310	1 400	—	—
户外爬电距离修正值/mm	390	1 750	4 050	8 070

表 5.15　电气一次设备外绝缘耐受电压高海拔修正计算结果

系统标称电压/条目		海拔 4 000 m			
		工频耐受电压/kV，有效值		雷电冲击耐受电压/kV，峰值	
		1 000 m 基准值	修正值	1 000 m 基准值	修正值
10 kV	相对地	42	61	75	109
	相间	42	61	75	109
	隔离断口	49	71	85	123
27.5 kV	相对地	85	123	185	268
	相间	85	123	185	268
	隔离断口	118	171	215	311
110 kV	相对地	230	333	550	795
	相间	230	333	550	795
	隔离断口	303	438	653	944

续上表

系统标称电压/条目		海拔 4 000 m			
		工频耐受电压/kV,有效值		雷电冲击耐受电压/kV,峰值	
		1 000 m 基准值	修正值	1 000 m 基准值	修正值
220 kV	相对地	460	665	1 050	1 518
	相间	460	665	1 050	1 518
	隔离断口	606	876	1 256	1 816

表 5.16　牵引变电所带电部分安全空气间隙高海拔修正计算结果　　单位:mm

标称电压	海拔 4 000 m			
	户内		户外	
	相对地	相间	相对地	相间
10 kV	180	180	290	290
27.5 kV	440	440	580	580
110 kV	1 250	1 350	1 300	1 440
220 kV	2 600	2 880	2 600	2 880

2. 主要设备选型及技术参数

(1)牵引变压器

采用户外三相 Vv(单相)接线、油浸自冷牵引变压器,预留风冷条件,变压器采用无载调压方式,其主要型式及技术参数见表 5.17。

表 5.17　牵引变压器主要型式及技术参数

应满足的主要标准	《电力变压器》(GB/T 1094)系列规范 《电气化铁路牵引变压器技术条件》(TB/T 3159—2007)	
系统电压	220 kV	110 kV
接线型式	三相 Vv 接线(单相接线)	
额定电压	高压:220 kV±4×2.5%kV,无励磁电压分接头(各电压抽头均保证全容量) 低压:27.5 kV	高压:110 kV±4×2.5%kV,无励磁电压分接头(各电压抽头均保证全容量) 低压:27.5 kV
设备最高持续工作电压	高压:252 kV 低压:相对地 31.5 kV	高压:126 kV 低压:相对地 31.5 kV
冷却方式	油浸自冷(ONAN),预留风冷条件	

牵引变压器采用光纤测温系统对高低压绕组、铁芯及绝缘油温度进行直接测量,光纤测温系统输出温度实时监测数据,并纳入辅助监控系统。光纤测温系统同时应输出温度报警和跳闸继电器的接点信号,纳入所内综合自动化系统并用于主变非电量保护。

(2)高压 GIS 组合电器

牵引变电所高压侧配电装置除进线 110 kV/220 kV 隔离开关外,均采用户内型 GIS 组合电器。设备主要型式及技术参数见表 5.18。

表 5.18　高压 GIS 组合电器主要型式及技术参数

应满足的主要标准	《额定电压 72.5 kV 及以上气体绝缘金属封闭开关设备》(GB/T 7674—2008) 《高压开关设备和控制设备标准的共用技术要求》(GB/T 11022—2011)	
系统标称电压	110 kV	220 kV
最高工作电压	126 kV	252 kV
额定电压	126 kV	252 kV
额定电流	2 000 A	2 000 A
额定热稳定电流(3 s)	50 kA	50 kA
额定动稳定电流	125 kA	125 kA
SF_6 气体年漏气率	<0.5%	<0.5%

(3)27.5 kV 室内 GIS 开关柜

27.5 kV 室内配电装置采用架空出线气体绝缘金属封闭开关柜。设备主要型式及技术参数见表 5.19。

表 5.19　27.5 kV 室内 GIS 开关柜主要型式及技术参数

应满足的主要标准	《电气化铁路 27.5 kV 和 2×27.5 kV 交流金属封闭开关设备和控制设备》(GB/T 28428—2012)
系统标称电压	27.5 kV
最高工作电压	31.5 kV
额定电压	27.5 kV
额定电流	1 600 A
额定热稳定电流(3 s)	31.5 kA
额定动稳定电流	80 kA
断路器额定分闸时间	≤0.04 s
断路器额定合闸时间	≤0.1 s
SF_6 气体年漏气率	<0.5%

(4)户外隔离开关

采用户外柱式,水平打开电动操作机构,带检修用接地刀闸。设备主要型式及技术参数见表 5.20。

表 5.20　户外隔离开关主要型式及技术参数

应满足的主要标准	《高压开关设备和控制设备标准的共用技术要求》(GB/T 11022—2011) 《高压交流隔离开关和接地开关》(GB/T 1985—2014)		
系统标称电压	27.5 kV	110 kV	220 kV
额定电压	31.5 kV	126 kV	252 kV
额定电流	2 000 A	2 000 A	2 000 A
额定热稳定电流	31.5 kA(4 s)	40 kA(3 s)	50 kA(3 s)
额定动稳定电流	80 kA	100 kA	125 kA

(5)避雷器

采用氧化锌避雷器,设备主要型式及技术参数见表 5.21。

表 5.21 避雷器主要型式及技术参数

应满足的主要标准	《交流无间隙金属氧化物避雷器》(GB/T 11032—2010)	
安装方式	户外	户内
系统标称电压有效值	27.5 kV	10 kV
额定频率	50 Hz	50 Hz
避雷器额定电压有效值	42 kV	17 kV
持续运行电压有效值	34 kV	13.6 kV
标称放电电流	5 kA,10 kA	5 kA,10 kA
陡波冲击电流下残压峰值	不大于 138 kV	不大于 51.8 kV
雷电冲击电流下残压峰值	不大于 120 kV	不大于 45 kV
操作冲击电流下残压峰值	不大于 98 kV	不大于 38.3 kV
直流 1 MA 参考电压	不小于 65 kV	不小于 24 kV
局部放电水平	≤10 pC	≤10 pC
方波冲击电流耐受能力	不小于 600 A	不小于 200 A

(6)所用变压器

所用变压器采用户内干式变压器,设备主要型式及技术参数见表 5.22。

表 5.22 所用变压器主要型式及技术参数

应满足的主要标准	《电力变压器》(GB/T 1094)系列规范 《干式电力变压器技术参数和要求》(GB/T 10228—2015)	
安装方式	户内	
额定电压比	10±2×2.5%/0.4 kV	27.5±5%/0.4 kV 27.5±5%/0.23 kV
额定容量	100 kVA	100 kVA
阻抗电压	4%	6.5%
空载损耗	≤0.45 kW	≤0.5(0.3)kW
负载损耗	≤1.8 kW	≤1.6(1.1)kW
空载电流	2.8%	2%
绕组温升	<100 K	<100 K
噪声	<50 dB(在离外壳 1 m,高度为 1.5 m 处测量)	

(7)交直流系统

交直流系统采用柜式成套设备,蓄电池采用阀控式密封铅酸蓄电池。设备主要型式及技术参数见表 5.23。

表 5.23　交直流系统主要型式及技术参数

应满足的主要标准	《低压成套开关设备和控制设备》(GB/T 7251)系列规范 《电气化铁路用直流电源装置》(TB/T 2892—2018)
安装方式	户内
交流输入额定电压及频率	三相:380 V,50 Hz 单相:220 V,50 Hz
直流标称电压	DC 110 V
交流输出标称电压及频率	三相:380 V,50 Hz 单相:220 V,50 Hz
充电模块输出直流额定电流	20 A
蓄电池额定容量	2×200 A・h 适用于合建牵引变电所 2×150 A・h 适用于牵引变电所

(8)二次设备

二次设备采用计算机综合自动化系统装置,设备主要技术参数见表 5.24。

表 5.24　二次设备主要技术参数

应满足的主要标准	《电气化铁路牵引变电所综合自动化系统装置》(TB/T 3226—2010)
控制响应时间	<2 s(可设定)
信息响应时间	<2 s(可设定)
遥测精度	±0.5 %
画面响应时间	⩽1 s(可设定)
站内事件分辨率	⩽5 ms
变电所内网络通信速率	⩾1.25 Mb/s
装置平均无故障 工作时间(MTBF)	⩾20 000 h(当地监控系统) ⩾50 000 h(保护测控单元)
遥信动作成功率	⩾99.99%
遥控动作成功率	⩾100%
CPU 平均负荷率	正常时(任意 30 min 内)⩽30% 电力系统故障(10 s 内)⩽50%
GPS 对时精度	⩽1 ms
远动通信速率	1 200 b/s～64 kb/s 可调
电磁兼容水平(EMC)	⩾ 5 V/m
通信管理机	采用双机热备用

(9)辅助监控系统

牵引变电所内设置辅助监控系统,主要技术参数见表 5.25。

表 5.25　辅助监控系统主要技术参数

可用率	⩾99.99%
系统平均无故障工作时间(MTBF)	⩾30 000 h

续上表

硬件平均无故障工作时间(MTBF)	≥50 000 h
视频控制切换响应时间	≤1 s
控制响应时间	≤1 s
子站监控画面显示与实际事件发生时间差	≤1 s
事件报警到系统自动记录相应画面时间差	≤1 s
系统时钟精度	≤10 ms
SOE 分辨率	≤2 ms
测量量	综合误差≤0.5% 遥测合格率≥99.99%
状态量	遥信响应率 100%
遥控	遥控正确率 100%

辅助控制系统功能要求及技术要求需满足《牵引供变电所实施无人值班值守工作的指导意见》(铁总工电〔2018〕101 号)的要求。

(10)牵引供电远动系统

拉林铁路设置牵引供电远动系统,对全线牵引变电所亭以及接触网电动隔离开关的运行状态进行实时监视、测量和控制,实现供电设备的自动化调度管理。系统主要技术参数见表 5.26。

表 5.26　牵引供电远动系统主要技术参数

应满足的主要标准	《地区电网调度自动化系统》(GB/T 13730—2002)
主备用机自动切换时间	≤20 s
供电系统正常情况下主要节点 CPU 负载	≤30%(1 min 平均值)
供电系统故障情况下主要节点 CPU 负载	≤60%(10 s 平均值)
供电系统正常情况下局域网负载	≤20%
系统可用率	≥99.8%
装置平均无故障工作时间(MTBF)	≥5 000 h
工作站画面调用响应时间: 85%的本地画面 其余的本地画面 远程调用画面	 ≤1 s ≤5 s ≤6 s
遥控选择、执行、撤销命令传输到被控站时间	≤3 s
遥调命令传输到被控站时间	≤3 s
遥信量变位传输到主站时间	≤3 s
遥测量越阈值变位传输到主站时间	≤3 s

(11)接触网开关监控系统

接触网开关监控系统采用电缆直驱方式,系统接线采用星形结构,每台接触网电动隔离开关由独立的监控单元进行控制。主要技术参数见表 5.27。

表 5.27　接触网监控系统主要技术参数

应满足的主要标准	《远动终端设备》(GB/T 13729—2002)
箱体	防护等级不低于 IP43
画面响应时间	≤3 s
事件顺序记录分辨率	3 ms
站内事件分辨率	≤10 ms
遥控正确率	100%
遥信正确率	≥99.99%
光电隔离遥信隔离电压	2 000 V
装置平均无故障工作时间(MTBF)	≥20 000 h
设备可用率	99.9%
对时精度	≤1 ms
通信接口	FE(E), FE(O), RS-232, RS-485, CAN
通信规约	IEC-60870-5-101, IEC-60870-5-104, MODBUS

牵引变电所主要电气设备型式如图 5.5～图 5.9 所示。

图 5.5　油浸自冷式牵引变压器

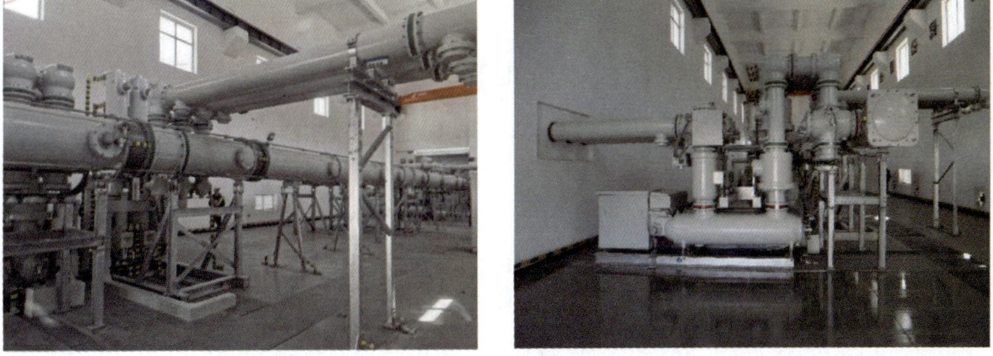

图 5.6　户内高压 GIS 组合电器

图 5.7　27.5 kV GIS 开关柜

图 5.8　户外隔离开关

图 5.9　牵引变电所综合自动化装置

5.3.5　总平面及生产房屋配置

1. 主要设计原则

牵引变电所亭总平面及生产房屋布置应结合地形、地质、环境条件，充分考虑自然和非自然原因可能造成的影响。

考虑沿线值守条件极端恶劣，牵引变电所亭均按无人值班、无人值守条件设计，适当考虑检修人员生活条件。

2. 主要设计方案

牵引变压器采用户外低式布置，110 kV、220 kV 配电装置除进线隔离开关采用户外中式布置外，其余均采用户内 GIS 组合电器。27.5 kV 配电装置除避雷器及电动隔离开关采用户外中式布置外，其余均采用户内 GIS 开关柜。

110 kV、220 kV 进线，27.5 kV 的进线、出线均采用架空方式。

所内房屋采用平房布置，设置 110 kV/220 kV GIS 高压室、27.5 kV GIS 高压室、主控制室、检修室、通信室(与防灾机房合建)、应急值守室、卫生间等生产生活房屋。

220 kV牵引变电所进所道路路面宽度为4.5 m,110 kV牵引变电所亭进所道路路面宽度为4 m。场坪排水坡度为0.5%,所内排水与整个站场、路基排水系统统筹考虑,场坪高程比所外排水沟高1.5 m。牵引变电所如图5.10所示。

图5.10　牵引变电所

3. 总平面布置特点

(1)不同电压等级的影响

在一条铁路同时采用220 kV和110 kV两种电压等级的外部电源,牵引变电所总平面布置存在一定的技术差别,见表5.28。

表5.28　不同电压等级牵引变电所总平面布置差异

不同电压等级牵引变电所	110 kV牵引变电所	220 kV牵引变电所
场坪面积	80 m×70 m	80 m×75 m
牵引变压器油池大小	9.5 m×8.0 m	13.0 m×8.5 m
GIS室面积及高度	26.0 m×11.0 m×11.0 m	39.0 m×12.0 m×12.8 m
高压带电部分最小安全净距	1 250 mm	2 600 mm

(2)高海拔修正后的影响

修正后电气设备外观及尺寸较平原地区有了明显增大,同时电气安全净距也随之增大,对牵引变电所总平面布置及房屋布置产生了较大的影响,如图5.11～图5.13所示。

5.3.6　架构类型

根据结构抗震研究成果,提出牵引变电所架构采用轻型钢管结构,基础采用联合基础的形式,如图5.14所示,并通过SAP2000有限元分析软件对其在Ⅷ度及以上环境下的抗震性能以及抗风性能等进行全方面、多角度的分析,最终确保牵引变电架构及基础的安全性与可靠性。

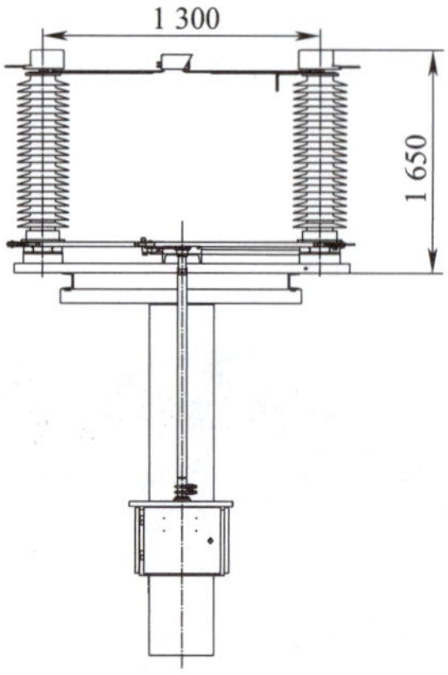

(a) 常规110 kV隔离开关

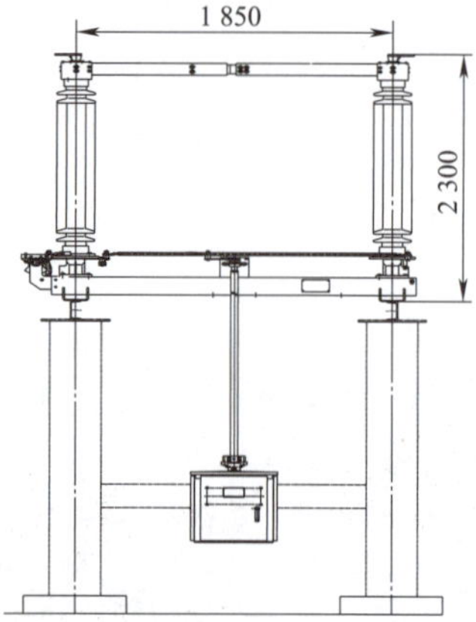

(b) 修正后110 kV隔离开关

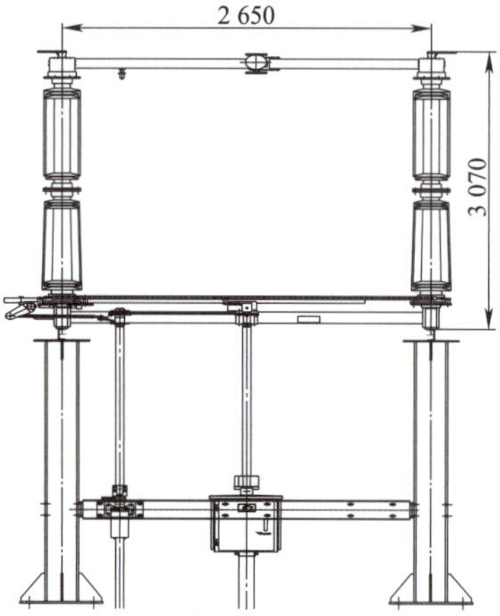

(c) 常规220 kV隔离开关

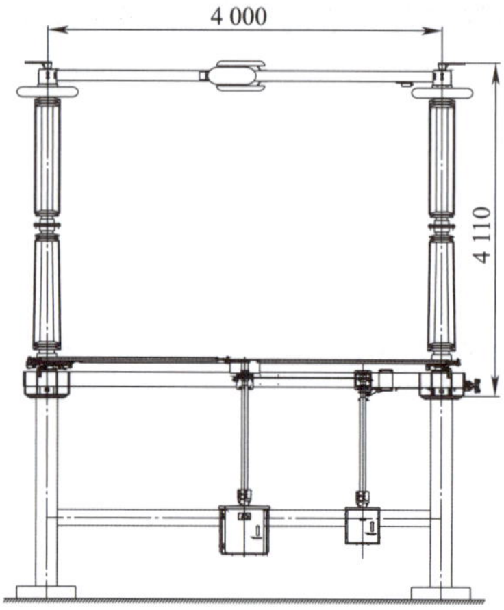

(d) 修正后220 kV隔离开关

图 5.11　修正后与常规高压隔离开关对比(单位:mm)

图 5.12　修正后的高压 GIS 组合电器室外套管

图 5.13　修正后的 220 kV 室外隔离开关

图 5.14　轻型钢管牵引变电所架构

牵引变电所进线架构及牵引变压器上方的门形架构，立柱均采用 ϕ350 等径钢管柱，支柱高度为 10 m(用于 110 kV 进线)、12 m(用于 220 kV 进线)。横梁采用格构式钢管组合梁，跨度分别为 20 m、16 m 和 12 m；支柱与基础、支柱与横梁均采用法兰连接。

27.5 kV 馈线终端架构立柱采用 ϕ350 等径钢管柱，支柱高度为 7.3 m。

户外配电设备支架采用 ϕ300 等径钢管柱，支柱高度根据设备类型分别采用 3.0 m、3.5 m、4 m 等规格。

钢材质量应符合《碳素结构钢》(GB/T 700—2006)及《低合金高强度结构钢》(GB/T 1591—2018)的规定，所选材料厚度不允许存在负偏差。

所有钢结构采用热浸镀锌防腐提高耐久性，要求所有螺栓、螺母、垫圈锌层附着量不低于 350 g/m^2，即任何局部锌层厚度不低于 50 μm；其余钢结构件的锌层附着量不低于 610 g/m^2，即任何局部锌层厚度不低于 86 μm。混凝土结构根据《铁路混凝土结构耐久性设计规范》(TB 10005—2010)，结合拉林铁路线路环境等级选用 C35 混凝土。

5.3.7　保护配置及综合自动化系统

1. 主要设计方案

牵引变电所亭采用计算机保护综合自动化装置，采用分层分布式结构，集中组屏方式。全线设置远动系统和视频监控系统。牵引变电所亭均按无人值班、无人值守设计。

(1)保护配置

220 kV 牵引变电所进线电源线路装设双套纵联差动保护，110 kV 牵引变电所进线电源线路不装设纵联差动保护。

牵引变压器设置差动、高压侧低电压过电流、低压侧低电压过电流、进线失压、重瓦斯、温度Ⅱ段等作用于跳闸的保护，设置轻瓦斯、过负荷、温度Ⅰ段、PT 断线等作用于报警的保护，设置主变故障自投、线路失压自投装置。除非电量保护外，220 kV 变压器保护按双重化配置。

27.5 kV 馈线设置距离、电流速断、过电流、电流增量等保护，并设置一次自动重合闸和故障测距。

(2)综合自动化系统

牵引变电所亭采用计算机保护综合自动化系统，采用模块化、分布式开放系统结构。综合自动化系统分为四个部分：当地监控单元、网络通信单元、保护测控单元和综合监控单元。

控制方式采用远动控制、所内集中控制、设备当地控制三级控制方式，整个系统正常运行时采用远动控制。当设备检修时，采用变电所内集中控制或设备当地控制方式。三种控制方式相互闭锁，以达到安全生产的目的。综合自动化系统组网方式如图 5.15 所示。

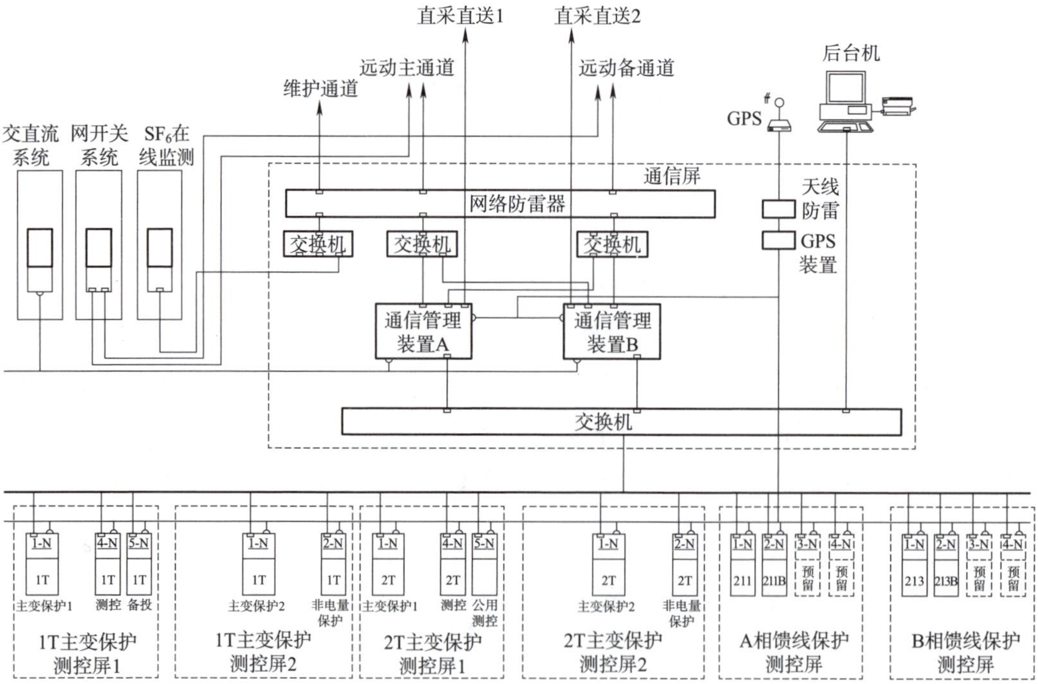

图 5.15　牵引变电所综合自动化系统

2. 单相牵引变压器及 GIS 组合电器对保护整定的影响

林芝牵引变电所所内 110 kV 侧导线及设备均按三相设计且采用标准型三相电气设备，牵引变压器按单相配置相关保护。若所内非工作相(A 相)发生故障时，由于此时所内牵引变压器保护装置按照单相变压器运行，牵引变电所内保护无法识别并切除故障，将使电力系统变电所的远端后备保护跳闸，扩大事故范围。因此，应对所内 110 kV 侧非工作相设备及导线进行改造使其不带电，改造方案如图 5.16 所示。

3. 与电力系统的配合

(1)接入方式及接口

各牵引变电所设置直采直送设备，将相应信息上送西藏区调主备调，各牵引变电所均配置 2 套电力调度数据网接入设备，含 1 台路由器，2 台交换机。配置相应的电力监控系统安全防护设备。设计接口如图 5.17 所示。

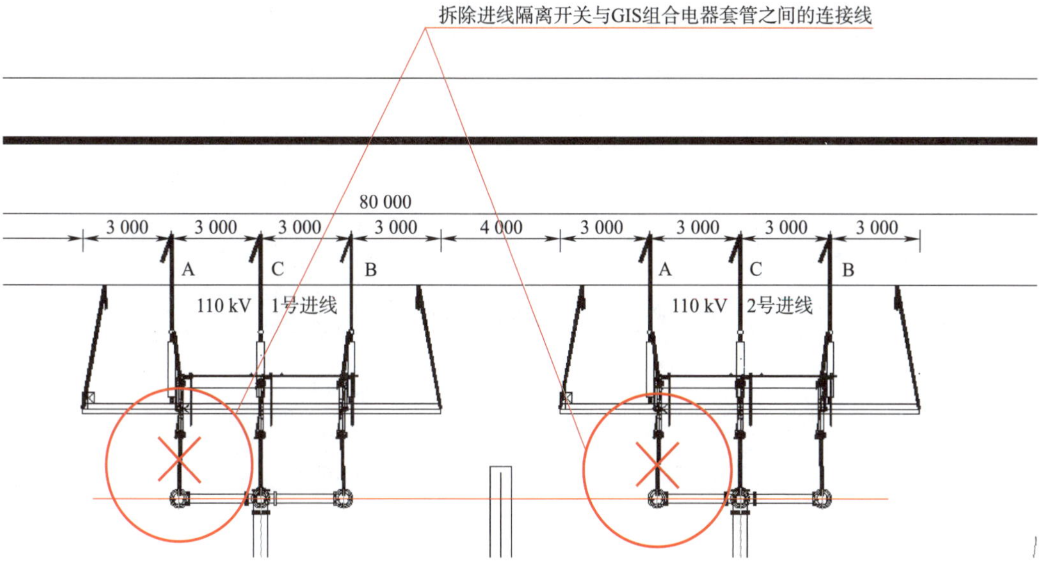

图 5.16　林芝牵引变电所使非工作相设备不带电(单位:mm)

(2)牵引变电所分支接线对电源进线纵联差动保护的影响

纵联差动保护要求保护装置能够直接采集被保护线路两侧的电流信号。而通用保护装置只能输入 2 组三相的电流信号，数据采集信号必须直接接入，不能设置切换回路，保护接口示意如图 5.18 所示。拉林铁路牵引变电所 220 kV 侧按照分支接线设计，由于存在跨条需输入 3 组电流信号方可完成保护功能。

经与铁路运营单位及电力部门充分沟通，共同确定在运营工作中使用规定运行方式的方法来确保线路纵联差动保护正常工作：当差动保护投入时，牵引变电所按照线路变压器组(直列运行)运行；当需使用跨条时，线路差动保护退出运行，由电网侧的其他原理保护(如阻抗、电流等)完成线路保护功能。此方案既满足铁路牵引变电所的运营要求，也满足国网西藏电力公司的规定和管理要求。该方案需对牵引变电所进线和主变的自投模式进行相应调整。

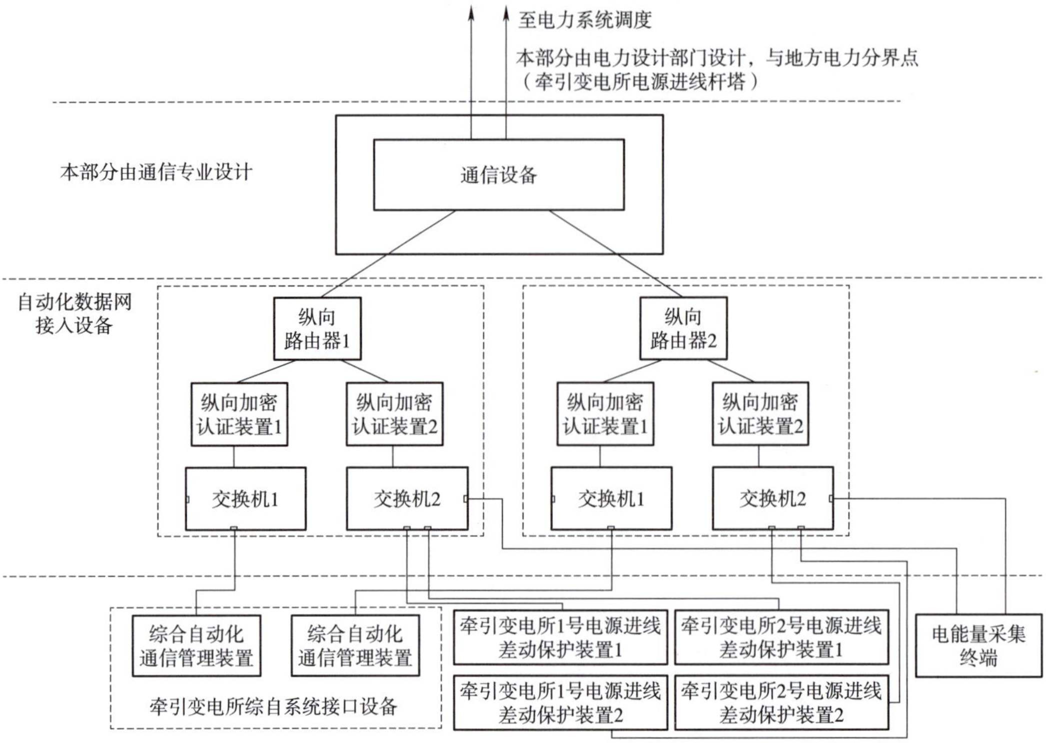

图 5.17　牵引变电所外电接入部分接口示意

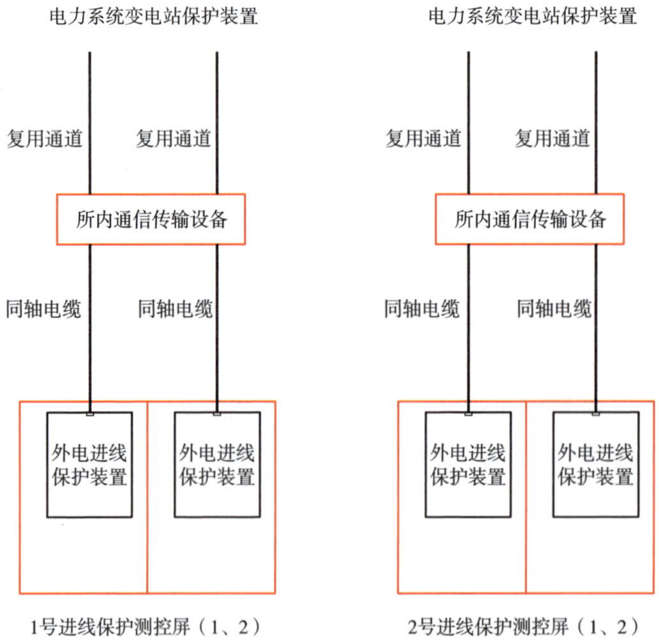

图 5.18　牵引变电所差动保护接口示意

5.3.8　自用电系统

1. 交流自用电系统

牵引变电所设两台所用变压器，内接 27.5 kV 母线，外引 10 kV 贯通线。正常时，一路交流电源供电，另一路热备用，当任何一路电源失压后，备用电源自动投入，并纳入综合自动化系统。

2. 直流自用电系统

牵引变电所采用智能型铅酸免维护蓄电池的直流自用电系统，具有浮充电和均衡充电功能。各所设两组蓄电池，蓄电池容量按满足全所事故停电 2 h 的放电容量和事故放电末期最大冲击负荷容量的要求设置。

根据运营单位需求以及方便后期运营维护，拉林铁路牵引变电所交直流系统采用智能监控单元，与综合自动化系统联网通信，可实现远方监控，全部开关采用电动操作机构并纳入远动。

5.3.9　防雷及接地

1. 主要设计方案

(1)防雷

①直击雷保护。各牵引变电所设有独立避雷针以防止直击雷对全所设备、架构及建筑物的危害。经计算，牵引变电所内设置 4 组避雷针。

钢结构独立避雷针一般情况下和主接地网不连接，其接地装置与变电所接地网的地中距离不小于 3 m。

避雷针布置时应注意其与配电装置带电部分、设备接地部分、架构接地部分的空气中距离不小于 5 m。

②雷电侵入波保护。在牵引变电所 220 kV、110 kV 进线侧、主变压器低压侧、馈线负荷侧设有相应等级的氧化锌避雷器，以保护相关电气设备。

牵引变电所二次回路加装防雷防涌流保护单元，提高二次设备防雷击引入、抗干扰能力，并实施有效的等电位措施。

接触网专业在全线正线及牵引变电所馈线供电线设置架空避雷线，降低雷电波通过供电线侵入所内的可能性。

在向接触网开关供电的监控主站屏内设置高耐压型隔离变压器，防止过电压通过网络开关控制及信号电缆侵入其他系统，保证所内其余设备的安全。每个监控主站电源进线回路要求设置一台隔离变压器，隔离变压器需装在双电源切换回路之后。高耐压型隔离变压器主要技术参数详见表 5.29，电路接线示意如图 5.19 所示。

表 5.29　高耐压型隔离变压器主要技术参数

序号	技术参数	取值及要求
1	额定电压	AC 220 V
2	变比	1∶1
3	容量	3 kVA
4	工频耐受电压	原边-副边:10 kV 原边-地:10 kV 副边-地:10 kV
5	冲击耐受电压	原边-副边:20 kV 原边-地:20 kV 副边-地:20 kV
6	使用环境	屏柜内

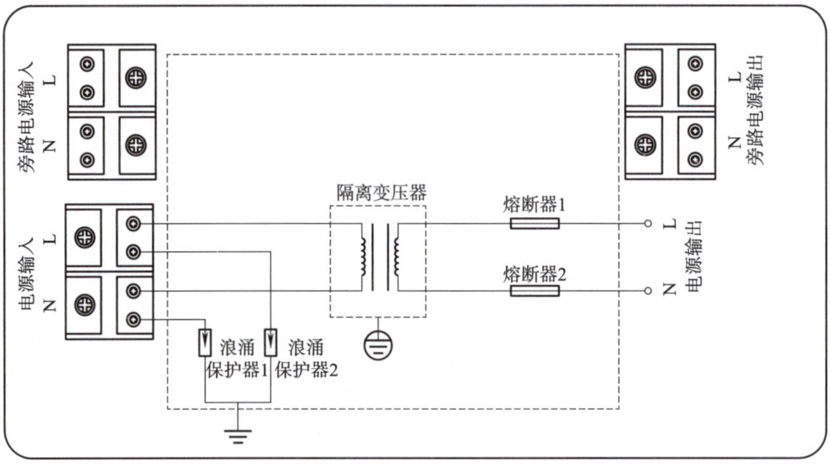

图 5.19　隔离变压器电路接线示意

(2)接地

①接地网及材质。各变电所接地装置的布置以水平长孔接地网为主,在设备集中接地附近设置垂直接地体。室外高压设备、架构及室内设备采用专门敷设的接地线接地。室内设接地母排,与所内主接地网相连。

在接地材料的选择上,采用铜绞线做水平接地网,铜棒做垂直接地极,接地体之间的连接采用熔焊焊接。

②接地网技术要求。牵引变电所地网接地电阻值按不大于 2 000/I_j(I_j 为入地短路电流)进行设计。当接地网的接地电阻在经济技术合理的范围内难以满足规定值时,在采取相关措施后,接地网地电位可适当提高,同时校验接触电势和跨步电势是否满足规范要求。

变压器的底座和外壳、户内外配电装置的金属构架和钢筋混凝土基础以及靠近带电部分的金属围栏和金属门等均进行保护接地。

独立避雷针采用独立接地装置，其接地电阻按不大于 10 Ω 设计。

牵引变电所的进线电源避雷线在所内通过断线卡子与主地网连接，避雷线引下线在地中接地点须距离附近设备接地点不小于 15 m。

接触网供电线的避雷线不与所内配电装置架构相连，与变电所的主地网相连，连接线采用裸导线，埋在地中的直线长度不应小于 15 m。

各所设置集中接地箱，用于钢轨回流、回流线回流、大地回流使用。

2. 复杂地质条件下牵引变电所接地系统特殊设计

拉林铁路沿线牵引变电所基本位于高原山地区域，多岩性土壤环境，土壤条件普遍恶劣，且填方工程较多，表层土壤电阻率较高，且分布不均匀，部分地区深层土壤电阻率甚至比表层更高。所亭内地电位抬升、接触电势、跨步电势超标情况会进一步恶化，严重威胁运营维护人员人身安全及设备运行安全。

在复杂地质条件下开展接地降阻，实现接地电阻达标合格具有非常重要的意义，是确保今后接地网尤其是在高寒、高阻抗地区保持长期良好的合格状态，确保铁路牵引电力系统安全稳定运行的关键。在工程设计中设计人员对牵引变电所接地系统进行了补充勘测，建立了贴近工程实际的土壤及地网空间模型，及时更新了外电系统资料，利用计算机仿真手段辅助设计并开展评估工作，确保接地工程设计方案合理可靠。相关设计如图 5.20～图 5.23 所示。牵引变电所接地系统参数见表 5.30。

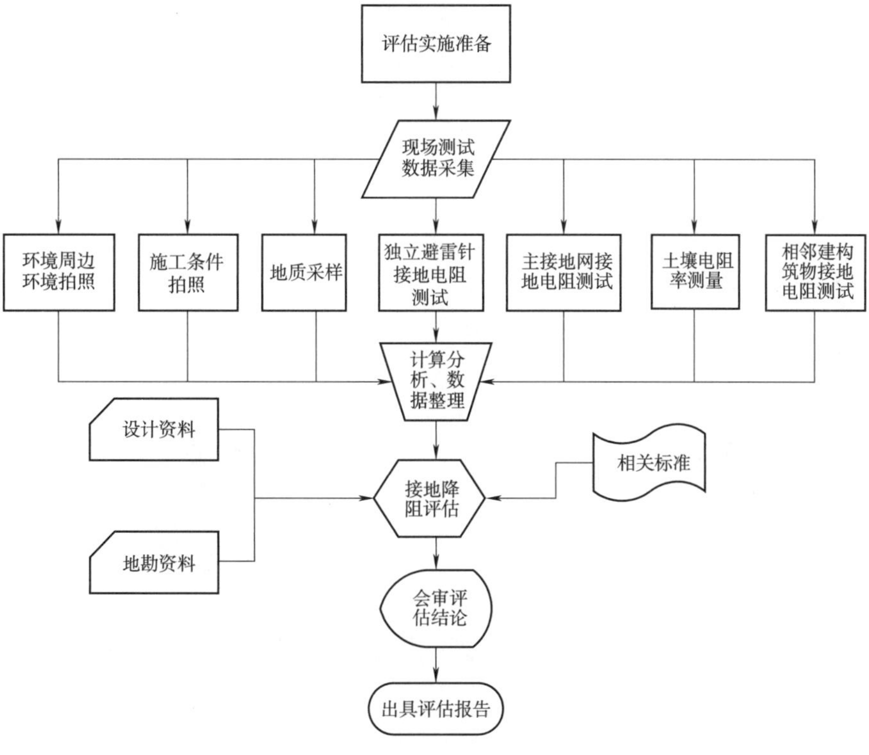

图 5.20　牵引变电所接地降阻评估流程

图 5.21　所内土壤补充测试

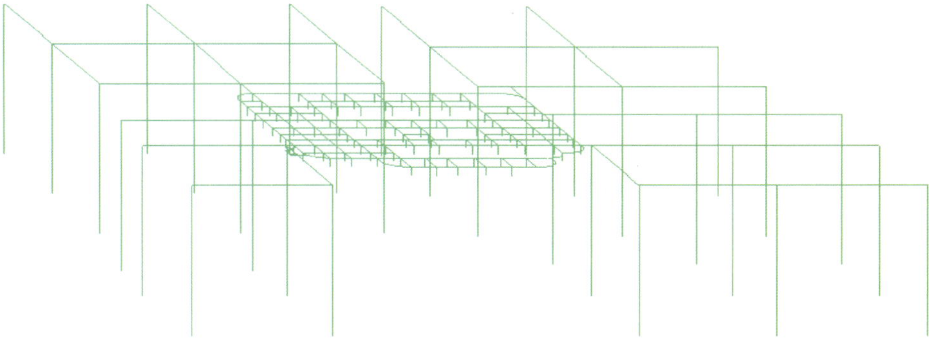

图 5.22　变电所土壤建模及地网建模及仿真计算

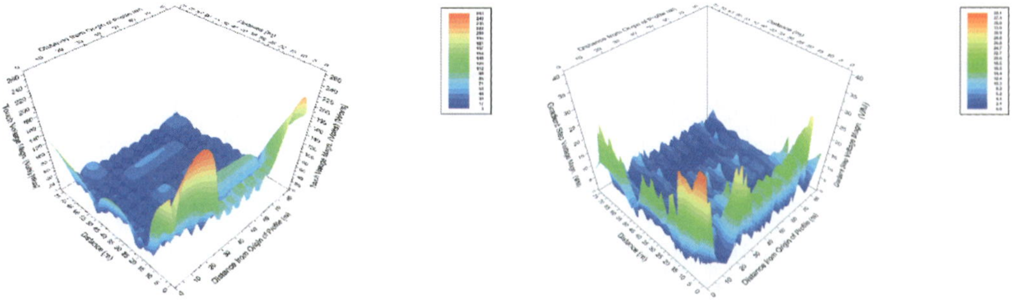

图 5.23　牵引变电所接地系统接触电势、跨步电势安全性校验结果

表5.30 牵引变电所接地系统参数

序号	名称	实测土壤电阻率/(Ω·m)	主地网面积/m²	实测接地电阻值/Ω	接地设计方案	
					主接地网	降阻措施
1	拉萨南变电所	269.615 2	6 000	0.42	主接地网设计埋深为0.8 m,用150 mm² 铜绞线做水平接地体,用 φ18 纯铜棒作接地网的垂直接地极	外引并增加降阻接地模块
2	协荣变电所	710.765 4	5 600	0.92		外引并增加降阻接地模块
3	扎囊变电所	255.427 5	5 600	0.95		外引并增加降阻接地模块
4	山南变电所	187.328 1	5 600	0.3		外引并增加降阻接地模块
5	拜珍变电所	2 437.715	6 000	0.324		外引并增加降阻接地模块
6	加查变电所	374.583	6 000	0.407		外引并增加降阻接地模块
7	朗县变电所	308.695 3	6 000	0.73		外引并增加降阻接地模块
8	下却变电所	1 723.634	6 750	0.731		外引并增加降阻接地模块
9	康萨变电所	2 082.68	7 500	0.968		外引并增加降阻接地模块
10	米林变电所	1 451.825	7 500	0.746		外引并增加降阻接地模块
11	林芝变电所	2 665.499	5 600	0.639 9		外引并增加降阻接地模块

5.3.10 电力调度系统及辅助监控系统

1. 电力调度系统

(1)电力调度所位置选择及调度区划分

拉林铁路属中国铁路青藏集团有限公司调度区,纳入中国铁路青藏集团有限公司既有牵引供电电力调度所,新设拉林牵引供电调度台1个,负责拉萨至林芝铁路牵引供电设施的调度和指挥。新增的电力调度台相关设备布置在既有房屋内。

拉林铁路在拉萨供电段、格尔木供电段、拉萨南供电抢修车间、林芝供电抢修车间各新设远动复示终端1处。

(2)远动系统及通道装置

设置牵引供电远动系统,对全线牵引变电所亭以及接触网电动隔离开关的运行状态进行实时监视、测量和控制,实现供电设备的自动化调度管理。

远动系统由设在电力调度所的调度主站、复示终端、沿线各牵引变电所亭、接触网开关站等被控站及远动通道组成。

远动通道采用光纤数字通道两路,一主一备。

（3）调度管理自动化系统构成

各被控站纳入电力调度所后，均采用远动控制，各被控站均采用了综合自动化装置，负责执行遥控、遥测、遥信、遥视功能，以实现各所无人值班的要求。电力调度所设置有牵引供电远动监控系统，以实现电力调度管理自动化。该系统可以根据需要对各被控站进行远动操作及数据采集，可以显示各种需要的画面，并对故障数据进行自动录波。系统还具有丰富的数据库管理功能及功能强大的工程组态软件，以满足牵引调度的各种需求。

2. 辅助监控系统

为满足牵引变电所无人值班、无人值守的要求，各牵引变电所、开闭所内增设一套辅助监控系统，系统架构如图 5.24 所示。

辅助监控系统实现对全所视频监视、环境信息监测、安全防范、设备巡检、火灾报警、动力照明控制等功能的高度集成和一体化监控，支持采集接入、数据存储、告警处理、传输通信、联动和监控等功能。

5.3.11 接触网开关监控系统

接触网开关监控系统采用直驱方式。根据接触网电动隔离开关的具体位置，在就近的牵引变电所亭、车站、隧道口等处设置接触网开关控制站，负责对其控制范围内的接触网电动隔离开关进行远程监视和控制。

直驱式接触网开关集中监控系统适用于集中控制电气化铁路接触网开关，系统所有设备全部安装在一面或几面接触网开关集中监控屏内，监控屏安装在牵引变电所主控制室内或户外布置的箱体内。

集中监控屏内设置与需要监控的接触网开关数量对应的监控装置（监控单元），系统采用一对一控制方式，每台监控装置负责一台接触网开关的监控功能，各台监控装置与通信管理单元构成本地网络。监控装置具备隔离开关控制和电机驱动电路，通过电缆直接与安装在铁路沿线的仅设置电机和辅助开关的隔离开关机构连接，实现接触网开关的合/分闸操作和位置监视功能。

车站、牵引变电所亭的监控主站电源单元引入两路交流 220 V 电源，互为备用，具备双电源切换功能。由于拉林铁路电力专业只设置了一回电力贯通线，区间监控主站电源单元引入一路交流 220 V 电源，同时系统配置蓄电池，蓄电池容量应满足在交流电源失电情况下户外监控主站正常运行时间不小于 2 h 的使用要求。

户外箱体能适应沿线的运行环境条件。箱体设计及材料选取考虑了高温、低温、潮湿、覆冰（雪）、紫外线、降雨等因素的影响，箱体内设置了温、湿度控制装置，自动调节箱内温、湿度。箱体的防护等级不低于 IP54，箱体顶部设置一定坡度，防止顶部积水。箱体采用双面开门，并适当考虑运营维护人员工作条件，户外箱体如图 5.25 所示。

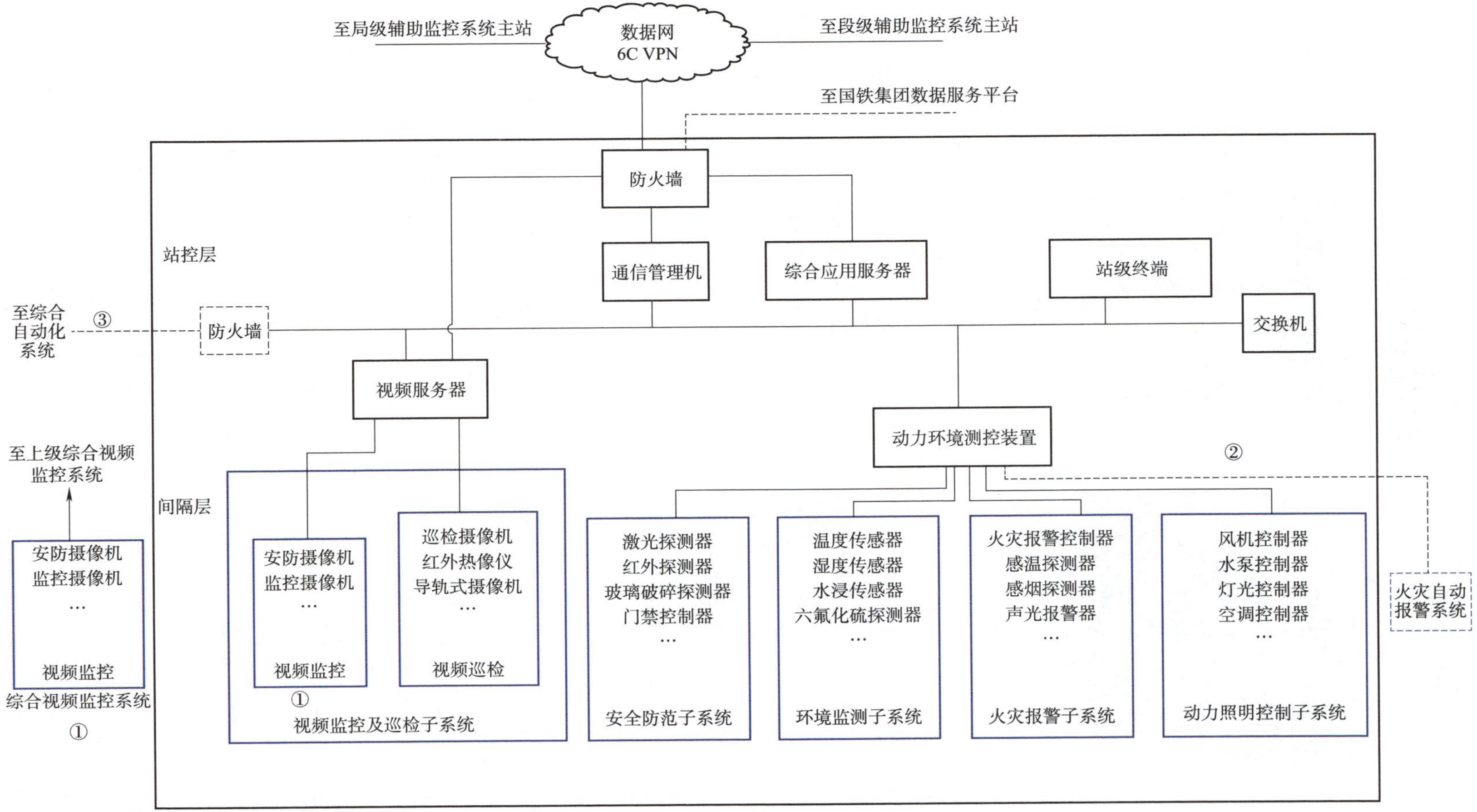

①：采用综合视频监控系统，视频监控及巡检子系统的视频监控部分不设置，由综合视频监控系统实现。
②：满足消防要求时可接入火灾自动报警系统。
③：网络安全保护符合要求时，可与综合自动化系统连接。
安全防范子系统、环境监测子系统、火灾报警子系统、动力照明控制子系统支持通信的设备，可直接接入网络。

图 5.24 辅助监控系统构架示意

图 5.25　接触网开关监控系统户外箱体

5.3.12　维护管理系统

拉林铁路在西宁供电段新设 1 套监测维护平台，配置软硬件设备，通过辅助监控通道与各牵引变电所亭连接，实现对牵引供电设备维护数据的远程采集、处理，并生成报表，帮助运维单位完成设备状态分析，促进供电维护工作的及时、有效。除了满足近期维护数据的远动接入外，还能将原零散系统整合成一套整合系统，并预留功能以满足未来辅助监控系统、在线监测系统数据接入。

5.3.13　牵引变电所土建及附属设施

1. 场坪及电缆沟排水

场坪高程由站场、路基专业和变电、房建专业共同确定，站场、路基专业根据确定的高程开展场坪设计。

牵引变电所场坪高程除满足百年洪水位外，还应满足历史最高内涝水位。

场坪内做好排水，防止所内积水。场坪的坡度按 0.5%设计，排水方向结合场坪周围地势进行设计。

室外电缆沟排水坡度按 1%设计，电缆沟边沿高出地面 100 mm 以防止场坪向沟内排水。

场坪高程比所外排水沟高 1.5 m，并考虑电缆沟最低高程与所外排水沟高程的配合。

户外配电装置场地排水应畅通，对高出地面的电缆沟、巡视小道拦截的雨水，采用排水渡槽或设置雨水口并敷设雨水下水道方式排除。

当采用部分散流排水时，在排水侧围墙下部留有足够的排水孔，排水孔设防护网，多雨地区在设有排水孔的围墙外侧尚有妥善的排水和防冲刷设施。

2. 进所道路

牵引变电所设公路与外部公路或车站衔接。220 kV 牵引变电所进所道路路面宽度为 4.5 m,110 kV 牵引变电所及开闭所进所道路路面宽度为 4 m。牵引变电所设备运输重量按 80 t 计。道路最小转弯半径 15 m,道路最大纵坡 6%,困难地段为 8%。进所道路应考虑设备运输的限界要求。

3. 电缆敷设

牵引变电所所内低压电力电缆及控制电缆敷设采用电缆沟敷设,部分电缆采用穿保护管敷设。回流线电缆与其他电缆分沟或分层敷设。电缆敷设完毕后应进行防火封堵及采取预防小动物闯入的措施。

接触网电动隔离开关远动的控制电缆及电力电缆从牵引变电所亭或车站远动间至线路高架桥桥墩采用穿管敷设,沿桥墩引上至电力电缆沟,利用电力电缆沟敷设至接触网开关处。

5.4 接触网设计

5.4.1 基础资料

1. 污秽区划分

全线绝缘污秽等级根据《电气化铁路接触网用绝缘子选用导则》(TB/T 2007—2015),按重污区标准设计。

2. 海拔高度

全线海拔高度见表 5.31。

表 5.31 海拔高度

序号	地理位置	线路里程范围	海拔高度 H/m
1	林芝地区	DK240+140～DK437+100	2 940≤H≤3 210
2	山南地区	DK37+000～DK240+140	3 100≤H≤3 650
3	拉萨地区	K0+000～DK37+000	3 500≤H≤3 650

5.4.2 接触悬挂

1. 接触网悬挂类型

正线、联络线、站线接触网悬挂方式采用全补偿简单链型悬挂。

2. 接触网悬挂参数

(1)接触线高度

为减少接触导线的高度过渡,在两隧道间距离小于 1 km 的区段,两隧道间接触网导高与隧道内尽量保持一致。因此，综合考虑车辆装载高度、空气绝缘距离、冰雪附加荷载、海拔高度等因素，对拉林铁路两隧道距离小于 1 km 区段接触网导线高度进行调整，将隧道外导线高度从 6 m 调整为 5.9 m，与隧道内导线高度保持一致。

(2)结构高度

①隧道外结构高度为 950 mm，其腕臂悬挂装置如图 5.26、图 5.27 所示。

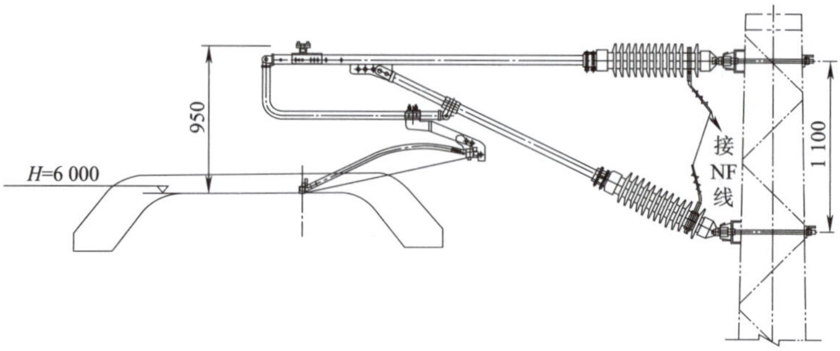

图 5.26　隧道外腕臂悬挂装置安装(单位:mm)

图 5.27　隧道外腕臂悬挂装置实际效果

②隧道内结构高度一般为 700 mm，其腕臂悬挂装置如图 5.28、图 5.29 所示。

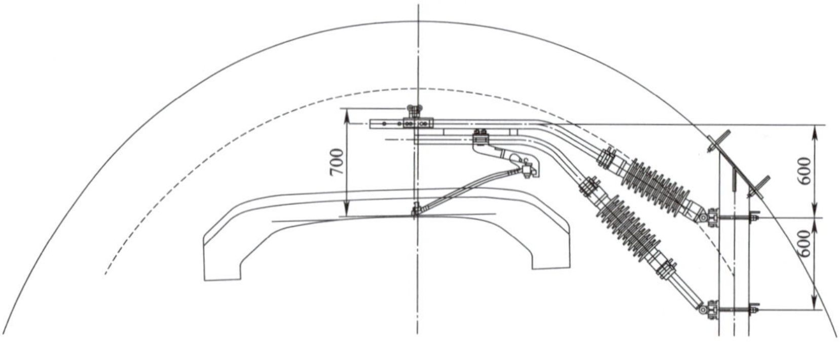

图 5.28　隧道内腕臂悬挂装置安装(单位:mm)

图 5.29　隧道内腕臂悬挂装置实际效果

③最短吊弦长度不小于 400 mm。

3. 线材选择

（1）接触网悬挂线材及张力见表 5.32。

表 5.32　接触网悬挂线材及张力

线材类别		线材规格	额定工作张力/kN
接触线	正线	CTA-120	15
	站线		
承力索	正线	JTMM-95/1×19	15
	站线		

（2）附加导线线材及张力

附加导线一般采用铝包钢芯铝绞线。供电线一般采用架空方式，困难地段与接触网支柱合建或电缆方式。

附加导线线材规格及张力见表 5.33。

表 5.33　附加导线线材及张力

线材类别		线材规格	最大工作张力/kN
附加导线	供电线	LBGLJ-240/30	10
	回流线	LBGLJ-185/25	10
	架空地线	LBGLJ-70/10	6.5
	避雷线	Zn-5%Al-RE GJ 1×19-11-420-B-GB/T 20492—2006	6.5
电缆	供电电缆	TDWD—YJY_{73}　27.5 kV　1×240　GB/T 28427—2012	—
	轨回流电缆	YJV73-0.6/1　1×185　GB/T 12706.1—2008	—
	吸上线	2×YJV-150	—

(3)主要线材性能

接触线采用银铜合金接触线，标准及相关要求按《电气化铁道用铜及铜合金接触线》(TB/T 2809—2005)执行；承力索采用铜镁合金绞线，标准及相关要求按《电气化铁道用铜及铜合金绞线》(TB/T 3111—2005)执行；附加导线采用铝包钢芯铝绞线，标准及相关要求执行《电气化铁道铝包钢芯铝绞线》(TB/T 2937—1998)。

接触线、承力索及附加导线电气和机械性能见表 5.34～表 5.36。

表 5.34 接触线电气和机械性能

序号	性能参数	数值	备注
1	标称截面积/mm^2	120	
2	计算截面积/mm^2	121	
3	截面积公差	±3%	
4	计算截面积时参考单位质量/(kg/km)	1 082	
5	电阻率(20 ℃)/(Ω·mm^2/m)	≤0.023 95	
6	导电率(20 ℃)(IACS)	≥72%	
7	伸长率(未软化)	>3.0%	
8	线膨胀系数/(1/K)	17×10^{-6}	
9	杨氏模量/GPa	120	
10	持续载流量/A	≥600	允许最高工作温度 150 ℃(室外)
11	拉断力(未软化)/kN	≥50.82	
12	拉断力(软化后)/kN	≥45.74	
13	抗拉强度/MPa	≥420	
14	磨耗/(mm^2/万弓架次)	≤0.15	碳滑板
15	振动/次	2×10^6	
16	疲劳/次	5×10^5	
17	横向晶粒尺寸/mm	≤0.035	
18	含氧量	≤0.003 0%	

注：1. 软化：试样加热到 300 ℃±5 ℃保温 2 h 后自然冷却。
2. 长度为 6 m 的接触线试样，在规定的额定工作张力及张力增量作用下，经受振幅 35 mm、频率 3～5 Hz、2×10^6次的振动试验(波形为正弦波)后，应无断裂。
3. 经受振动试验后长度为 6 m 的接触线试样，在规定的额定工作张力作用下，经受张力幅值为 30%额定工作张力、频率 1～3 Hz、5×10^5 次的轴向疲劳试验(波形为正弦波)后，从中截取三个标准试样，测其拉断力(未软化)，其任一值应不小于拉断力(未软化)的 95%。
4. 经振动试验及疲劳试验后，接触线破坏荷重与规定的最小值相比下降≤5%。
5. 截流量的测试条件：环境温度 40 ℃，最高工作温度 150 ℃，风速 0.5 m/s，日照强度 1 000 W/m^2。

表 5.35 承力索电气和机械性能

序号	性能参数	数值	备注
1	标称截面积/mm^2	95	
2	计算截面积/mm^2	93.27	
3	绞线单位质量/(kg/km)	849	

续上表

序号	性能参数	数值	备注
4	计算外径/mm	12.5	
5	绞线根数/根	19	
6	线膨胀系数/(1/K)	17×10^{-6}	
7	弹性模量/MPa	105 000	
8	绞线最小计算拉断力/kN	54.76	
9	单丝直径/mm	2.5	允许偏差为±0.05
10	单丝抗拉强度/MPa	≥587	绞后
11	绞线 20 ℃时直流电阻/(Ω/km)	≤0.303	
12	载流量/A	>475	允许最高工作温度 150 ℃(室外)
13	振动/次	2×10^{6}	
14	疲劳/次	5×10^{5}	

注:1. 振动试验:长度为 6 m 的承力索试样,在试验额定张力 15 kN 作用下,经受振幅 35 mm、频率 2~4 Hz、2×10^{6} 次的振动试验(波形为正弦波)后,应无断股。

2. 轴向疲劳试验:经受振动试验后长度为 6 m 的承力索试样,在规定的额定工作张力作用下,经受张力幅值为 30%额定工作张力、频率 1~3 Hz、5×10^{5} 次的轴向疲劳试验(波形为正弦波)后,测其拉断力,其值应不小于拉断力(未软化)的 90%。

3. 其余要求详见《电气化铁道用铜及铜合金绞线》(TB/T 3111—2005)。

表 5.36　铝包钢芯铝绞线附加导线电气和机械性能

型　号		LBGLJ 240/30	LBGLJ 185/25	LBGLJ 70/10
标称截面积/mm^2(铝/钢)		240/30	185/25	70/10
计算截面积/mm^2	铝	244.29	187.04	68.05
	铝包钢	31.67	24.25	11.34
	总计	275.96	211.29	79.39
结构根数及直径/mm	铝	24/3.6	24/3.15	6/3.8
	铝包钢	7/2.41	7/2.1	1/3.8
外径/mm		21.6	18.9	11.4
参考计算质量/(kg/km)		885.6	678.1	261.3
20 ℃直流电阻/(Ω/km)		≤0.113 6	≤0.145 3	≤0.399 1
综合拉断力/kN		≥73.28	≥56.81	≥22.92
20 min 过载电流/A		680	588	286
允许温度/℃		80	80	80
线胀系数/(1/K)		20.4×10^{-6}	20.4×10^{-6}	20×10^{-6}
弹性模量/MPa		69 000	69 000	71 400
持续电流/A		630	545	265

5.4.3 平面布置

1. 接触网高度及坡度

接触线距离轨面高度一般为 6 000 mm,接触线距轨面的最低高度不小于 5 900 mm,既有隧道净空困难条件下接触线距轨面的最低高度不小于 5 850 mm。接触线工作支悬挂点高度发生变化时,其坡度不大于 3.3‰,接触线最大坡度变化率不大于 1.7‰。

2. 跨距长度

接触网支柱最大允许跨距值 60 m,标准跨距 55 m,在高桥、峡谷风、隧道等区段可适当缩小。相邻两跨距之比,不宜大于 1.5∶1,桥梁、隧道口、站场咽喉等困难地段,不宜大于 2∶1。T 梁桥上跨距需根据桥梁孔跨的形式进行配合确定。

3. 锚段长度、中心锚结

正线双边补偿时的最大锚段长度,一般情况下不宜大于 2×800 m;困难情况不宜大于 2×900 m;单边补偿的锚段长度,应为上述值的 50%。

站线最大锚段长度一般不宜大于 2×850 m,困难时不宜大于 2×900 m。

附加导线锚段长度一般不超过 2 000 m。

中心锚结一般采用两跨式防窜防断形式;车站等困难区段采用防窜不防断型。

中心锚结装置性能要求见表 5.37。

表 5.37 中心锚结装置的主要技术性能要求

序号	型式	主要技术性能要求
1	接触线中心锚固线夹	满足《电气化铁路接触网零部件 第 6 部分:中心锚结装置》(TB/T 2075.6—2010)的要求。线夹本体采用牌号为 CuNi2Si、材料状态为 H150 的铜镍硅合金
2	承力索中心锚固线夹	满足《电气化铁路接触网零部件 第 6 部分:中心锚结装置》(TB/T 2075.6—2010)的要求。线夹本体采用牌号为 CuNi2Si、材料状态为 H150 的铜镍硅合金
3	接触线中心锚结绳	满足《电气化铁道用铜及铜合金绞线》(TB/T 3111—2005)的要求,采用 JTMH-70/19
4	承力索中心锚结绳	满足《电气化铁道用铜及铜合金绞线》(TB/T 3111—2005)的要求,采用的线型与承力索的线型相同

4. 侧面限界

正线区间路基区段接触网支柱侧面限界不小于 3.1 m,接触网下锚支柱侧面限界不小于 3.2 m;牵出线接触网支柱侧面限界一般不小于 3.5 m;桥上接触网支柱侧面限界结合接触网桥梁立柱位置确定,支柱侧面限界大于 3.6 m 需设置大限界框架。

5. 绝缘距离

根据海拔修正结果及《电气化铁路接触网用绝缘子选用导则》(TB/T 2007—2015)

的接触网绝缘污秽等级标准，确定全线按 c 级污秽进行接触网设计，绝缘子爬电距离 1 600 mm。上、下行接触网带电体间的距离，正常情况下不应小于 2 000 mm，困难情况下不应小于 1 600 mm。

6. 锚段关节

正线绝缘锚段关节采用五跨锚段关节，非绝缘锚段关节一般采用四跨锚段关节。

7. 道岔区接触网布置方式

正线、站线接触网道岔均采用交叉式线岔。

8. 电分相

在变电所出口及末端附近设置接触网电分相装置，电分相采用七跨锚段关节形式。列车过分相一般采用地面磁铁感应、机车上自动切换的无电惰行方式。电磁枕设置位置执行《列车过分相系统车载控制自动过分相装置》(TB/T 3197—2018)中的标准，分相标识牌设置执行《铁路技术管理规程(普速铁路部分)》(TG/01A—2017)的标准。

电分相标志牌、磁枕具体设置情况如图 5.30 所示，电分相设置情况详见表 5.38。

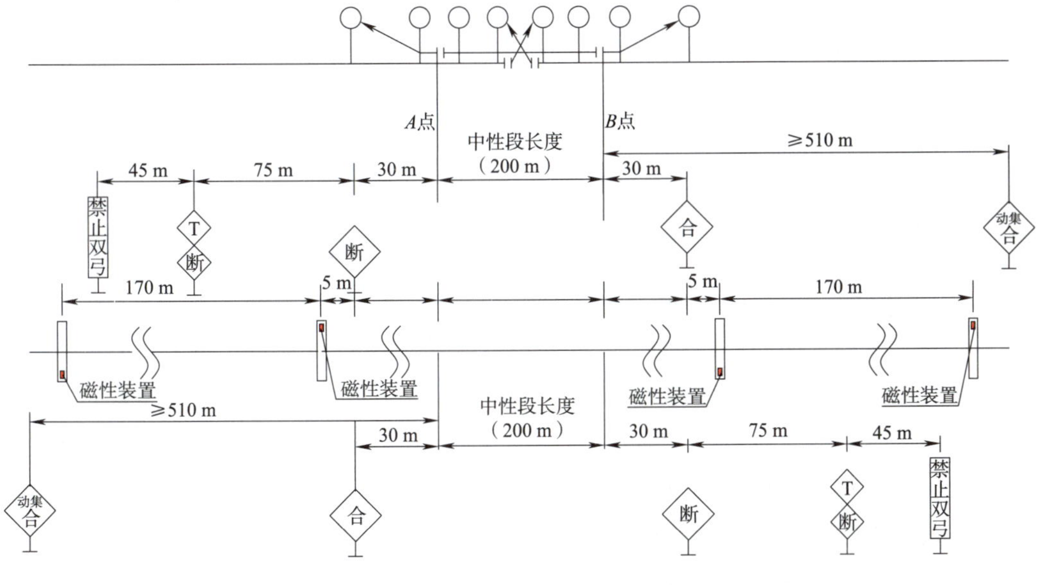

图 5.30　电分相标志牌、磁枕设置示意

表 5.38　电分相设置情况

序号	所亭名称(位置)	A 点里程	B 点里程	中性段长度/m	分相坡度
1	拉萨南变电所	DK6+050	DK6+240	190	3‰
2	1 号分相	DK21+970	DK22+160	190	1.5‰
3	协荣变电所	DK34+734.6	DK34+898.11	163.51	11.6‰
4	2 号分相	D1K56+923	D1K57+113	190	4.5‰
5	扎囊变电所	DK79+328	DK79+518	190	4.6‰
6	3 号分相	DK99+893	DK100+083	190	4‰

续上表

序号	所亭名称(位置)	A点里程	B点里程	中性段长度/m	分相坡度
7	山南变电所	DK126+613	DK126+803	190	2.5‰
8	4号分相	D144+387	D144+577	190	0
9	拜珍变电所	D161+544	D161+732	188	10‰
10	5号分相	DK186+978	DK187+167	189	10.2‰
11	加查变电所	DK214+570	DK214+760	190	8.2‰
12	6号分相	DK239+308.97	DK239+472.47	163.5	0
13	朗县变电所	DK263+190.82	DK263+354.62	163.8	9.5‰
14	7号分相	DK291+506	DK291+694	188	3‰
15	下却变电所	DK311+104	DK311+292	188	6‰
16	8号分相	DK339+127	DK339+315	188	3‰
17	康萨变电所	DK363+647	DK363+835	188	3‰
18	9号分相	D2K375+926	D2K376+114	188	3‰
19	米林变电所	D1K392+715	D1K392+905	190	5.5‰
20	10号分相	DK411+641	DK411+831	190	3‰

5.4.4 安装设计

1. 低净空隧道接触网安装方案及装备

拉林铁路桥隧占比高，全线长大隧道多，隧道内接触悬挂方案对工程技术性和经济性影响较大。根据拉林铁路速度目标值需求，经过充分调研，基于技术成熟、安全可靠的原则，综合隧道断面尺寸、高海拔环境以及接触网服役性能等因素，全面分析弓网动态耦合性能、腕臂支持结构强度、稳定性及挠度等，充分考虑施工误差以及轨道抬落道等影响，经大量对比试验与分析，开发出了700 mm小结构高度、一体式折弯型整体腕臂的适应高原低净空隧道的接触网技术及装备，如图5.31所示。其结构紧凑、性能可靠、连接件少、施工简便、运营维护量少，适应断面能力强，能有效地降低接触网对隧道断面尺寸的需求。同时，据此配合完成满足高原需求的隧道断面设计，形成了我国高原山区时速160 km客货共线电气化铁路系列标准隧道断面，社会、技术及经济效益显著。

2. 整体腕臂及刚性吊弦

腕臂装置采用整体腕臂，转换柱处采用可调节的双排架腕臂底座。

(1)整体腕臂

隧道外整体腕臂形式，由平腕臂、斜腕臂、定位管、承力索座、定位环及弹性限位定位装置等组成，如图5.32所示；隧道内采用焊接式腕臂定位形式，由焊接式腕臂结构、承力索座及弹性限位定位装置组成。

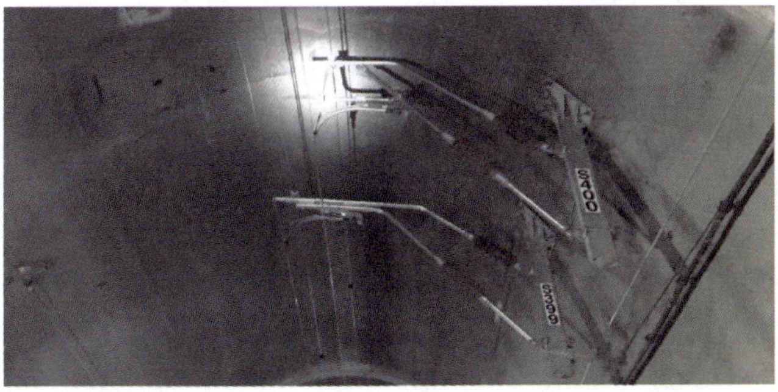

图 5.31　隧道内转换柱腕臂悬挂

图 5.32　整体腕臂中间柱

(2)刚性吊弦

正线、站线均采用刚性绝缘整体吊弦。整体吊弦由尼龙护套、$\phi 6.0$ 的磷青铜吊弦棒及接触线吊弦线夹组成。相较于柔性吊弦，刚性吊弦耐疲劳、防断裂特性更优，如图 5.33 所示。

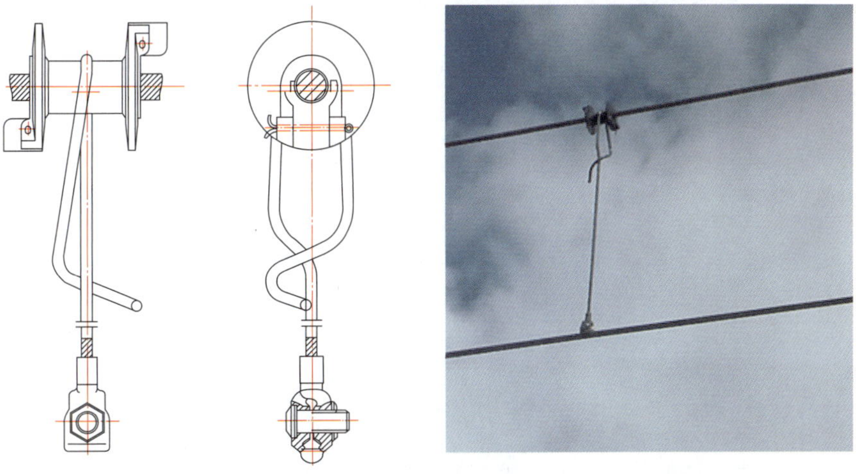

图 5.33　刚性吊弦

整体吊弦性能要求见表 5.39。

表 5.39　整体吊弦的主要技术性能要求

型式	主要技术性能要求
整体吊弦	(1)整体吊弦的拉伸荷重：1.47 kN。 (2)整体吊弦与接触线之间的滑动荷重：1.0 kN。 (3)接触线吊弦线夹与吊弦棒之间压接后的滑动荷重：2.94 kN。 (4)接触线吊弦线夹弯矩荷重为 24.5 N·m。 (5)吊弦线夹紧固力矩为 34.3 N·m(在无油脂状态下)

3. 软横跨弹性定位器

软横跨处定位采用弹性限位定位装置，如图 5.34、图 5.35 所示。Ⅰ型软横跨定位支座的上下调整范围为 50 mm，Ⅱ型软横跨定位支座的上下调整范围为 50～200 mm；950 型定位器水平摆动±450 mm，1200 型定位器水平摆动±560 mm。

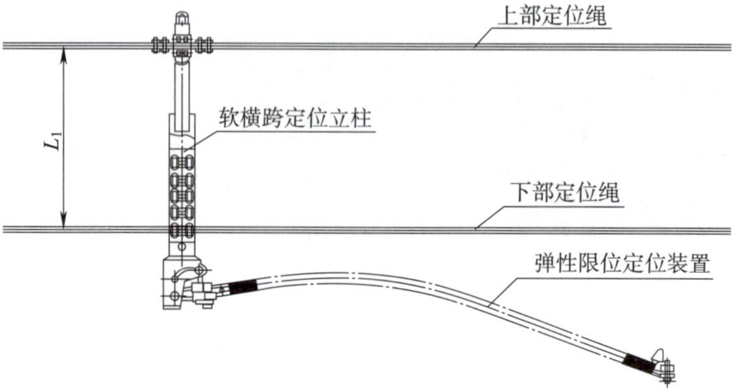

图 5.34　Ⅱ型软横跨定位支座

注：L_1 为上、下部定位绳的垂直距离。

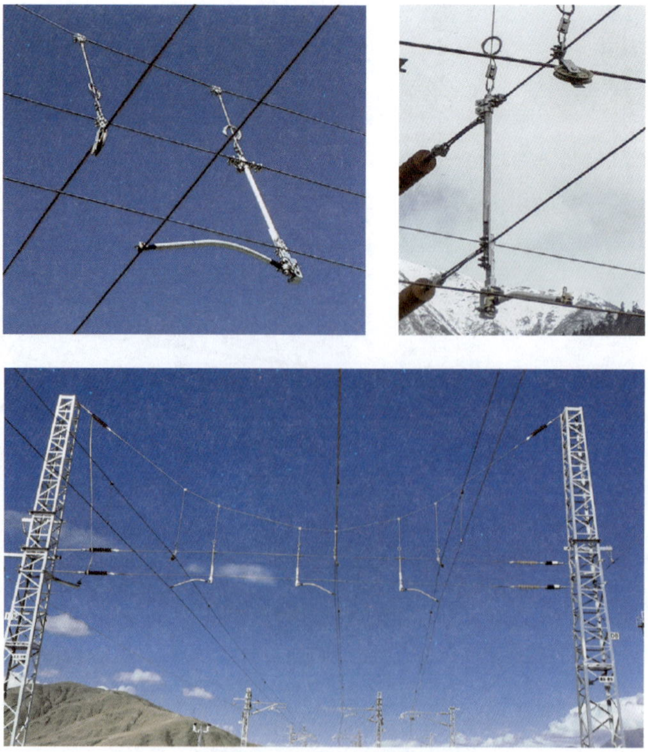

图 5.35　软横跨弹性定位器

4. 下锚补偿装置

路基及隧道内采用滑轮补偿装置，如图5.36、图5.37所示；T梁桥上采用棘轮补偿装置，如图5.38所示。同一个锚段补偿方式采用一致，桥与路基同一个锚段两侧采用棘轮，桥与隧道、隧道与路基同一个锚段均采用滑轮补偿装置。正线、站线均采用“1∶3+1∶3”的补偿装置。

全线下锚补偿坠砣采用复合坠砣，并采用防风型坠砣限制架。

图5.36　路基滑轮下锚补偿装置

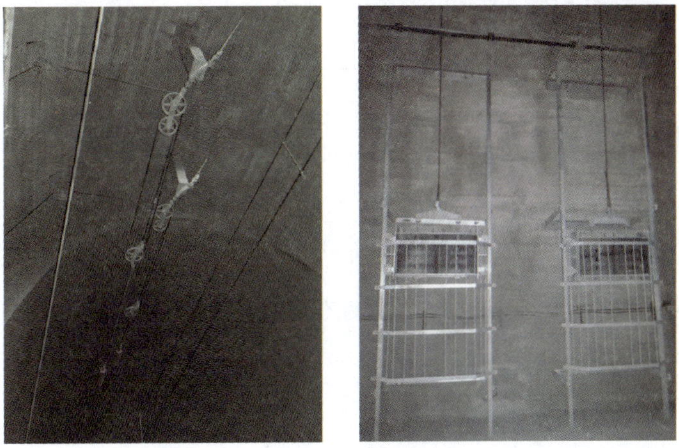

图5.37　隧道内滑轮下锚补偿装置

图5.38　棘轮下锚补偿装置及双导管坠砣限制架

下锚补偿装置的总体性能要求见表 5.40。

表 5.40 下锚补偿装置的主要技术性能要求

型式	主要技术性能要求
1∶3 棘轮补偿装置	(1)满足《电气化铁路接触网零部件　第 13 部分:棘轮补偿装置》(TB/T 2075.13—2010)的要求。 (2)棘轮补偿装置在组合安装状态下,上升或下降的传动效率≥97%。 (3)工作荷载及破坏荷载:最大工作荷载 20 kN,破坏荷载≥60 kN。 (4)在下锚底座框架中应配备有效的防鸟害设施。 (5)坠砣采用复合坠砣
1∶3 滑轮补偿装置	(1)满足《电气化铁路接触网零部件　第 12 部分:滑轮补偿装置》(TB/T 2075.12—2010)的要求。 (2)滑轮补偿装置在组合安装状态下,上升或下降的传动效率≥97%。 (3)工作荷载及破坏荷载:最大工作荷载 20 kN,破坏荷载≥60 kN。 (4)在下锚底座框架中应配备有效的防鸟害设施。 (5)坠砣采用复合坠砣

5.4.5 设备选型

1. 选型原则

(1)接触网主要设备器材应满足可靠性、可用性、可维修性和安全性的要求

接触网零部件执行《电气化铁路接触网零部件技术条件》(TB/T 2073—2010)、《电气化铁路接触网零部件试验方法》(TB/T 2074—2010)、《电气化铁路接触网零部件　第 1 部分:腕臂支撑装置》(TB/T 2075.1—2010)~《电气化铁路接触网零部件　第 23 部分:隧道下锚补偿装置》(TB/T 2075.23—2010)。

接触网用隔离开关应满足《电气化铁路高压交流隔离开关和接地开关》(TB/T 3150—2007)、《轨道交通　地面装置　交流开关设备的特殊要求　第 2 部分:U_n 大于 1 kV 的单相隔离开关、接地开关和负荷开关》(GB/T 32580.2—2016)的相关要求。

接触网用避雷器应满足《交流无间隙金属氧化物避雷器》(GB 11032—2010)、《交流电力系统金属氧化物避雷器使用导则》(DL/T 804—2014)的相关要求。

(2)接触网设备材料的强度安全系数

接触线的允许工作应力不应超过其最小拉应力的 65%,并考虑接触线允许工作温度、允许磨耗、冰风荷载、补偿效率、终锚零件、接触线焊接情况等不利因素引起的折减系数。

铜合金绞线承力索的强度安全系数不应小于 2.0。

软横跨横向承力索的安全系数不应小于 4.0,定位索的强度安全系数不小于 3.0。

架空的供电线、回流线和架空地线的强度安全系数按不小于 2.5 进行设计。

绝缘子的强度安全系数不应小于:瓷及钢化玻璃悬式绝缘子(受机电联合荷载时抗拉)2.0;瓷棒式绝缘子(抗弯)2.5;针式绝缘子(抗弯)2.5;合成材料悬式绝缘子及绝

缘元件(抗拉)5.0;合成材料棒式绝缘子(抗弯)2.5。

耐张锚固线夹拉伸破坏荷重不小于线索最大工作荷重的3倍,且在线索标称拉断力范围内,线索不应从线夹内滑脱及在线夹端口断线。

(3)防腐要求

碳素钢材质零部件热浸镀锌前必须除锈。除锈等级标准应符合《涂覆涂料前钢材表面处理　表面清洁度的目视评定　第1部分:未涂覆过的钢材表面和全面清除原有涂层后的钢材表面的锈蚀等级和处理等级》(GB/T 8923.1—2011)Sa 2½等级。

碳素钢材质零部件采用热浸镀锌防腐。所有螺栓、螺母、垫圈锌层附着量不低于350 g/m²,即任何局部锌层厚度不低于50 μm;其余钢结构件按《电气化铁路接触网零部件技术条件》(TB/T 2073—2010)采用3级热浸镀锌。

接触网零部件的防腐要求还应满足《200～250 km/h电气化铁路接触网装备暂行技术条件(OCS—2)》(科技装〔2009〕136号)的规定。

(4)紧固件要求

所有紧固件的尺寸及机械性能(包括螺栓、螺母、垫圈、开口销等)应符合国家标准(包括碳素钢、不锈钢等)的要求。

所选用的螺栓、螺母等紧固件,应满足机械性能的要求,在《电气化铁路接触网零部件技术条件》(TB/T 2073—2010)中规定的最大扭矩情况下紧固件不应咬死。

零部件的螺栓、螺母、垫圈一般在M14及以下采用奥氏体不锈钢材质。其螺栓的机械性能应符合《紧固件机械性能　不锈钢螺栓、螺钉和螺柱》(GB/T 3098.6—2014)中A2、70级及以上规定,螺母的机械性能符合《紧固件机械性能　不锈钢螺母》(GB/T 3098.15—2014)中A2、70级及以上规定,螺纹公差应满足《普通螺纹　公差》(GB/T 197—2003)中6H/6g的要求。

M16及以上的紧固件一般可采用碳素结构钢制造,螺纹基本尺寸应符合《普通螺纹　基本尺寸》(GB/T 196—2003)和《普通螺纹公差》(GB/T 197—2003)中7H/8g的要求。加大尺寸的内螺纹与有镀层的外螺纹配合,镀层后应保证旋合良好,并符合机械性能的要求。内螺纹允许热镀锌后加工,并涂防腐油。

(5)防松要求

在下列情况下应采用止动垫片等可靠的防松措施:

①当螺栓孔边缘的零件本体处具有直线段外形结构时。

②当零件本体的同一平面上具有2个及2个以上螺栓连接时。

当零件的结构不满足①、②的要求时,应采用其他可靠的防松措施。

止动垫片的材质采用06Cr19Ni10板材,厚度1～1.5 mm,反复弯曲至裂的次数大于5次(单方向90°为1次)。

接触网零部件、设备等器材也可采用经工程实践证明有效的其他防松措施。

接触网零件所用螺栓的紧固力矩应由零件生产商根据螺栓使用条件、材质等确定。

接触网的零部件、器材的防松措施还应满足《电气化铁路接触网零部件技术条件》(TB/T 2073—2010)中相关要求。

2. 支(吊)柱

(1)区间路基区段接触网腕臂支柱采用轻小型格构式钢柱;车站和区间多股道路基区段采用热浸镀锌格构式软横跨钢柱;多线桥车站路基区段及林芝站采用热浸镀锌钢管硬横跨支柱,硬横跨采用圆管钢柱、轻型钢管硬横梁;拉萨站局部既有线间距受限地段采用 H 型钢柱。

(2)新建 T 梁桥梁区段,接触网支柱采用轻小型格构式钢柱;多线桥区段采用热浸镀锌钢管硬横跨支柱,硬横跨采用圆管钢柱、轻型钢管硬横梁;桥墩上锚柱需桥墩顶帽加宽后采用独立锚柱,不设置拉线。

(3)与雨棚柱共柱硬横跨采用圆管钢柱、轻型钢管硬横梁。

(4)隧道内吊柱采用矩形钢管吊柱。

(5)格构式钢柱。格构式钢柱参考《电气化铁路接触网钢支柱　第 1 部分:格构式支柱》(GB/T 25020.1—2010)、《电气化铁路接触网软横跨钢柱构造图》[通化(2006)-1001]、《桥上接触网钢柱安装图》[通化(2010)1002-Ⅰ]、《桥上接触网钢柱及支架构造图》[通化(2010)1002-Ⅱ],类型见表 5.41。

表 5.41　格构式钢柱类型

型号	参考标准或图号	高度 H/m	备注
G200、G250	《电气化铁路接触网钢支柱　第 1 部分:格构式支柱》(GB/T 25020.1—2010)、《电气化铁路接触网软横跨钢柱构造图》[通化(2006)-1001]	13	
G250		15	含窄形钢柱
G350		15	
G450		15	
G120	《电气化铁路接触网钢支柱　第 1 部分:格构式支柱》(GB/T 25020.1—2010)、《桥上接触网钢柱安装图》[通化(2010)1002-Ⅰ]、《桥上接触网钢柱及支架构造图》[通化(2010)1002-Ⅱ]	8.5～12.5	路基、桥上
G200		11.5～12.5	桥上
G120-450		11.5～12.5	桥上

(6)H 型钢柱。H 型钢柱技术条件按照《电气化铁路接触网钢支柱　第 4 部分:H 形支柱》(GB/T 25020.4—2010)标准执行,规格及构造采用《接触网 H 型钢柱》[通化(2008)1301],类型见表 5.42。

表 5.42　H 型钢柱类型

备注	参考标准或图号	高度 H/m
GH260A	《电气化铁路接触网钢支柱　第 4 部分:H 形支柱》(GB/T 25020.4—2010)、《接触网 H 型钢柱》[通化(2008)1301]	8.0～9.0
GHT240B		8.0～9.0

(7)钢管硬横跨。钢管硬横跨支柱应符合《电气化铁路接触网钢支柱　第 3 部分:环形钢管支柱》(GB/T 25020.3—2010)的技术条件,构造满足《接触网钢管硬横跨安装

构造图(吊柱安装方式)》[通化(2008)1401-Ⅴ]、《接触网钢管硬横跨安装构造图(定位索安装方式)》[通化(2008)1401-Ⅵ]的要求，钢管硬横跨类型见表 5.43。

表 5.43　钢管硬横跨类型

备注	标准或图号	高度 H/m
BGZ5	《电气化铁路接触网钢支柱　第 3 部分：环形钢管支柱》(GB/T 25020.3—2010)、《接触网钢管硬横跨安装构造图(吊柱安装方式)》[通化(2008)1401-Ⅴ]	3～10
ZGZ5		3～10
PC1		15～30
BGZ7	《电气化铁路接触网钢支柱　第 3 部分：环形钢管支柱》(GB/T 25020.3—2010)、《接触网钢管硬横跨安装构造图(定位索安装方式)》[通化(2008)1401-Ⅵ]	10
BGZ8		10
PD1		15～30
PD2		30.1～40

3. 绝缘子

腕臂用绝缘子隧道外一般采用抗弯破坏强度不小于 12 kN 棒形瓷绝缘子，如图 5.39所示；跨线建筑物处、无柱雨棚区段、接触网下锚处及隧道内等采用复合绝缘子，如图 5.40～图 5.42 所示。

供电线一般采用悬式瓷绝缘子(一般为 4 片)，如图 5.43 所示；在供电线终端下锚、对向下锚及转角处耐张绝缘子增加一片(即共 5 片)悬式瓷绝缘子，如图 5.44 所示；在跨越线路时采用棒形悬式耐张复合绝缘子，如图 5.45 所示。

图 5.39　隧道外腕臂瓷绝缘子及悬式瓷绝缘子

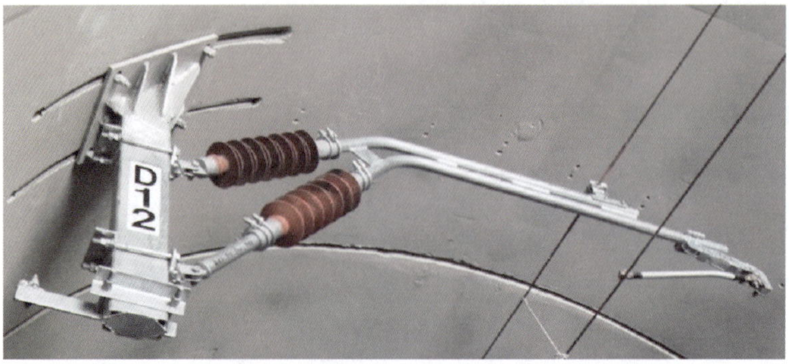

图 5.40　隧道内腕臂复合绝缘子

图 5.41　拉萨站雨棚区段腕臂复合绝缘子

图 5.42　承导线下锚复合绝缘子

图 5.43　架空供电线悬式瓷绝缘子

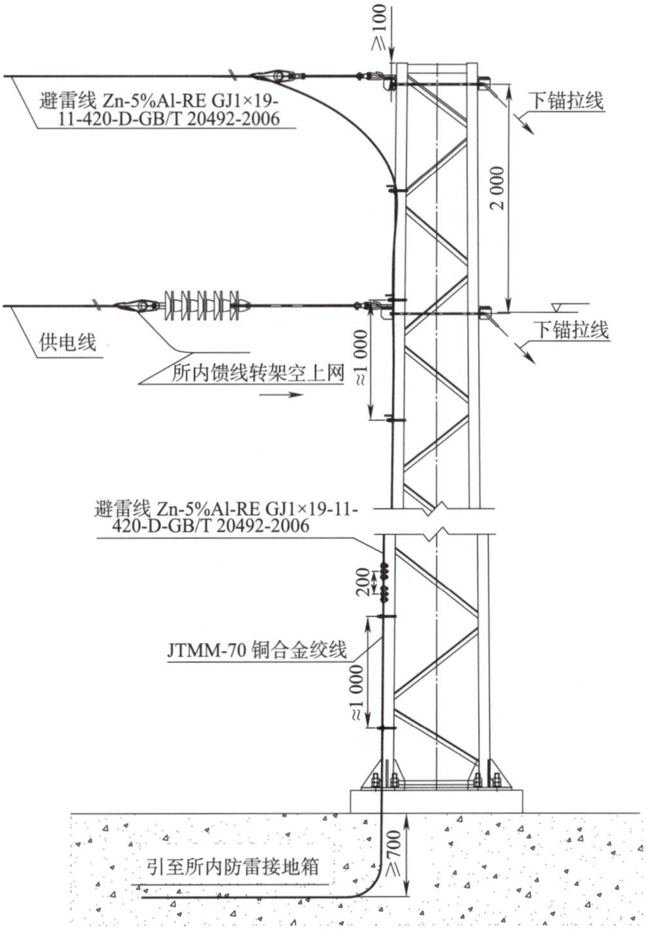

图 5.44　供电线终端下锚悬式瓷绝缘子(单位:mm)

图 5.45　供电线跨越线路采用耐张复合绝缘子

棒形瓷绝缘子性能要求见表 5.44,同时在电气性能方面,绝缘子绝缘水平包括爬电距离、耐受电压等还应根据海拔高度及污秽程度进行相应修正。

表 5.44 棒形瓷绝缘子的主要技术性能要求

型　号	主要技术性能
QBG-25/12	(1)满足《电气化铁路接触网用绝缘子　第 1 部分:棒形瓷绝缘子》(TB/T 3199.1—2008)。 (2)电气性能。 ①额定电压 25 kV。 ②爬电距离:主 1 600 mm。 (3)机械性能: 额定机械破坏负荷:弯曲 12 kN,拉伸 100 kN
QBSG-25/12	(1)满足《电气化铁路接触网用绝缘子　第 1 部分:棒形瓷绝缘子》(TB/T 3199.1—2008)。 (2)电气性能: ①额定电压 25 kV。 ②爬电距离:主 1 600 mm;辅 145 mm。 (3)机械性能: 额定机械破坏负荷:弯曲 12 kN,拉伸 100 kN

悬式瓷绝缘子性能要求见表 5.45。

表 5.45 悬式瓷绝缘子的主要技术性能要求

型　号	主要技术性能
XWP2-70	(1)满足《标称电压高于 1 000 V 的架空线路绝缘子　第 1 部分:交流系统用瓷或玻璃绝缘子元件——定义、试验方法和判定准则》(GB/T 1001.1—2003)。 (2)电气性能: ①额定电压 25 kV。 ②爬电距离 400 mm。 (3)机械性能:抗拉破坏荷重 70 kN

棒形悬式复合绝缘子性能要求见表 5.46。

表 5.46 棒形悬式复合绝缘子的主要技术性能要求

型　号	主要技术性能
FQXG-25/120HH	(1)满足《电气化铁路接触网用绝缘子　第 2 部分:棒形复合绝缘子》(TB/T 3199.2—2008)、《轨道交通　地面装置　电力牵引架空接触网系统用复合绝缘子的特定要求》(GB/T 32586—2016)。 (2)电气性能: ①额定电压 25 kV。 ②爬电距离:主 1 600 mm。 (3)机械性能:额定机械破坏拉伸负荷 120 kN
FQXSG-25/120HH	(1)满足《电气化铁路接触网用绝缘子　第 2 部分:棒形复合绝缘子》(TB/T 3199.2—2008)、《轨道交通　地面装置　电力牵引架空接触网系统用复合绝缘子的特定要求》(GB/T 32586—2016)。 (2)电气性能: ①额定电压 25 kV。 ②爬电距离:主 1 600 mm;辅 145 mm。 (3)机械性能:额定机械破坏拉伸负荷 120 kN

续上表

型　　号	主要技术性能
FQXG-25/120QH	(1)满足《电气化铁路接触网用绝缘子　第 2 部分:棒形复合绝缘子》(TB/T 3199.2—2008)、《轨道交通　地面装置　电力牵引架空接触网系统用复合绝缘子的特定要求》(GB/T 32586—2016)。 (2)电气性能: ①额定电压 25 kV。 ②爬电距离:主 1 600 mm。 (3)机械性能:额定机械破坏拉伸负荷 120 kN
FQXSG-25/120QH	(1)满足《电气化铁路接触网用绝缘子　第 2 部分:棒形复合绝缘子》(TB/T 3199.2—2008)、《轨道交通　地面装置　电力牵引架空接触网系统用复合绝缘子的特定要求》(GB/T 32586—2016)。 (2)电气性能: ①额定电压 25 kV。 ②爬电距离:主 1 600 mm;辅 145 mm。 (3)机械性能:额定机械破坏拉伸负荷 120 kN

腕臂用棒形柱式复合绝缘子性能要求见表 5.47。

表 5.47　腕臂用棒形柱式复合绝缘子的主要技术性能要求

型　　号	主要技术性能
FQBG-25/12	(1)满足《电气化铁路接触网用绝缘子　第 2 部分:棒形复合绝缘子》(TB/T 3199.2—2008),《轨道交通　地面装置　电力牵引架空接触网系统用复合绝缘子的特定要求》(GB/T 32586—2016)。 (2)电气性能: ①额定电压 25 kV。 ②爬电距离:主 1 600 mm。 (3)机械性能: ①抗弯破坏负荷 12 kN。 ②抗拉破坏负荷 100 kN
FQBSG-25/12	(1)满足《电气化铁路接触网用绝缘子　第 2 部分:棒形复合绝缘子》(TB/T 3199.2—2008),《轨道交通　地面装置　电力牵引架空接触网系统用复合绝缘子的特定要求》(GB/T 32586—2016)。 (2)电气性能: ①额定电压 25 kV。 ②爬电距离:主 1 600 mm;辅 145 mm。 (3)机械性能: ①抗弯破坏负荷 12 kN。 ②抗拉破坏负荷 100 kN

4. 隔离开关

(1)接触网供电分段应符合维修天窗的检修条件,同时应符合行车及事故抢修的要求,一般在有配线车站来电端设置绝缘锚段关节及单极电动隔离开关,如图 5.46 所示。

(2)接触网电分相采用带中性段的七跨锚段关节形式,断口间设置单极电动隔离开关。

(3)供电线上网开关采用电动隔离开关。

(4)所有电动隔离开关均纳入远动系统,采用有线控制方式。

(5)隔离开关采取加强措施进行固定,连接跳线采用支持绝缘子固定及护线条保护,并增长跳线固定长度;连接跳线间采用非等距线夹固定。

(6)绝缘水平、耐受电压等按照海拔 4 000 m 进行修正。

图 5.46 单极电动隔离开关

电动隔离开关主要技术性能见表 5.48。

表 5.48 电动隔离开关主要技术性能

类型	主要技术性能
27.5 kV 单极电动隔离开关(户外安装)	(1)满足《电气化铁路高压交流隔离开关和接地开关》(TB/T 3150—2007)。 (2)电气性能: ①系统标称电压:AC 27.5 kV。 ②额定电流:1 600 A。 (3)机械性能: 隔离开关额定端子静态机械负荷:水平纵向负荷≥750 N,水平横向负荷≥500 N,垂直负荷≥750 N

5. 避雷器

氧化锌避雷器设置地点及安装要求:

(1)电分相和站场端部绝缘锚段关节。

(2)长度 2 000 m 及以上隧道的两端。

(3)供电线上网点。

(4)架空转电缆处。

(5)绝缘水平、耐受电压等按照海拔 4 000 m 进行修正。

(6)避雷器电连接跳线采用支持绝缘子及肩架固定,如图 5.47 所示。

氧化锌避雷器主要技术性能见表 5.49。

图 5.47　避雷器

表 5.49　氧化锌避雷器主要技术性能

设备及技术参数	取值及技术要求
型号	27.5 kV 氧化锌避雷器
机构特征	带脱离器
安装方式	户外
系统标称电压有效值	27.5 kV
额定频率	50 Hz
避雷器额定电压有效值	42 kV
持续运行电压有效值	34 kV
标称放电电流	不小于 10 kA
陡波冲击电流下残压峰值	不大于 138 kV
雷电冲击电流下残压峰值	不大于 120 kV
操作冲击电流下残压峰值	不大于 98 kV
直流 1 mA 参考电压	不小于 65 kV
局部放电水平	≤10 pC
最大允许水平拉力	294 N
爬电距离	≥1 600 mm
避雷器外套雷电冲击耐受电压	≥268.25 kV
避雷器外套工频干耐受电压	≥137.75 kV
避雷器外套工频湿耐受电压	≥116 kV

6. 分段绝缘器

分段绝缘器用于接触网同相电气分束、分段处，一般设在侧线、正线间的渡线、联络线等列车运行速度不超过 120 km/h 且线路超高较小的处所，如图 5.48 所示。额定工作电压 25 kV，最高工作电压 29 kV。

(1)爬电距离≥1 600 mm。

(2)空气绝缘间隙≥435 mm,具有辅助滑道结构时,辅助滑道与带电体之间的空气绝缘间隙≥145 mm。

图 5.48　分段绝缘器

在使用寿命期限内对分段绝缘器的电气及物理性能要求详见表 5.50。

表 5.50　分段绝缘器主要技术性能要求

型　号	主要技术性能
FYFF-1.6BT	(1)满足《电气化铁路接触网用分段绝缘器》(TB/T 3036—2016)技术要求。 (2)分段绝缘器的电气性能: ①标称电压:AC 25 kV。 ②雷电冲击耐受电压(1.2/50 μs):≥232 kV。 ③工频湿闪电压:127 kV。 ④人工污秽耐受电压(等值附盐密度 0.4 mg/cm²,不溶沉积物密度 2.0 mg/cm²):≥54 kV。 ⑤爬电距离:1 600 mm。 ⑥空气绝缘间隙≥435 mm,具有辅助滑道结构时,辅助滑道与带电体之间的空气绝缘间隙≥145 mm。 (3)分段绝缘器的机械性能: ①最大工作负荷:B 型,31.5 kN。 ②拉伸破坏负荷:B 型,≥94.5 kN。 ③例行拉伸试验负荷:B 型,47.3 kN。 ④起始滑动力:所连接触线的综合拉断力 95%。 ⑤振动试验:分段绝缘器施加最大工作负荷,振动次数 2×10^6 次、振幅 35 mm、频率 1～3 Hz。振动试验后,起始滑动力下降不大于 10%,分段绝缘器各部件应无裂纹、滑动、变形和损坏等。 ⑥轴向疲劳试验:振动试验后,对分段绝缘器施加最大工作负荷(静荷载)及±30%最大工作负荷(动荷载)的交变荷载。频率 1～3 Hz。经 5×10^5 次的轴向疲劳试验(波形为正弦波)后拉伸破坏负荷下降不大于 5%。分段绝缘器各部件应无裂纹、滑动、变形和损坏等。 (4)绝缘部件机电性能:用于非接触式分段绝缘器,但不与受电弓直接接触的棒形复合绝缘子应符合《电气化铁道接触网用绝缘子　第 2 部分:棒形复合绝缘子》(TB/T 3199.2—2008)的要求

注:表中雷电冲击耐受电压、工频湿闪电压、人工污秽耐受电压已进行海拔高度气压下的修正。

5.4.6　支柱基础

1. 路基区段

路基区段传统格构式钢柱基础一般采用现浇扩大基础，如图 5.49 所示。扩大基础的优点是施工工艺简单，缺点是施工作业面大，需进行大开挖，对路基扰动大，同时所有施工均只能采用人工施工，人工作业量大。

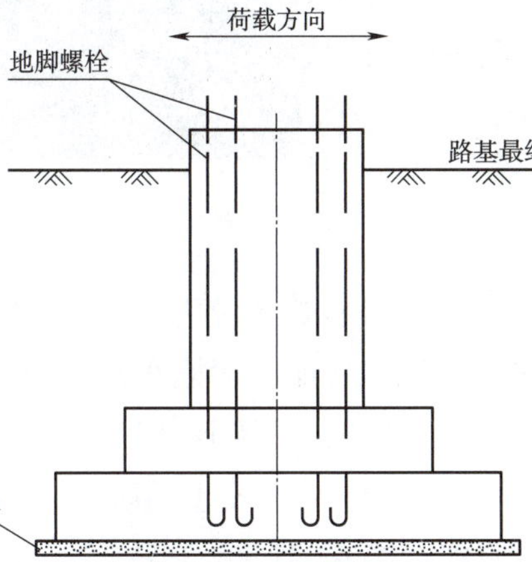

图 5.49　传统格构式钢柱基础

为减小接触网支柱基础施工对路基扰动，降低高原地区的施工难度，减轻高原施工人工劳动强度和工作量，拉林铁路路基区段接触网腕臂支柱基础一般采用整体性能好、抗倾覆和冲切能力强以及施工方便的机械钻孔桩基础，如图 5.50 所示，与传统接触网现浇扩大基础性能比较见表 5.51、表 5.52。

表 5.51　两种基础优缺点对比

基础		钻孔桩基础	扩大基础
施工工艺	优点	适宜土层范围较广，桩身直径可根据现场变化	施工工艺简单
	缺点	对施工设备要求较高	施工作业面大，对路基扰动大
工期		工期较短	工期较长
施工质量		质量可控	难以控制

表 5.52　两种基础主要工程量对比　　单位：m^3

基础	钻孔桩基础	扩大基础
基坑开挖	3.1	30
模具	0.63	11.4
混凝土消耗	3.3	4.61
余土外运	3.1	4.6

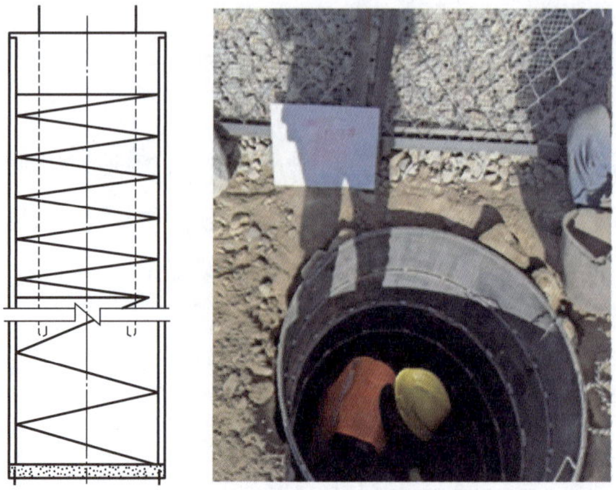

图 5.50 格构式钢柱钻孔桩基础

拉林铁路施工条件恶劣，交通不便，成形路基往往是材料运输、设备调配、人员往来的“咽喉”，部分工点还是既有线施工（如拉萨枢纽）。为减轻施工组织压力，方便人、机、料管理，因地制宜提出两种施工工艺，满足不同工点的施工需要。

对于施工机具调配方便，交叉作业干扰较小的区段，接触网基础采用机械钻孔方式，该方式施工效率高，每小时能钻 3～4 延米，如图 5.51 所示。钻完后可立刻安放钢筋笼浇筑混凝土，且不需要泥浆护壁。

图 5.51 机械钻孔方式

对于机械调配困难，交叉作业干扰较大的区段（如拉萨枢纽），接触网基础一般采用人工钻孔方式。为保证施工安全，所有接触网桩基础采用钢护筒进行防护。单个钢护筒高 500～800 mm，壁厚 3 mm，材质不低于 Q235。钢护筒内壁间隔 200 mm 设加劲筋，加劲筋采用 $\phi16$ 的 HRB335 螺纹钢，保证青藏线、拉日线正常运营安全。

2. 桥梁区段

新建桥梁区段接触网支柱基础采用预埋锚栓方式，既有桥梁区段在桥墩顶帽处采用化学植筋并增设钢底座的方式，如图 5.52 所示。

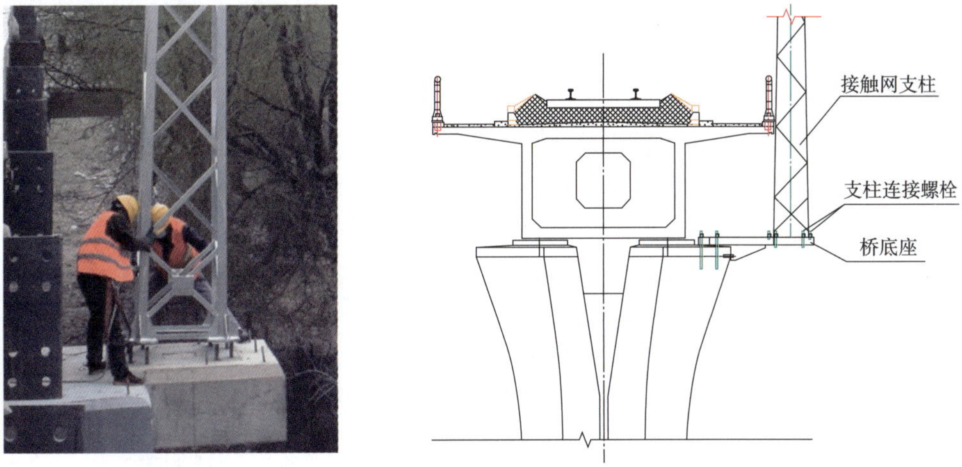

图 5.52　桥梁区段接触网立柱

3. 隧道区段

拉林铁路横穿我国著名的喜马拉雅高烈度地震带，线路途经大量地处地震动峰值加速度Ⅷ度 0.3g 地区，采用了差异化的接触网基础固定方式：Ⅷ度 0.2g 及以下地区采用化学锚栓固定方式；Ⅷ度 0.3g 区段采用预埋槽道固定方式；桑珠岭隧道由于高地热，采用预埋槽道固定方式，如图 5.53 所示。

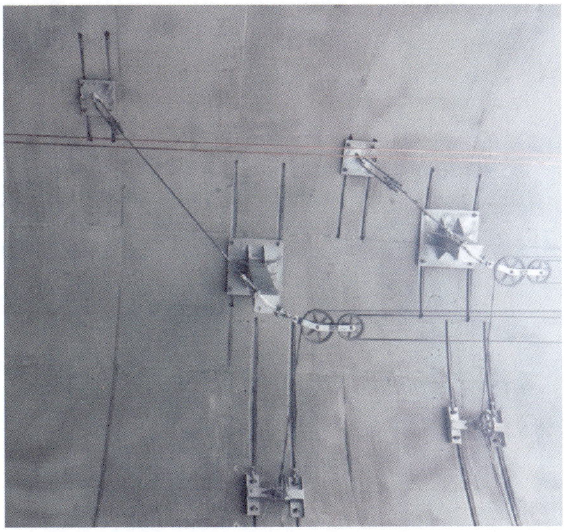

图 5.53　隧道区段预埋槽道

4. 基础选型

(1)区间路基支柱基础采用钻孔桩基础；车站多股道路基区段钢管硬横跨采用人工现浇基础；下锚拉线(含附加导线下锚)采用钢筋混凝土拉线基础。

(2)新建T梁桥钢柱采用在墩(台)顶帽上加宽并预埋锚栓,T梁连续梁区段钢柱采用在梁面预埋锚栓。拉萨枢纽既有桥梁非锚柱采用在桥墩后植锚栓固定底座安装直腿钢柱,锚柱安装在桥独立墩台顶帽上。

(3)与雨棚柱合建接触网支柱基础在土建施工时同步预留接触网安装接口,采用硬横跨支柱与雨棚合建。

接触网支柱基础选型详见表5.53。

表5.53　接触网支柱基础选型

区段	支柱类型、型号	适用类型
路基	G120/h	中间柱
	接触线、承力索、中心锚结	拉线基础
	回流线、架空地线下锚	拉线基础
	供电支柱基础	拉线基础
桥梁	G120/h	中间柱
	G200/h	转换柱
	G120-450/h	下锚柱
硬横跨支柱	BGZ5	路基硬横跨支柱或雨棚合建
	BGZ6	路基硬横跨支柱或雨棚合建
	BGZ7	路基上硬横跨支柱
	BGZ8	路基上硬横跨支柱

5.4.7　供电分段

接触网供电分段应符合维修天窗的检修条件,同时应符合行车及事故抢修的要求。

(1)车站来电端设置绝缘锚段关节;变电所出口及末端附近设置接触网电分相装置,电分相采用七跨锚段关节形式。

(2)电分段满足行车组织及检修作业需要,实现各供电分束分别停电检修以尽量缩小事故及维修范围。

(3)分段绝缘器设置:分段绝缘器设于机务段、电力机车整备基地、货线单独分段或站线分束处的接触网。

5.4.8　回流接地

1. 接地

(1)工作接地

①隧道外钢柱回流线采用绝缘安装,安装于支柱田野侧,如图5.54所示。

②隧道内回流线采用非绝缘安装,悬挂于隧道侧壁,如图5.55所示。

图 5.54　腕臂柱回流线安装

图 5.55　隧道内回流线与吊柱合建安装

③接触网支柱利用回流线作为闪络保护地线的集中接地方式，如图 5.56 所示。

(2)安全接地

距接触网带电体 5 m 以内的金属结构均单独设接地极实现安全接地。

接触网开关、避雷器等设备的底座应设接地极实现安全接地。

接触网成排钢柱通过架空地线实现集中接地。零散的接触网钢柱单独设接地极接地，如图 5.57 所示。

架空地线下锚处及长度超过 1 000 m 的锚段中间单独设接地极。

隧道内吊柱、无补偿下锚及中心锚结装置底座通过回流线每隔约 500 m 与预留的接地端子相连实现安全接地。

隧道内接触网开关等设备的底座及补偿下锚装置底座与预留的接地端子相连实现安全接地。

图 5.56　回流线贯通安装

图 5.57　钢柱及设备与预留接地端子连接

2. 回流

(1)轨道电路区段

①信号轨道电路范围内的吸上线与信号专业提供的扼流变压器中性点连接;吸上线电缆均采用单芯铝电缆。

②牵引变电所处轨回流采用不同物理路径的单芯铜电缆,由扼流变中性点接至所内集中接地箱;变电所线回流采用单芯铜电缆,由回流线连至所内集中接地箱。

(2)非轨道电路区段

非信号轨道电路范围内,按 3 000～5 000 m 设置吸上线,吸上线与钢轨连接。

5.4.9 防雷设计

拉林铁路年均雷暴日 50～70 d,为减小雷击事故,全线隧外区间均架设避雷线,并在重要设备及地段设氧化锌避雷器。

5.4.10 附加导线

1. 隧道内回流线布置

单线隧道内回流线一般采用单侧悬挂于隧道侧壁贯通设置,同时其作为闪络保护地线集中接地实现工作接地。与回流线同侧悬挂的接触网吊柱采用接地跳线直接与回流线可靠电气连接,回流线对侧的接触网吊柱采用接地连线通过后置化学锚栓固定上跨接触网后与回流线可靠电气连接,如图 5.58、图 5.59 所示。

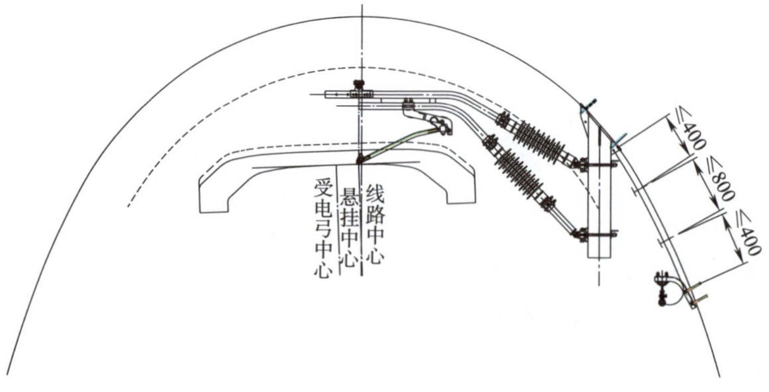

图 5.58　原设计回流线与吊柱在隧道同侧(单位:mm)

为减少拉林铁路隧道内吊柱集中接地引线跨越正线接触网,拉林铁路全线隧道内回流线悬挂方案及接触网吊柱接地方式设置如下:

(1)曲线区段(接触网吊柱均位于曲线的同一侧),回流线与接触网吊柱同侧设置,接触网吊柱与回流线通过接地引线可靠电气连接实现回流接地;线路转换需回流线换边区段,采用接地引线通过后置化学锚栓固定上跨接触网后可靠电气连接贯通。

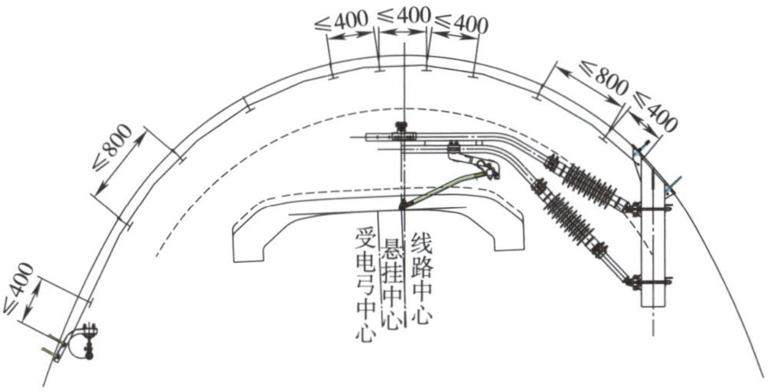

图 5.59　原设计回流线与吊柱在隧道异侧接地安装(单位:mm)

(2)直线区段双侧设置回流线,回流线在其首末两端采用接地引线通过后置化学锚栓固定上跨接触网后电气并联,接触网吊柱与回流线通过接地引线可靠电气连接实现回流接地。

优化设计后如图 5.60～图 5.62 所示。

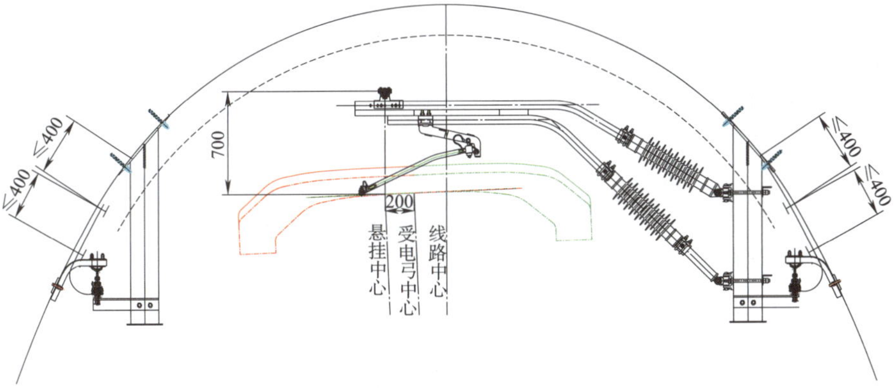

图 5.60　优化设计后隧道内回流线与吊柱同侧安装示意(单位:mm)

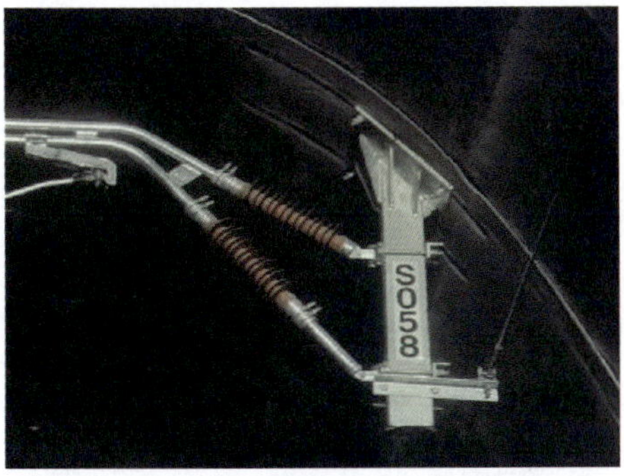

图 5.61　优化设计后隧道内回流线与吊柱同侧安装实际效果

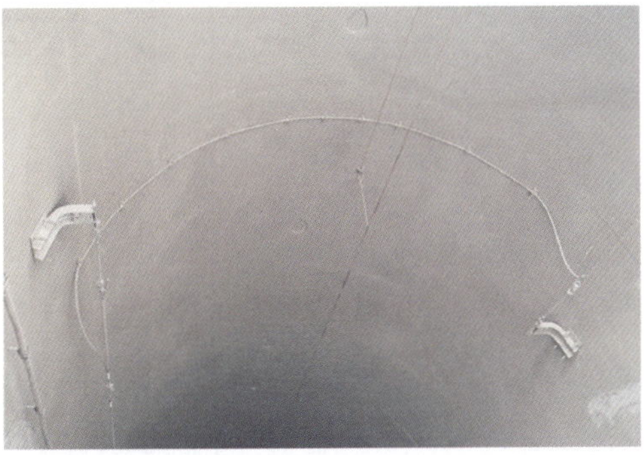

图 5.62　隧道内回流线换边安装

2. 隧道内一体化附加导线肩架

隧道绝大部分为单线隧道，隧道安装作业空间有限，隧道内能见度低，运营维护不便。鉴于各类导线悬挂点往往是故障易发点，为降低附加导线悬挂肩架故障隐患点，隧道内附加导线悬挂肩架采用一体化设计，主要受力构件采用型钢煨弯成形，力求使肩架尽量轻巧、紧凑、简单，结构性能稳定，便于安装施工，如图 5.63 所示。

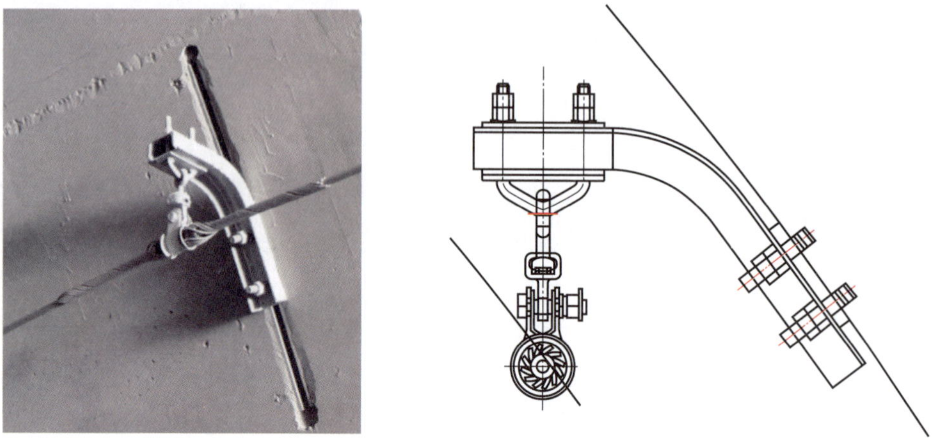

图 5.63　回流线隧道侧壁悬挂一般安装

3. 特殊桥梁供电线 V 形悬挂

拉萨河特大桥上架设有供电线，为保证绝缘距离，供电线采用 V 形悬挂架设于特殊设计的轻型钢管硬横跨下方，如图 5.64 所示。

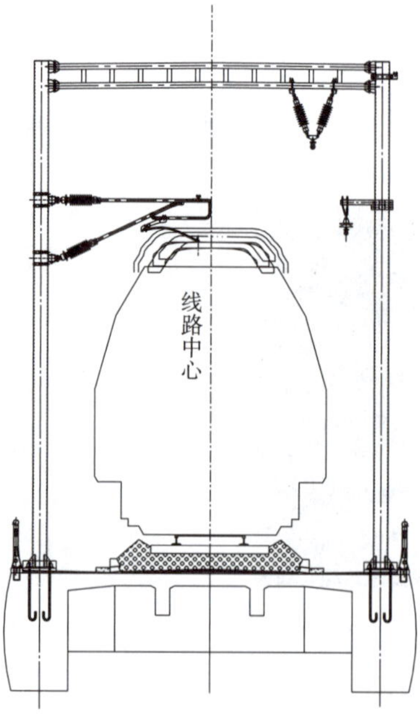

图 5.64　拉萨河特殊桥梁区段供电线安装

5.4.11　防护防灾

1. 支柱防护

在机动车辆通过容易损坏支柱及拉线基础的场所，增设相应防护。平交道需设置限界门，道口两侧的支柱加装防护桩或水泥墩。限界门采用钢支柱、钢横梁，具备足够的强度以抵御外界的冲击，如图 5.65 所示。

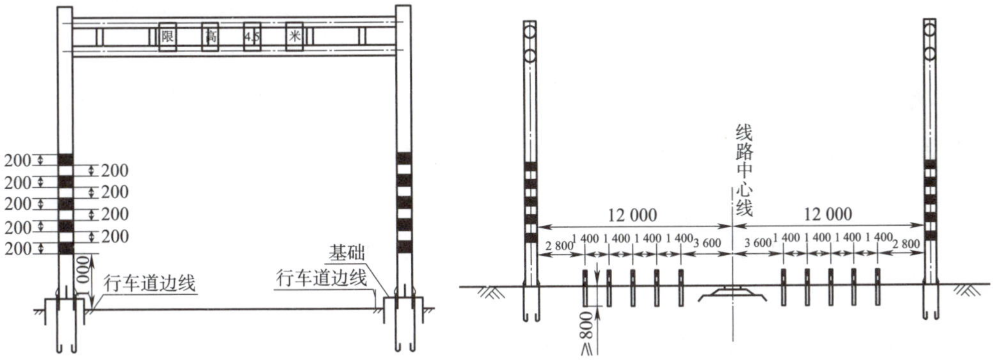

图 5.65　限界门正面及侧面示意（单位：mm）

2. 支柱号码及标识、标志牌

接触网支柱号码牌、安全作业标、接触网终端标、高压危险标、禁止双弓标、断标、合标等标牌，均采用反光标志牌。隧道内下锚坠砣处均设置反光警示标志牌，如图 5.66 所示。

图 5.66　号码牌、标识牌

3. 接触网防护

接触网电分相、跨线桥下、隧道口的承力索、供电线等均安装预绞式护线条：

(1)隧道进出口、跨线建筑物处承力索、供电线上设置护线条。

(2) 35 kV及以上跨越电力线路下方投影点为中心两侧向外延伸 10 m 加装护线条。

(3)分相中性区加装预绞式护线条,关节式分相在有电区与无电区转换区段内承力索加装铠装保护条(分相两根中心柱两侧 10 m 两支承力索上),防止电弧烧伤承力索。

(4)接触悬挂非工作支与其他线索交叉处空气间隙小于 200 mm 时,在该处两者间装设 1 组电连接线(电连接按线岔电连接方式安装),并各加装 1 套预绞式护线条。

4. 防风设计

有峡谷风区段,对接触网支柱容量、风偏考虑修正系数,对跨距进行调整,接触网支持装置采用防风型整体腕臂结构。

5. 抗震设计

根据拉林铁路地震烈度,从牵引设施系统设计、支柱及架构、设备基础、抗震设计参数以及材料选型等方面考虑了相应的抗震需求,提出接触网支柱采用法兰连接的轻小型格构式钢柱,支柱基础采用钻孔桩基础。

5.5 电力设计

5.5.1 电力设计方案

1. 气象条件

根据铁路沿线气象条件,电力线路按Ⅱ级典型气象区为基础,并考虑铁路区间风速条件开展设计。

沿线主要城市降雨量统计如图 5.67 所示。

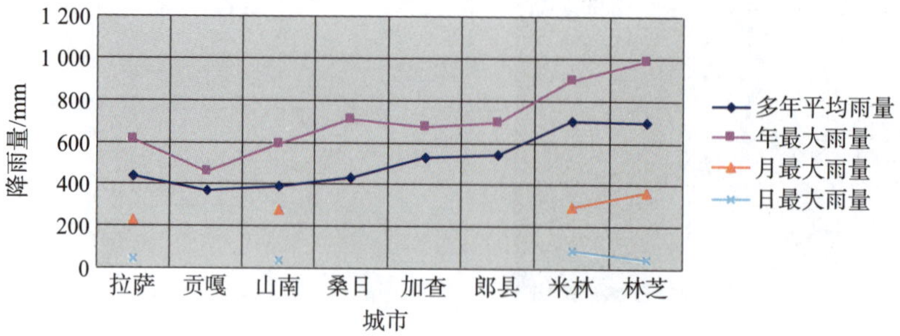

图 5.67 沿线主要城市降雨量统计

沿线主要城市风速统计见表 5.54。

表5.54　沿线主要城市风速统计

城市	年平均风速/(m/s)	最大风速/(m/s)	主导风向
拉萨	1.8	14	E
山南	1.9	20	ENE
加查	1.5	20	ENE
米林	1.6	19.8	NE
林芝	2.2	25	ENE

2. 供电方案

(1)用电负荷分布

用电负荷主要有沿线各车站及区间通信基站、运营调度系统、货场设备、信息系统、各电气化所用电、防灾报警、安全监控、给排水设备、空调通风、房屋照明等负荷。

(2)负荷等级

电力负荷根据对供电可靠性的要求及中断供电在政治、经济上所造成损失或影响的程度分为一级、二级、三级。其中:一级负荷包括与行车密切相关的通信、信号、信息及防灾安全监控;电力及电气化各所操作电源;大型站公共区照明、应急照明;大型及重要建筑物火灾自动报警系统设备等。二级负荷主要包括为通信、信号主要设备配置的专用空调;接触网远动开关操作电源;综合检测、工务机械、给排水设施等设备;中间站公共照明;区间视频监控设备;除一级负荷外的其他信息等负荷。

不属于一级和二级负荷者为三级负荷。

(3)供电设计原则

①全线采用安全可靠的供电方案,以保证各站及沿线区间的可靠供电。

②铁路电力系统设计应确保调度指挥、信号、通信等系统重要负荷可靠、不间断运行的要求。

③铁路电力系统的主要设备满足标准化、免维护、少维修、自动化程度高的要求,重要电力设施均纳入电力远动系统,10 kV变配电所按无人值班设计。

④一级负荷应由双重电源分别供电至用电设备或低压双电源切换装置处。当一路电源发生故障时,另一路电源不应同时受到损坏。二级负荷可由具备两回电源线路且其高低压至少一侧设有联络的变电所供电或由贯通线路、环网线路以及其他双端供电线路等能构成等效双回电源线路的变电所供电;在负荷较小或地区供电条件困难时,可由一回6 kV及以上专用的电力线路供电;当专用电力线路采用架空线路时,可由一回架空线路供电;当采用电缆线路时,宜采用主备电缆供电或设置备用电缆通道,其中备用电缆应能负载100%的二级负荷。三级负荷可由一路电源供电。

⑤充分利用铁路既有电源线路、变配电所、10 kV馈出线路等设施。

⑥设计中充分考虑初期、近期、远期工程的结合,适当预留规模,尽量避免电力设

施的二次迁改或改造造成的浪费。

⑦铁路电力系统设计遵循国家强制性标准，认真贯彻执行国家能源政策，因地制宜，保护环境，节约土地，积极采取节能措施，降低电能损耗。

3. 10 kV 配电所

(1)配电所规模及外电源供电方案

全线新建贡嘎、扎囊、山南、桑日、加查、朗县、下却、康萨、米林、林芝 10 座 10 kV 配电所；下却、康萨、米林 3 座配电所与牵引所合建，其余配电所独立建设。

下却、康萨 10 kV 配电所由下却、康萨牵引 27.5/10 kV 电源装置分别提供 2 路 10 kV 外电源供电，其余所均由地方提供 2 路独立 10 kV 电源供电。

(2)主要设备选型

10 kV 配电所主要由高压柜、磁控电抗器、10/10 kV 调压器、交直流屏、小电阻或消弧线圈接地装置、计算机保护装置等组成。其中高压开关柜采用移开式交流金属封闭开关设备(AIS)；10 kV 磁控电抗器采用干式；10/10 kV 调压器采用干式；直流电源设备采用智能高频开关铅酸免维护电池直流电源柜。

(3)接线形式

新建 10 kV 配电所主接线采用单母线分段、母联互备投；配电所均设置所用变及贯通母线段，调压器不设旁路开关，为便于运营维护，在配电所内隔离开关间设置 10 kV 电动隔离开关作为各 10 kV 进(出)线回路明显断开点。

(4)接地形式

贡嘎、扎囊、山南、桑日 10 kV 配电所之间贯通线为架空、电缆混合线路，故贯通母线采用经消弧线圈接地的方式；加查、朗县、下却、康萨、米林、林芝 10 kV 配电所之间贯通线为全电缆线路，故贯通调压器采用经小电阻接地的形式。

(5)保护配置

配电所采用数字继电器及通信装置，实现全所电气设备的测量、控制、保护等功能，并提供电力远动接口；配电所计算机综合自动化系统采用单元式计算机保护装置，集中设置于保护屏上。变配电所内设置视频监控探头，并布置在设备间，视频信息通过综合监控系统上传到电力调度中心。

变配电所继电保护及自动装置配置见表 5.55。

表 5.55　变配电所继电保护及自动装置配置

单元名称	继电保护	自动装置
电源	电流速断、定时过电流、低电压	—
母联	电流速断、过电流	备用电源自投
变压器	电流速断、温度、过负荷	—
调压器	电流速断、定时过电流、温度、过负荷	—

续上表

单元名称	继电保护	自动装置
一般馈出线	电流速断、定时过电流	单相接地信号
贯通馈出线	电流速断、定时过电流、失压、、零序过电流(小电阻接地)、零序电流速断(小电阻接地)	一次自动重合闸、单相接地信号(小电流接地装置)
电抗器	电流速断、定时过电流、低电压、温度、过负荷	—
母线电压互感器	—	母线绝缘监测

(6)布置方式

贡嘎、扎囊、山南、桑日、加查、朗县、林芝10 kV配电所场坪独立建,采用二层楼房布置,并设置进所道路及围墙。

下却、康萨、米林3座10 kV配电所场坪与牵引所合建,采用平房布置,并设置进所道路及围墙。

配电所按照无人值班设计,10 kV高压开关设备、电抗器、调压器、消弧线圈柜、小电阻接地装置、进(出)线隔离开关分别布置在独立的房间内。

配电所房屋主要标准如下:

①本工程为单线电气化铁路,设置一路10 kV贯通线,考虑以后发展,配电所房屋预留第二路贯通线引入条件。一楼工具间、材料间面积具备新增调压器以及小电阻接地装置安装条件,隔离开关室预留第二路贯通线隔离开关安装位置;二楼高压室预留第二路贯通线高压开关柜的位置。

②调压器、电抗器室房屋净高不小于4 200 mm;10 kV高压室房屋净高不小于3 900 mm。

③高压室与控制室之间的门应能双向开启,且不设门槛;高压室、控制室其余的门向外开启,并为防火门;电抗器室、调压器室设置防火门,向外开启,双开门尺寸为2 400 mm×2 700 mm(宽×高)。

④高压室、控制室的门窗采取防止雨雪、小动物、风沙及污秽尘埃进入的措施。

⑤所址高程在50年一遇水位上,并高于内涝水位。

(7)无功补偿方案

对10 kV电力贯通线长大电缆线路采用集中动态补偿与分散固定补偿的方案。

在10 kV配电所主母线设置磁控电抗器,集中动态补偿10 kV电力贯通线电容电流;在通信基站等处设置固定补偿电抗器,分散补偿10 kV电力贯通线电容电流。

(8)主要技术标准

①10 kV高压开关柜主要技术参数见表5.56。

表 5.56　10 kV 高压开关柜主要技术参数

技术指标	参　数
额定电压	12 kV
工作电压	10 kV
额定电流	进线分段柜 1 250 A，馈电柜 630 A
额定频率	50 Hz
雷电冲击耐受电压(相对地)	109 kV
主回路工频耐受电压(相间)	61 kV(50 Hz、1 min)
辅助回路工频耐受电压	3.34 kV(50 Hz、1 min)
辅助控制回路额定电压	直流 220 V
额定短路开断电流	31.5 kA
额定峰值耐受电流	2.5×31.5 kA
额定短时耐受电流	4 s/31.5 kA
开关柜尺寸	1 000 mm×1 800 mm×2 500 mm(宽×深×高)
分、合闸线圈和辅助回路的额定电压	直流 220 V
电气间隙(纯空气)	180 mm
断路器机械寿命	≥20 000 次
外壳防护等级	IP4X

②10 kV 磁控电抗器主要技术参数见表 5.57。

表 5.57　10 kV 磁控电抗器主要技术参数

技术指标	参　数
额定电压	12 kV
工作电压	10 kV
额定容量(最大容量)	400 kVA
容量调节范围	1%～100%连续可调
额定电流	22 A
额定频率	50 Hz
冷却方式	风冷
型式	三相干式、环氧浇注
主绕组连接	三角形
空载损耗	不大于额定容量的 0.3%
损耗	在额定电压和额定频率，并换算到 75 ℃时，总损耗不大于额定容量的 1.6%
谐波电流	总谐波电流不大于额定电流的 3%
在 12 kV 最大工作电压下的温升限制	绕组 (热点)：115 K；绕组 (平均值)：95 K(用电阻法测量)；铁芯：80 K
励磁单元触发方式	安全的光电触发

③10/10 kV 有载调压器主要技术参数见表 5.58。

表 5.58　10/10 kV 有载调压器主要技术参数

额定容量/kVA	800
额定电压/kV	10/10
额定频率/Hz	50
相数	三相
高压分接范围	±4×2.5%
连接组别	Dyn11
最高工作电压/kV	12
雷电冲击耐受电压峰值/kV	109
1 min 工频耐受电压有效值/kV	61
调压方式	三相联动有载调压
绝缘等级	H
绕组材质	铜导体
短路阻抗	6%
冷却方式	风冷

④交流屏主要技术参数见表 5.59。

表 5.59　交流屏主要技术参数

技术指标	单位	参数及要求
输入额定电压	V	AC 380(两路)
交流输出额定电压	V	AC 220、AC 380
额定频率	Hz	50
系统接地方式	—	TN-S
绝缘电阻	MΩ	≥10
接线方式	—	单母线分段
工频耐压水平 1 min	kV	3.34
防护等级	—	≥IP20

⑤直流屏主要技术参数见表 5.60。

表 5.60　直流屏主要技术参数

技术指标	单位	参数及要求
输入额定电压	V	380(两路交流)
直流输出额定电压	V	DC 220(198～286 V 连续可调)
额定频率	Hz	50
绝缘电阻	MΩ	≥10
防护等级	—	≥IP20

⑥蓄电池主要技术参数见表 5.61。

表 5.61　蓄电池主要技术参数

技术指标	单位	参数及要求
电池组	—	阀控式密封免维护铅酸蓄电池组
单只蓄电池电压	V	12
充放电次数	次	200
防护等级	—	≥IP20
使用寿命	—	不低于 15 年

⑦10 kV 户内隔离开关主要技术参数见表 5.62。

表 5.62　10 kV 户内隔离开关主要技术参数

技术指标		参　数
额定电压		12 kV
额定电流		630 kA、1 250 kA
雷电冲击耐压	断口间	123 kV
	对地、相间	109 kV
1 min 工频耐压	断口间	71 kV
	对地、相间	61 kV
峰值耐受电流		50 kA、63 kA、80 kA
短时耐受电流(3 s)		20 kA、25 kA、31.5 kA
机械寿命		≥10 000 次

⑧计算机综合自动化装置主要技术参数见表 5.63。

表 5.63　计算机综合自动化装置主要技术参数

技术指标	参　数
额定交流电压	单相 220 V,允许偏差－15%～＋10%
额定频率	50 Hz
额定直流电压	220 V,允许偏差－20%～＋10%
交流电流	1 A
交流电压	100 V
交流电流回路功耗	当 I_N＝5 A,每相≤1 VA;当 I_N＝1 A,每相≤0.5 VA
交流电压回路功耗	每相≤0.5 VA(额定电压时)
直流电源回路功耗	正常工作时≤50 W
交流电流回路过载能力	2 倍额定电流,连续工作;40 倍额定电流,允许 1 s
交流电压回路过载能力	1.2 倍额定电流,连续工作

⑨小电阻接地成套装置主要技术参数见表 5.64。

表 5.64 小电阻接地成套装置主要技术参数

技术指标	单位	参数及要求
额定电压	kV	10
额定频率	Hz	50
额定电阻	Ω	10
额定发热电流	A	600
额定时间	s	10
最小公称爬电比距	mm/kV	36.3
设备最高工作电压	kV	12
防护等级	—	不低于 IP4X

⑩消弧线圈接地系统主要技术参数见表 5.65。

表 5.65 消弧线圈接地系统主要技术参数

技术指标	参　数
额定电压	$10.5/\sqrt{3}$ kV
额定容量	630 kVA
绝缘结构	干式,全绝缘
电感值调节方式	调匝式
绝缘水平	LI75 AC 35
绝缘温度等级	H 级
允许载流时间	2 h
接地响应时间	不超过 1 ms
局部放电量	小于 5 pC
噪声	离本体 1 m 处,小于 55 dB
温升限值	线圈 110 K(2 h),绝缘介质应能承受最热点不低于 155 ℃的长期运行温度
冷却方式	风冷
电容电流测量误差	<2%
残流不超过	5 A
脱谐度不超过	10%
伏安特性	在 0～110%额定电压范围内线性度极佳

4. 10 kV 线路

(1)贯通线

①贯通线设置情况。全线新建 10 kV 贯通线一回,向沿线车站以及区间负荷供电,10 kV 贯通线采用架空、电缆混合线路。电缆线路分别沿铁路桥、隧及路基电缆沟槽或直埋敷设。

②贯通线主要技术标准。10 kV 贯通电力线路采用混合线路,架空线缆、电缆截面积均为 95 mm^2。架空线路采用预应力钢筋混凝土电杆、铁横担,导线采用钢芯铝绞线。

电缆采用单芯电力电缆(金属屏蔽层为铜带材质),分别沿铁路预制电缆槽或沿自制电缆沟敷设,其中10 kV单芯电缆线路采用在线路一端金属层单点直接接地方式,另一端接护层保护器;在区间设置固定补偿电抗器,固定补偿电抗器采用干式,星形接线,中性点不接地。

(2)隧道防灾疏散救援电源线

①隧道防灾疏散救援电源线设置情况。

全线设有隧道防灾疏散救援区段内新建10 kV防灾救援电源线一回,向防灾救援风机、消防、照明以及监控设备等负荷供电,10 kV防灾救援电源线采用全电缆线路,分别沿铁路桥、隧及路基电缆沟槽或直埋敷设。

②隧道防灾疏散救援电源线主要技术标准。10 kV隧道防灾疏散救援电源线采用电缆线路,根据负荷情况截面为70～120 mm^2。

电缆采用阻燃单芯电力电缆(金属屏蔽层为铜带材质),分别沿铁路预制电缆槽或沿自制电缆沟敷设,在线路一端金属层单点直接接地方式,另一端接护层保护器。

(3)10 kV配电所电源线

①10 kV配电所电源线设置情况。贡嘎、扎囊、山南、桑日、加查、朗县、米林、林芝8座10 kV配电所均由地方变电站提供2路10 kV外电源,10 kV外电源采用架空、电缆混合线路。

②10 kV配电所电源线主要技术标准。架空线路采用预应力钢筋混凝土电杆、铁横担,导线采用钢芯铝绞线,截面积为150 mm^2;电缆采用YJV62单芯电力电缆沿电力电缆沟或穿钢管敷设,截面积为185 mm^2。按当地供电部门要求设置产权分界开关。

(4)电力电缆敷设方式

①路基区段:电力电缆沿预留的电力电缆槽或沿自制电缆沟敷设,过轨时穿钢管保护;路基段电力电缆槽与桥梁、隧道电力电缆槽间设置过渡段。

②桥梁区段:电力电缆沿桥梁两侧翼仰板处预留的电力电缆槽敷设;桥梁上考虑预留电力电缆引上(下)的锯齿形槽口;电缆引出电缆槽或引下桥梁采用沿设在桥墩上的电缆桥架敷设。

③隧道区段:电力电缆沿预留的电力电缆槽敷设或壁挂敷设,在隧道进出口均设置过轨钢管。

④站场区段:站场内高低压电力线路全部采用电力电缆,一般沿沟敷设,局部地段直埋敷设,过路、过轨时穿钢管保护敷设。

⑤变配电所内及室外主要电缆沟设置电缆支架,电缆分层敷设。引入变配电所的电源电缆,不敷设于同一径路,无法避免时采取电缆管、槽等保护措施,当受条件限制同槽敷设时,采用分隔措施。

⑥引入箱变的贯通线电缆,在桥梁、路基区段铁路用地界范围内,分别设置电缆槽;在铁路用地界范围外,有条件时分别设置电缆槽引入箱变,无条件需同槽敷设时,

采用分隔措施或电缆穿钢管引入箱变。

⑦所有穿墙、楼板、电缆管、电缆井等处的电缆均采用防火封堵措施。对易受外部影响起火的电缆密集场所和可能起火蔓延而酿成严重事故的电缆回路，按规范进行防火阻燃设计。通信、信息房间，信号机械室等场所内的电线、电缆及其防护材料采用阻燃型。

5.10/0.4 kV 变电所

(1)10/0.4 kV 变电所规模及外电源供电方案

贡嘎、扎囊、山南、桑日、加查、朗县、米林、岗噶、林芝车站站房设置 10/0.4 kV 变电所为站房等负荷供电；贡嘎、扎囊、扎其、山南、桑日、沃卡、巴玉、加查、热当、朗县、热米、下却、卧龙、康萨、米林、岗噶、林芝信号楼设置了 10/0.4 kV 电力远动变电所，10/0.4 kV电力远动变电所专为铁路通信、信号等一级负荷提供主、备用电源。林芝车辆段、拉萨整备基地、拉萨西机务段设置了 10/0.4 kV 变电所为站、段等负荷供电。

岗噶车站站房 10/0.4 kV 变电所一路电源由多卡 35 kV 变电站 10 kV 专线接取，另一路电源由贯通线接取；其余车站站房以及林芝车辆段、拉萨整备基地 10/0.4 kV 变电所电源均由配电所地区馈线接取。拉萨西机务段 10/0.4 kV 变电所电源由拉萨西货场箱变接取。

信号楼电力远动变电所主用电源均由贯通线接取，其中扎其、热当车站信号楼备用电源由接触网接取，其余信号楼备用电源均由 10 kV 配电所地区馈线或防灾救援电源线接取。

除林芝车辆段、拉萨整备基地、拉萨西机务段 10/0.4 kV 变电所低压回路未纳入远动外，其余变电所高低压回路均纳入电力远动。

各信号楼以及站房 10/0.4 kV 变电所设置低压无功补偿装置，保证功率因数达到 0.9 以上。各单位用电单独设电度表计量。

(2)主要技术标准

①10/0.4 kV 变电所或电力远动变电所的 10 kV 环网柜采用气体绝缘柜，主要技术参数见表 5.66。

表 5.66　环网柜主要技术参数

开关柜型式	SF_6 气体绝缘金属全封闭式
相数	三相
母线接线方式	三组单母线分段
系统标称电压	不低于 10 kV
最高工作电压	不低于 12 kV
额定频率	50 Hz
额定电流(环境温度 40 ℃)	630 A
防护等级	不低于 IP4X
额定热稳定电流(有效值)、持续时间	25 kA，1 s

续上表

额定动稳定电流(峰值)		63 kA
额定短时耐受电流(3 s)		25 kA
额定峰值耐受电流(峰值)		63 kA
二次回路及辅助回路工频耐压(有效值)		3.34 kV
1 min 工频耐压(有效值)	相对地、负荷开关断口间、相间绝缘	不低于 61 kV
	隔离断口间绝缘	不低于 71 kV
冲击耐压	相对地、负荷开关断口间、相间绝缘	不低于 109 kV
	隔离断口间绝缘	不低于 123 kV

②10/0.4 kV 电力变压器主要技术参数见表 5.67、表 5.68。

表 5.67　10/0.4 kV 电力变压器主要技术参数

额定电压	10±2×2.5%/0.4 kV
接线方式	Dyn11
额定频率	50 Hz
型式	户内、环氧浇注线绕干式、强迫风冷(AF)
阻抗电压	4%，6%
绝缘耐热等级	H
调压方式	无励磁调压方式

表 5.68　10/0.4 kV 电工钢带电力变压器损耗

额定容量/kVA	电压组合			连接组别	空载损耗/W	负载损耗/W 耐热等级 F (120 ℃)	阻抗电压
	高压/kV	高压分接范围	低压/kV				
30	10	10±2×2.5%	0.4	Dyn11	105	640	4%
50					155	900	
80					80	1 160	
100					230	1 415	
125					270	1 665	
160					310	1 915	
200					360	2 270	
250					415	2 485	
315					510	3 125	
400					570	3 590	
500					670	4 390	
630					775	5 290	
630					750	5 365	6%
800					875	6 265	
1 000					1020	7 315	
1 250					1205	8 720	

③低压开关柜采用高可靠性、模数化、组合式柜型，并配置数字化仪表。主要技术参数见表 5.69。

表 5.69　低压开关柜主要技术参数

技术指标		单位	参数及要求
工作电压		kV	0.4
额定电压		kV	0.69
额定频率		Hz	50
额定绝缘电压		V	1 480
额定冲击耐受低压		kV	13.36
主母线	最大额定电流	A	4 000
	最大短时耐受电流(1 s)	kA	80
垂直母线	最大额定电流	A	2 000
	最大短时耐受电流(1 s)	kA	50
防护等级		—	≥IP4X

6. 10/0.4 kV 箱式变电站

(1)10/0.4 kV 箱式变电站规模及外电源供电方案

车站货场、工区、车站生产生活配套房屋以及沿线区间通信基站、光纤直放站等负荷均设箱式变电站供电，箱式变电站电源由贯通线、配电所地区馈线或防灾救援电源线环网接取。

(2)主要技术标准

箱式变电站高压柜采用气体绝缘高压环网柜，预留 UPS 和 RTU 安装条件。箱式变电站主要技术参数见表 5.70。

表 5.70　10/0.4 kV 箱式变电站主要技术参数

技术指标	参数及要求
额定电压	高压侧：12 kV 低压侧：0.23/0.4 kV
额定频率	50 Hz
相数	三相
额定电流	高压侧：630 A
高压侧绝缘水平	工频耐压：10 kV 系统，61 kV(1 min，相间及对地)，69 kV(1 min，隔离断口) 冲击耐压：10 kV 系统，109 kV(相间及对地)，123 kV(隔离断口)
低压侧绝缘水平	工频耐压：3.34 kV(1 min)
额定短时耐受电流及持续时间	高压侧：20 kA，3 s
额定峰值耐受电流	高压侧：50 kA
额定短路关合电流	50 kA(峰值)

续上表

技术指标	参数及要求
温升	可触及的外壳和盖板的温升不应超过 20 K
外壳级别	10
操作电源电压	AC 220 V
辅助回路额定电压	AC 220 V
运行寿命	不少于 20 年
箱体外壳防护等级	≥IP54
箱体外壳防护等级(机械撞击)	IK10
电弧等级及燃弧电流持续时间	IAC-AB,0.5 s

7. 电力远动系统

(1)电力远动系统的构成及功能

电力远动系统由电力远动监控主站、监控终端设备和通信系统组成。

电力远动系统实现对 10 kV 变配电所、区间箱式变电站高低压供配电设备电力参数的三遥功能(遥控、遥测、遥信),同时实现当 10 kV 贯通线出现相间短路、单相接地、断相的情况下,迅速完成对其故障区段的定位、隔离及非故障区段的恢复供电工作。

(2)远动范围及远动终端

下列高低压回路纳入远动系统:新建 10/0.4 kV 变电所的高压回路及低压的两进线一母联、与行车密切相关的馈线回路;新建 10/0.4 kV 通信信号专用变电所的高压回路及通信、信号等全部低压回路;各配电所的交、直流电源柜进线和各馈线回路断路器等。

纳入远动的低压断路器故障跳闸后可远程复位(无故障闭锁)。可实现相序监测和报警。

配电所交直流电源装置、集中补偿设备、主要辅助设备,通过自带保护控制器纳入电力远动管理。

纳入远动的电力远动间和箱变 RTU 采用集中设置,其余变电所高低压柜内的 RTU 原则上按每个开关柜设置一套 RTU 装置,与视频监控联动的照明纳入综合视频系统远动。

(3)远动通道

电力远动系统采用总线的方式,被控站至车站的主备远动通道均利用传输接入以太网通道,分别经不同车站传输设备与数据网设备相连,避免单点失效故障。车站与控制站之间的主、备远动通道利用数据网的 VPN 通道承载。

(4)远动主站

新建电力远动系统,纳入既有格尔木电力远动主站管理。

(5)电力远动终端

电力远动端主要技术参数见表 5.71。

表 5.71　电力远动终端主要技术参数

技术参数	要　求
通信管理机主备切换时间	≤5 s
遥控命名响应时间	≤2 s
遥信变位响应时间	≤2 s
摇测越阈值响应时间	≤2 s
遥控成功率	≥99.99%
遥信变位正确率	≥99.99%
通信管理单元与 RTU 间的时钟同步精度	≤5 ms
SOE 分辨率	≤1 ms
MTBF	≥17 520 h
交流电源	AC 220 V,允许偏差±20%
谐波含量	<5%
通信管理机功耗	≤150 W

5.5.2　电力施工用电及勘察设计方案

1. 施工供电设计

(1)用电负荷

拉林铁路建设前期地方电网薄弱,施工用电负荷安装容量总需求约 145 MVA,平均每公里用电负荷指标为 359 kVA。

(2)施工供电工程设计原则

①地方 10 kV 电网能够满足施工用电需要的地段,采用分散供电方式,就近接取地方 10 kV 电源供电。

②施工用电负荷大,地方 10 kV 电网不能满足施工用电需要的地段采用集中供电方式。从地方电网接取 35 kV 或 110 kV 电源,设置临时集中变配电设备,向铁路沿线各施工用电点馈出 35 kV 或 10 kV 干线供电。

③电力干线末端电压满足风机类电动机启动要求。

④临电干线尽量采用 10 kV,以减少小临工程费用;10 kV 供电能力不能满足需要时,采用 35 kV 干线供电。

⑤尽量按供电营业区范围供电,供电能力达不到时采用跨供电营业区供电的方案。为施工方便,减少对植被的破坏,电力线路尽量不翻越长大隧道。

⑥为满足电力系统对功率因数的考核要求,根据供电部门要求,在各用电点设置

低压补偿装置。

⑦在各临时变电(开关)站馈出线及土建标段分界点处设置电能计费装置,计费方式采用高供高计。

(3)主要施工供电方案

全线施工用电设置 35 kV 临时集中变电站(开关站)5 座,设置 110 kV 临时集中变电站 2 座。施工供电方案如下:

①DK48+400 附近设一座 35/10 kV 临时变电站,接取一路 35 kV 地方电源。沿铁路向西馈出一回 10 kV(LGJ-120)线路供至协荣特大桥拉萨端;沿铁路向东馈出另一回 35 kV(LGJ-120)线路供至江达特大桥拉萨端。负荷约 33 213 kVA。

②DK124+470 附近设一座 35/35 kV 临时开关站,接取一路 35 kV 地方电源。沿铁路向西馈出一回 35 kV(LGJ-120)线路供至江达特大桥林芝端;沿铁路向东馈出另一回 35 kV(LGJ-95)线路供至藏噶隧道进口。负荷约 11 745 kVA。

③DK174+000 附近设一座 110/35/10 kV 临时变电站,由加查变电站 110 kV 母线接取一路 110 kV 地方电源。沿铁路向西馈出一回 10 kV(LGJ-120)线路供至藏噶隧道横洞;沿铁路向东馈出另一回 35 kV(LGJ-95)线路供至桑珠岭隧道进口。负荷约 14 700 kVA。

④DK210+000 附近设一座 35/35 kV 临时开关站,接取一路 35 kV 地方电源。沿铁路向西馈出一回 35 kV(LGJ-95)线路供至桑珠岭隧道出口;沿铁路向东馈出另一回 35 kV(LGJ-95)线路供至藏日拉一号隧道进口。负荷约 9 814 kVA。

⑤DK264+100 附近设一座 35/35 kV 临时开关站,接取一路 35 kV 地方电源。沿铁路向西馈出一回 35 kV(LGJ-95)线路供至藏日拉一号隧道出口;沿铁路向东馈出另一回 35 kV(LGJ-120)线路供至达嘎拉隧道一号横洞。负荷约 19 209 kVA。

⑥DK330+000 附近设一座 110/35 kV 临时变电站,由朗县变电站 110 kV 母线接取一路 110 kV 地方电源。沿铁路向西馈出一回 35 kV(LGJ-150)线路供至达嘎拉隧道二号横洞;沿铁路向东馈出另一回 35 kV(LGJ-150)线路供至布喀木隧道进口。负荷约 38 272 kVA。

⑦DK395+620 附近设一座 35/10 kV 临时变电站,接取一路 35 kV 地方电源。沿铁路向西馈出一回 35 kV(LGJ-120)线路供至布喀木隧道出口;沿铁路向东馈出另一回 10 kV(LGJ-120)线路供至多卡 1 号特大桥林芝端。负荷约 14 907 kVA。

⑧DK434+650 附近 T 接地方 35 kV 农网线路。沿铁路向西馈出一回 35 kV(LGJ-95)线路供至多卡 2 号特大桥拉萨端。负荷约 4 103 kVA。

2. 高原铁路施工供电勘察技术

传统的铁路施工供电勘察设计流程一般为图上选线→现场勘测→根据勘测资料

布杆，对交叉跨越、对地安全距离等进行校验→绘制施工图。一般以 5 人为一小组，大约需要一周左右的时间才能完成 30 km 电力线路设计工作。为了缩短上百公里电力线路的勘测设计总时长，在传统勘察设计方法下，需要同时成立多个小组才能保证任务的完成，这也使得传统铁路施工供电勘察设计呈现出勘测设计工期短、时间紧，选线局限性强，图纸与现场实际情况不符，现场勘测工作量大，耗费人力多等特点。

拉林铁路采用新的选线技术以及勘测方法，解决了施工供电勘察设计过程中隧道多、隧道长，海拔高，网络信号差等难点，并通过新技术使勘测设计效率、质量大大提高。

(1)基于卫星地图进行施工供电选线

卫星地图选线有以下优点：可参看的范围广，能反映最近几年新建的建筑物、构筑物，可反映完整的地形地貌，能比较精确地反映高程情况，可实现二维与三维的切换，方便设计者核查设计方案。复杂艰险山区铁路施工供电使用卫星地图选线步骤如下：

①将铁路线位、隧道辅助坑道、临时施工营地、拌和站以及地方变电站分布情况等导入卫星地图。

②根据施工供电方案以及综合考虑道路、场坪等因素在卫星地图上选择施工临时变电站位置。

③采用二维地形图和三维地形图相结合的方式绘制施工临时电源以及施工临时干线。

(2)基于载波相位差分测量技术进行施工供电现场勘察

传统的经纬仪和全站仪测量无法对树木茂盛的林区、长距离测量区段进行作业，且耗费人力巨大，无法适应复杂艰险山区海拔高、跨度大、空气稀薄等特殊情况。

载波相位差分测量技术具有设备携带便携、测量不受地形限制、测量简单、测量精度高等特点，故拉林铁路施工供电工程现场测量主要采用载波相位差分技术，大大缩短了勘测工期，同时提高了勘测精度。

载波相位差分测量技术又名 RTK 测量技术，是 GNSS 测量技术的一种。GNSS 全称是全球导航卫星系统(global navigation satellite system)。GNSS 测量技术作为一种高效可靠的测绘作业方式，应用于地理信息数据采集、控制测量、数字化测图、工程放样等各个方面。无需通视、无累计误差的作业特点使得其相对传统测绘工具应用范围更广，使用更便捷。GNSS 主要由基准站与接收机组成，其中基准站主要负责对卫星导航信号进行长期连续观测，并由通信设施将观测数据实时或定时传送至数据中心的地面固定观测站；而接收机则主要负责接收采集的数据。GNSS 测量技术系统构架如图 5.68 所示。

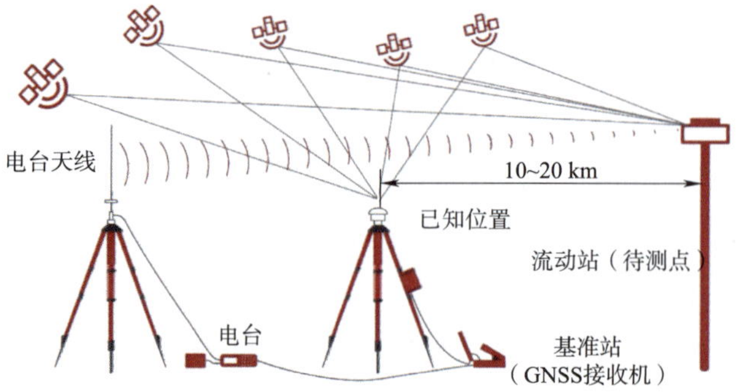

图 5.68　GNSS 测量技术系统构架

目前市场上主要采用的 GNSS 测量技术为差分 GPS 技术，差分 GPS 技术又分为位置差分、伪距差分和载波相位差分三大类，而运用最广的是载波相位差分技术。

载波相位差分技术是以载波相位观测量为根据的实时差分 GIS 技术，是实时处理两个测量站载波相位观测量的差分方法，将基准站采集的载波相位发给用户接收机，进行求差解算坐标。主要由参考站、流动站以及数据链构成。

①参考站。因为参考站接收机每次卫星信号失锁将会影响网络内所有流动站的正常工作，故参考站的点位选择必须严格，其选址有以下特点：

a. 周围应视野开阔，截止高度角应超过 15°，周围无信号反射物(大面积水域、大型建筑物等)，以减少多路径干扰。并要尽量避开交通要道、过往行人的干扰。

b. 参考站应尽量设置于相对制高点上，以方便播发差分改正信号。

c. 参考站要远离微波塔、通信塔等大型电磁发射源 200 m 外，要远离高压输电线路、通信线路 50 m 外。

d. RTK 作业期间，参考站不允许移动或关机又重新启动，若重启则启动后必须重新校正。

e. 参考站连接必须正确，注意虚电池的正负极(红正黑负)。

f. 参考站主机开机后，需等到差分信号正常发射方可离开参考站。参考站如图 5.69 所示。

②流动站。流动站作为设备终端，进行现场勘测时，有以下注意事项：

a. 在 RTK 作业前，应首先检查仪器内存容量能否满足工作需要，并备足电源。

b. 在打开手持设备后，首先要确保设备与主机蓝牙连通。

c. 为了保证 RTK 的高精度，最好有三个以上平面坐标已知点进行校正，而且点精度要均等，并要均匀分布于测区周围，要利用坐标转换中误差对转换参数的精度进行评定。如果利用两点校正，一定要注意尺度比是否接近于 1。

d. 在信号受影响的点位，为提高效率，可将仪器移到开阔处或升高天线，待数据链锁定达到固定后，再小心无倾斜地移回待定点或放低天线，一般可以初始化成功。流动站如图 5.70 所示。

图 5.69　参考站

图 5.70　流动站

5.5.3　区间及车站房屋接地设计

1. 沿线土壤电阻率以及接地电阻要求

(1)土壤电阻率分布

沿线土壤电阻率一般为 500～3 000 Ω·m,其中拉萨、林芝地区土壤电阻率 3 000～4 000 Ω·m,加查、朗县等地区土壤电阻率 500～1 000 Ω·m,山南地区土壤电阻率 200～500 Ω·m。

(2)接地电阻要求

房屋及设备接地电阻按要求分为≤1 Ω、≤4 Ω、≤10 Ω 三种类型。

①接地电阻≤1 Ω 的房屋、设备:信号楼、配电所、探测站机房、公安派出所、货物仓库、货运办公楼、通信站、维修工区集中办公楼、线路工区、消防泵间、站房、救援办公楼、通信无线检修工区及信号车载工区、运转整备综合楼。

②接地电阻≤4 Ω 的房屋、设备:基站、直放站、轨道衡控制室、汽车衡控制室、桶装油存放间、隧道内设备。

③其余房屋、设备接地电阻要求为≤10 Ω。

2. 接地设计方案

(1)隧道内设备接地方案

拉林铁路为单线铁路,无综合贯通地线,大部分隧道为素混凝土衬砌。根据规范要求隧道内电力设备接地电阻不小于 4 Ω,为保证隧道内电力设备接地电阻达标,拉林铁路在隧道内电力电缆槽下方设置电力专用贯通地线,并在隧道进出口预留接地端子。

隧道内电力专用贯通地线由接地干线、设备洞室接地、接地端子等组成。

电力专用接地干线与就近隧道钢筋网进行连接,连接时优先利用纵向接地钢筋和初期支护、二次衬砌及隧道底板的结构钢筋，连接点间距不大于 50 m。

设备洞室内接地直接与隧道钢筋网连接，并与电力电缆槽下方的电力专用贯通地线连接。

设备洞室接地端子应根据《铁路综合接地系统》[通号(2016)9301]要求设置；在隧道内电力电缆槽侧大避车洞附近设置 2 个接地端子，间距为 5 m。

电力接地线及连接线均采用铜包钢绞线，铜包钢绞线采用连铸铜包钢。连铸铜包钢防腐层应在焊点四周延伸 20～25 mm，厚度大于 5 mm。地线管埋地端管口施工后用沥青封死，满足防水要求。

铜与钢的连接工艺采用火泥熔焊(即放热焊接)。

(2)区间及车站接地方案

拉林沿线区间房屋多为箱变、基站、直放站、信号楼等，且大部分房屋设置于桥隧相连的短路基段，区间房屋主要呈现房屋面积小、场坪条件困难、接地电阻小的特点。

接地网面积按公式进行估算，对于高土壤电阻率地区，经测算，区间基站、直放站等房屋的接地网若按传统设计需要 20 000～40 000 m^2。采用如此大地网作为接地设计极为不合理，故针对不同的情况对各房屋接地设计进行了优化。

①区间通信房屋接地。根据现场情况，分为就近可接桥、隧接地端子以及无法接桥、隧接地端子两种情况。

a. 可就近接桥、隧接地端子区段。基站、直放站房屋靠近桥头、隧道口且土建预留满足接地电阻值要求的接地端子时，基站、直放站房屋与就近土建预留接地端子连接。连接线采用 2 根 VV 1×50 mm^2 电缆与土建端子冗余连接。

基站、直放站房屋实测接地电阻大于 30 Ω 时，应同时连接桥上与隧道口土建预留端子，若连接后仍达不到要求时，采用接入就近河流或采用石墨接地体进一步补强，以达到设计要求的接地电阻值。

b. 无桥、隧接地端子区段。对于远离桥头、隧道口的区间房屋，实测接地电阻不超过 25 Ω 时，采用增加扁钢接地体扩大地网方案进行补强。实测接地电阻 25 Ω 以上的房屋采用石墨接地体扩大地网方案进行补强，水平接地体采用截面 615 mm^2 石墨基柔性接地装置，垂直接地体采用直径 100 mm 加强型石墨接地装置，长度 2.5 m。

②区间信号楼、线路工区。信号楼采用石墨接地体扩大地网方案进行补强。线路工区均靠近信号楼，采用热镀锌扁钢将工区与信号楼地网可靠连接。

③车站房屋接地方案。

a. 经现场测量，沿线各站房地网接地电阻均能满足不大于 1 Ω 的要求，故站房附近房屋可与站房地网采用热镀锌扁钢就近连接。

b. 远离站房的房屋优先采用热镀锌扁钢与就近房屋地网连接，若仍不满足要求时，采用石墨基柔性接地材料作为水平接地体对其地网进行补强。

5.5.4　高地温隧道电力设计

达嘎拉等隧道为高地温隧道，施工期间隧道内温度达到60 ℃，通车后隧道内环境温度维持在40 ℃左右。

针对隧道内温度高、湿度大的特点，电力设备进行了优化设计，箱变、配电箱配备了通风、除湿装置，并结合实际温度情况，设计低压开关时考虑降容系数。

5.5.5　防灾救援设计

1. 总体设计原则

拉林铁路隧道防灾救援系统负荷主要有防灾通风风机、应急照明、疏散指示、监控设备、隧道消防等。其中紧急救援站防灾疏散救援设备采用一级负荷供电，其余采用二级负荷供电。

根据防灾救援疏散原则，按照全线只发生一处事故救援工况考虑用电负荷，即同时使用一处救援通道的用电负荷，负荷较小时，10 kV电源采用10 kV电力贯通线和防灾电源线供电。负荷较大时，设置2路10 kV专用防灾救援电源线供电。

在紧急救援通道出口或横通道洞内设置10/0.4 kV箱式变电站，防灾通风风机、应急照明、疏散指示、监控设备等一级负荷由箱变提供两路低压电源供电，设备处设置双电源自动切换装置。

防灾救援通道应急照明设置EPS应急电源装置，EPS装置连续供电时间不小于2 h。

2. 供电方案

(1)外部电源方案

桑日车站至巴玉隧道出口设置一路10 kV防灾救援电源线供电，电缆截面积为95 mm^2。防灾救援电源线由桑日10 kV配电所地区馈线馈出。

加查车站至巴玉隧道出口设置一路10 kV防灾救援电源线供电，电缆截面积为120 mm^2。防灾救援电源线由加查10 kV配电所地区馈线馈出。

朗县车站至东嘎山隧道进口设置一路10 kV防灾救援电源线供电，电缆截面积为70 mm^2。防灾救援电源线由朗县10 kV配电所地区馈线馈出。

朗县车站至达嘎拉隧道出口设置一路10 kV防灾救援电源线供电，电缆截面积为70 mm^2。防灾救援电源线由朗县10 kV配电所地区馈线馈出。

下却车站至达嘎拉隧道出口设置一路10 kV防灾救援电源线供电，电缆截面积为70 mm^2。防灾救援电源线由下却10 kV配电所地区馈线馈出。

下却车站至奔中山二号隧道出口防灾风机箱变设置一路10 kV防灾救援电源线供电，电缆截面积为70 mm^2。防灾救援电源线由下却10 kV配电所地区馈线馈出。

康萨车站至岗木拉山隧道进口防灾风机箱变设置一路 10 kV 防灾救援电源线供电，电缆截面积为 70 mm^2。防灾救援电源线由康萨 10 kV 配电所地区馈线馈出。

康萨车站至扎绕隧道进口防灾风机箱变设置一路 10 kV 防灾救援电源线供电，电缆截面积为 70 mm^2。防灾救援电源线由康萨 10 kV 配电所地区馈线馈出。

米林车站至米林隧道进口防灾风机箱变设置一路 10 kV 防灾救援电源线供电，电缆截面积为 70 mm^2。防灾救援电源线由米林 10 kV 配电所地区馈线馈出。

林芝车站至卓木隧道出口防灾风机箱变设置一路 10 kV 防灾救援电源线供电，电缆截面积为 70 mm^2。防灾救援电源线由林芝 10 kV 配电所地区馈线馈出。该段防灾电源线按永临结合设计。

除达嘎拉隧道出口防灾疏散救援箱变主备用电源分别由朗县 10 kV 配电所地区馈线和下却 10 kV 配电所地区馈线供电外，其余防灾疏散救援箱变二路电源均由贯通线接取。

(2)防灾救援动力配电系统

防灾救援风机设备从防灾救援 10/0.4 kV 箱式变电站两台变压器低压母线各引一路电源至设备控制柜附近，并设置双电源切换箱。

洞内防灾风机的低压供电回路采用低烟无卤阻燃耐火型电缆，电缆一般采用穿钢管沿隧道壁、沿正线隧道电力电缆沟敷设的方式。

(3)防灾救援照明系统

防灾救援应急照明从防灾救援 10/0.4 kV 箱式变电站两台变压器低压母线各引一路电源至照明配电箱柜，采用两路低压电源切换，经 EPS 后分别馈出疏散照明、疏散指示、控制电源等回路。EPS/K 柜充电电源选用高频开关电源充电模块，整流/充电机有 $N+1(N\geqslant1)$ 的冗余功能，一个模块故障不应影响系统正常运行。

①在救援通道、紧急救援站和其他救援疏散路线上，设置疏散照明及疏散指示。

②应急疏散照明及疏散指示标志间距一般为 25 m，考虑疏散时人员密度，在疏散通道口(斜井、横洞、平导及横通道)正线 450 m 范围内、疏散救援通道的避难所、紧急出口入口段、横通道入口段区域照明灯具间距均按 12.5 m 设置。

③应急照明及疏散灯具应采用高效率、防腐、防潮、防振、抗风压的灯具，灯具外壳防护等级不得低于 IP65 级；应急疏散光源选用能快速点燃的光源，采用 30 W LED 灯；疏散指示灯光源采用带蓄电池的 2×3 W LED 灯，蓄电池连续供电时间不小于 2 h。

④照明控制方式。

a. 疏散通道应急疏散照明控制：采用远程及就地两级控制方式，紧急情况下按照应急预案，首先远程启动相应的救援通道应急照明，否则人工启动现场应急按钮，现场应急按钮箱设有应急一键启动箱及应急照明按钮箱，应急一键启动箱可同时启动防灾风机、应急照明设备。

b. 救援站应急疏散照明控制：采用远程及就地两级控制方式，紧急情况下按照应急预案，首先远程启动相应的救援站900 m范围内疏散平台的室外及隧道照明，否则人工启动现场应急一键启动箱，应急一键启动箱可同时启动防灾风机、应急照明设备。应急一键启动箱设置于隧道进出口两侧。

c. 正线隧道应急疏散照明控制：列车故障（出轨或停车）时，人员下车前，自动控制从故障点至隧道口、安全口的照明灯、位置灯、方向灯等灯具点亮，满足疏散要求。所有灯具（照明灯、位置灯、方向灯等灯具的应急部分）亦能手动控制点亮。隧道内任何点距手动控制点的位置不大于30 m（考虑列车形成的阻断），方便故障以外其他时段使用。

d. 应急疏散照明的正常启停控制：在合适的位置设置正常照明按钮箱，便于巡检及事故处理完成后的操作，为防止疏散人员误操作，关闭疏散照明，正常照明按钮箱均设带锁门。

e. 疏散指示标志均为平时点亮状态。

(4)防灾疏散救援设备监控系统

所有设防灾救援设施的隧道及隧道群设置防灾救援设备监控系统（以下简称“设备监控系统”），并具备远程监控功能。设备监控系统将防灾通风系统、照明系统（含疏散照明设备）、消防系统等设备及设施有机联系成一个整体，配套应急通信系统、视频监控系统与通信无线调度系统，构成完整的隧道（群）防灾救援系统。在隧道内发生火灾灾害时，安全、可靠、准确、快速地实现既定的联动控制，保证防灾救援的顺利实施。

设备监控系统集成的系统包括通风、照明、消防等系统，互联的系统包括通信系统、综合视频监控系统、自然灾害及异物侵限监测系统（简称“灾害监测系统”）等。

设备监控系统按现场级、工区级、调度中心级三级设置。

现场级设备监控系统设置于各隧道（群）内，直接监控通风、消防、照明等各类现场防灾设备，监控设备由主控制器、就地控制器、集中监控盘等设备组成。现场网络采用环形或双总线结构，现场数据汇集接入主控制器，主控制器上传数据通信采用单模光纤就近接入通信传输设备。现场救援设备的控制均采用远程和现场手动控制相组合的方式。

工区级设备监控系统设置于相应的综合维修工区。调度中心级监控系统设置于拉萨基础设施段。

5.6　运营维护设计

5.6.1　维护机构设置原则及分布

1. 既有维护管理机构概况

拉林铁路是西藏自治区第一条电气化铁路，也是青藏铁路公司管段范围内第一条电气化铁路,属于目前国内外开通的最高海拔、最复杂艰险的电气化铁路。拉林铁路开通前没有既有电气化维护管理机构,需要根据现行运营维护管理机构设置要求,并充分考虑拉林铁路的特点设置电气化维护管理机构。

2. 新建维护管理机构的位置和规模

常规普速铁路接触网运行工区管辖范围为 40～60 km,但由于康萨、甲竹、下却、热米等车站受地形条件限制等原因,无法设置铁路岔线及生产房屋等要求,因此拉林铁路突破常规电气化维护管理机构设置要求,如图 5.71 所示,在贡嘎、扎囊、桑日、加查、朗县、米林、林芝、拉萨南设接触网运行工区和电力工区,其中朗县、米林运行工区的管辖范围近 90 km,在拉萨南、林芝设供电车间,在拉萨南设供电检修车间负责拉林铁路新建牵引供电及电力设施的运营维护管理、抢修工作。

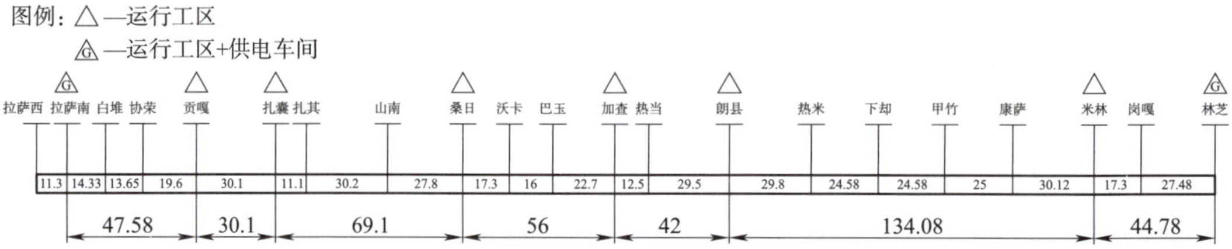

图 5.71 拉林铁路供电维护工点布置(单位:km)

考虑拉林铁路是单线,一旦发生大型接触网事故,需要尽快完成抢修工作以尽快恢复接触网供电,同时考虑抢修运行时间,因此在贡嘎接触网运行工区增设了一条有效长度不小于 100 m 的抢修列停放线。

5.6.2 维护人员、车辆、工机具配置设计

考虑拉林铁路的极端恶劣环境,电气化实际日常维护、抢修、管辖的难度远远大于平原地区的电气化铁路。因此,在人员配置、生产生活房屋配置、抢修工机具等方面相应进行加强配置。

(1)接触网运行工区常规一般配置 33 人左右定员,接触网运行工区定员加强至 42 人,其中加查运行工区额外考虑 8 名抢修列司机;供电车间定员加强至 20 人,供电检修车间定员加强至 38 名,具体定员详见表 5.72。

表 5.72 电气化运营维护机构定员配置

序号	项目	定员配置/人				
		拉萨南	贡嘎、扎囊、桑日	加查	朗县、米林	林芝
1	接触网运行工区	42	42	50	42	42
2	供电车间(拉萨南含供电检修车间)	58	—	—	—	20

(2)根据上述定员配置,考虑运营维护人员在高海拔地区开展生产、生活的便利性,与常规铁路相比,在接触网工区增设了供养及药品间,为作业车、检修列增设车棚,加强配置材料及抢修料库等措施,详见表5.73、表5.74。

表5.73 接触网工区生产房屋设置要求

序号	项目	接触网工区生产和生产附属房屋面积/m^2				
		拉萨南	贡嘎、扎囊、桑日	加查	朗县、米林	林芝
1	材料间	80	80	80	80	80
2	抢修料库	100	100	100	100	100
3	工具间	22	22	22	22	22
4	伙食团	100	60	60	100	100
5	卫生间	20	20	20	40	20
6	供氧及药品间	40	40	40	40	40
7	办公室	30	30	30	30	30
8	交通走廊	70	70	70	70	70
9	值班室	20	20	20	20	20
10	会议室	60	40	40	60	60
11	储油间	40	40	60	40	40
12	汽车库	50	50	50	50	50
13	接触网作业车车库	350	350	350	350	350
14	抢修列停发库	—	—	480	—	—
总计		982	922	1 422	1 002	982

表5.74 供电车间所需生产、办公房屋面积 单位:m^2

序号	名称	拉萨南供电及供电检修车间	林芝供电车间
(一)	生活房屋	1 254(33间)	456(12间)
(二)	生产房屋	1 170	310
1	生产办公房屋	420(21间)	260(13间)
	汽车库	150(3间)	50(1间)
2	综合检修车间	479	—
3	绝缘油库	121	—
总计		2 424	766

(3)根据上述定员及工区配置,与常规铁路相比,电气化工器具配置增设了机车低温启动装置、高原特殊维护设备,在配有抢修列停放线的拉萨南工区增加配置一台接触网抢修列、一台紫外燃弧检测装置、一台真空滤油机、一台压力式滤油机及一个10 m^3油罐,详见表5.75。

表 5.75　拉林铁路电气化工器具特殊配备

序　　号	名　　称	单　　位	数　　量
1	机车低温启动装置	个	1
2	高原特殊维护设备	套	1
3	接触网抢修列(拉萨南)	列	1
4	紫外燃弧检测装置(拉萨南)	台	1
5	真空滤油机(拉萨南)	台	1
6	压力式滤油机(拉萨南)	台	1
7	10 m^3油罐(拉萨南)	个	1
8	2 m^3油罐(拉萨南)	个	1

第6章　电气化工程应用技术创新

拉林铁路是集高海拔、强震、峡谷风、强雷暴、强紫外线、高地热以及极端温度等多种恶劣环境条件于一体的高原山区铁路，属于目前国内外开通的最高海拔、最复杂艰险的电气化铁路。建设过程中通过科学的组织和周密的实施，以规范、标准和工艺设计为依据，以实现工程的美观、安全、耐用、环保为目标，对工程细节进行精心设计，最终完成了优良内在品质和精致外观效果兼具的电气化精品工程，取得了良好的社会和经济效益。

6.1　新工艺、新工法

电力、电气化专业面临拉林铁路极端恶劣环境条件，因此开展了刚性吊弦自动预配、地网敷设降阻及既有线基础防护等工艺、工法研究。电力、电气化设计过程中采用建筑信息模型技术（building information modeling，BIM），建立以BIM应用为载体的项目管理信息化，应用于牵引变电所亭、接触网等场景分析、可视化模型建立、实施方案策划、性能分析、工程量统计等，为拉林铁路精品工程的实施提供了技术保障。

6.1.1　刚性吊弦全自动预配技术

拉林铁路接触网正线、站线均采用刚性滑动整体吊弦，全线共有吊弦10万余套。整体吊弦由尼龙护套、$\phi 6.0$磷青铜吊弦棒及接触线吊弦线夹组成，如图6.1所示。吊弦线夹采用金属模精密锻造工艺，吊弦棒通过专用工具或专用机床弯曲成形，吊弦棒与线夹之间通过压接工艺连接的。

为实现刚性吊弦自动化装配，研究并开发了全自动刚性吊弦预配设备。该设备有效解决了刚性吊弦在加工过程中精度控制、折弯加工两大工艺技术难题，能实现刚性吊弦定长、送料、折弯、裁剪等功能，采用该设备生产的吊弦，其裁切精度高，角度一致性较好，与传统人工模式生产相比加工工艺质量显著提升。

1. 刚性吊弦全自动预配系统

刚性吊弦全自动预配系统由进料系统、弯曲机构、剪切系统、操作面板四部分组成，其中弯曲机构又包括螺旋弧加工机构和变径圆弧加工机构。

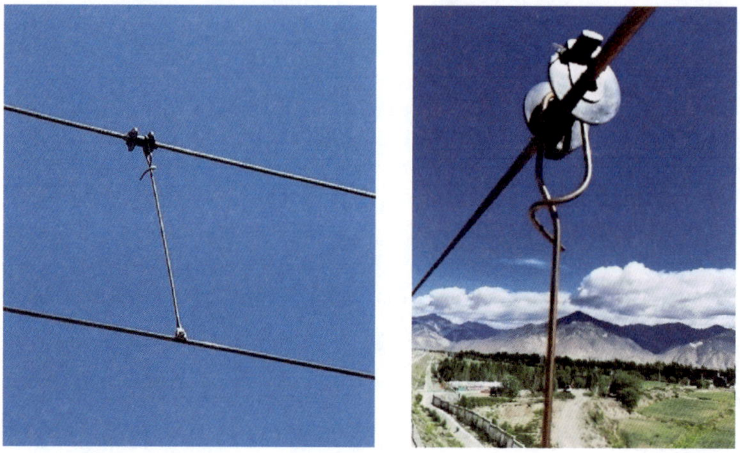

图 6.1　刚性吊弦

为保证吊弦裁剪精度，进料系统主要由伺服定长系统组成，包含 PLC、运动控制模块、伺服控制器、伺服电机、长度检测单元和线性滑轨，长度检测单元又安装有行程开关和减速开关。吊弦固定座由在同一 1.5 m 丝杠模组上的 1 台伺服电机与 1 个可 180°旋转的气缸共同驱动，该机构最大支持 400～1 800 mm 长度吊弦的加工。

螺旋弧加工机构由折弧安装基准板、滑板移动组、滑动板、齿条滑轨、齿条滑块、齿条固定件、齿条、液压缸、推板、固定心轴、开口齿轮、吊弦折弧轴以及吊弦折弧钩组成。该机构设计采用了机械机构中的螺旋移动、齿轮齿条传动等机械原理，从而完成刚性吊弦的螺旋弧加工工艺。

变径圆弧加工机构由升降基准单元、线性滑动单元、多行程气缸、浮动接头、变径大轴、变径小轴、伺服电机、变径导向孔件以及气缸组成。

剪切系统由模组与液压剪组成。剪切系统根据产品长度自动计算出需要使用的原材料长度，与伺服定长进料系统相互配合，进行自动剪切。

操作面板上配备相应功能按钮，显示机械故障等警示信息。

2. 刚性吊弦全自动预配关键技术

(1)精度控制

在刚性吊弦自动化装配过程中，吊弦的精度控制是保证吊弦制作质量的关键。在吊弦装配过程中，进料系统与裁剪系统相互配合，根据输入的吊弦长度自动计算出需要使用的原材料长度，并将刚性吊弦裁剪精度误差控制在±1 mm 以内。

进料系统对自动送料过程中吊弦位置的控制精度非常高，可以根据实际情况，在触摸屏上简单快速地对吊弦长度参数进行更改，且可避免因长时间、大批量工作带来的误差积累。

(2)折弯工艺

折弯工艺加工机构通过伺服系统与机械结构的配合，对刚性吊弦进行 120°、180°及螺旋弧的折弯加工。折弯的动力来自伺服系统，折弯角度的一致性良好，且角度可以无极调整，确保了折弯机构在角度调整方面具有较高的灵活性与柔性。

弯曲机构工作时，将吊弦的一端放置在吊弦折弧钩与吊弦折弧轴的内侧，启动液压缸使其输出端伸出，推动齿条固定件、齿条滑块以及齿条沿着齿条滑轨向上滑动，在齿条和开口齿轮的相互作用下，当齿条跟随齿条固定件进行滑动时，开口齿条和齿条之间相互啮合，从而使开口齿轮带动固定心轴以及吊弦折弧轴进行旋转，使位于吊弦折弧钩与吊弦折弧轴之间的吊弦发生弯曲，实现对吊弦的加工。开口齿轮每次旋转的弧度一定，可使加工的每根吊弦具有较好的一致性，从而提高了吊弦的质量。

3. 刚性吊弦运用效果

采用刚性吊弦全自动预配系统，在拉林铁路接触网工程施工中装配生产了共10万余根的刚性吊弦，预配成的吊弦长度与吊弦计算单数据误差在±1 mm以内，吊弦折弯一致性较好，吊弦质量全部合格。

刚性吊弦全自动预配技术在接触网施工生产中得到了运用，使得刚性吊弦的加工朝着自动化、机械化发展，有效解决了传统人工刚性吊弦预制过程中折弯加工工艺难度大且一致性差的问题，在保障吊弦质量的同时也提高了加工效率。

6.1.2　变电所地网敷设及降阻技术

1. 牵引变电所接地系统功能及要求

牵引变电所接地系统是防雷接地、工作接地和保护接地三者的有效统一体。其主要功能有两个：一是确保设备安全可靠运行，二是确保故障时的人身安全。它是牵引供电系统安全可靠运行、保障运行人员和电气设备安全的根本保证和重要措施。接地电阻的大小将决定接地系统泄放故障电流能力的大小。当所内发生接地短路故障引起的短路电流经接地系统进入大地时，一方面短路电流在接地系统上产生地电位升，如果接地电阻值比较大，就会造成地网电位异常升高；如果接地系统设计不合理或由于腐蚀导致接地电阻增加，还会导致接地系统本身局部电位差超过安全值，给运行人员安全产生危害。另外，由于设备外壳都与地网相连，高的地电位升加在设备外壳上，产生反击事故，危及设备安全。还很有可能因反击或电缆皮环流使得二次设备的绝缘遭到破坏，高压窜入控制室，轻则导致监测或控制设备发生误动或拒动，重则破坏监测设备而扩大事故，带来巨大的经济损失和社会影响。

按照相关规范要求，牵引变电所亭地网接地电阻值按不大于2 000/I_j 进行设计。当接地网的接地电阻在经济技术合理的范围内难以满足规定值时，在采取相关措施后，接地网地电位升高可适当提高，同时校验接触电势和跨步电势是否满足规范要求。

2. 拉林铁路牵引变电所接地系统设计难点

拉林铁路牵引变电所接地系统难度较大，首先全线所亭均位于海拔2 900 ～3 650 m

之间，高寒地带的季节气候对接地电阻变化影响极大。其次拉林铁路沿线地质结构异常复杂，长期处于高烈度地震和地质断裂、高地应力、高地热力、高密卵石层、高地质灾害状态，而且土壤电阻率既高且极其不均匀。加之变电所场坪实施时填方较多，也进一步增加了接地系统的设计难度。对比项目前期(施工图设计时原始地貌初测)及实施期(场坪已完成，复测)两次勘察结果，拉林铁路牵引变电所接地系统情况见表6.1。

表6.1　拉林铁路牵引变电所接地系统情况

序号	名　称	主地网面积/m^2	接地电阻设计目标值/Ω	平均土壤电阻率/(Ω·m)(初勘)	平均土壤电阻率/(Ω·m)(复勘)	备注(填方工程量/m^3 及最大厚度/m)
1	拉萨南变电所	6 000	0.5	119	269.615 2	25 800,4.9
2	协荣变电所	5 600	1.0	790	710.765 4	8 512,1.76
3	扎囊变电所	5 600	1.0	232	255.427 5	23 700,4.16
4	山南变电所	5 600	0.5	235	187.328 1	13 152,2.61
5	拜珍变电所	6 000	0.5	698	2 437.715	17 483,3.78
6	加查变电所	6 000	0.5	672	374.583	10 248,2.66
7	朗县变电所	6 000	1.0	490	308.695 3	26 256,6.96
8	下却变电所	6 750	1.0	1 033	1 723.634	13 668,3.65
9	康萨变电所	7 500	1.0	412	2 082.68	40 933,7.8
10	米林变电所	7 500	1.0	2 676	1 451.825	3 003,4.2
11	林芝变电所	5 600	1.0	3 826	2 665.499	11 627,2.6

从表6.1得知，拉林铁路牵引变电所接地电阻值设计目标值较低，但土壤电阻率测试值偏大，同时原施工图设计阶段原始地貌地勘测试资料与工程实施后的现场实际存在较大偏差。

由于各牵引变电所外部电源分布情况不均衡，随着西藏电网的不断强大，部分牵引所亭的外部电源短路容量较原施工图阶段与电力部门对接时取的预估值差异较大，造成部分所亭接地网接地电阻目标值较原施工图设计要求更高，需要进行降阻。

3. 拉林铁路牵引变电所主地网敷设及降阻技术

(1)降阻措施

目前国内常采用的降低接地电阻的方法主要有扩大接地网面积法、局部换土法、外引接地法、变电站接地网互连法、常规深井接地法、爆破深井接地法、深水井接地法、电解离子接地极法及接地降阻剂法等。

拉林铁路沿线生态环境脆弱且均处于高海拔地段，存在环境保护要求高、施工环境恶劣、施工条件困难等特点，对拉林铁路牵引变电所亭的降阻措施提出了较高的要求。国内上述常采用的方法大部分不适用于拉林铁路牵引变电工程进行降阻，如采用常规扩大地网的方式降阻，经计算要达到接地电阻设计值时，各牵引变电所需要的接地网面积非常大，远远超过变电站建设所需的已征土地面积；又如拉林铁路站点地处西藏的高原高山位置，交通不便，黏土稀缺，大量换土不现实；又如采用电解离子接地法，会对当地的生态环境造成破坏；再如深孔爆破接地技术涉及地质安全、环境影响等，也不推荐使用。

考虑拉林铁路的特点及施工难度，需对牵引变电所的降阻措施采取深化设计并提出针对性施工措施；同时还应考虑降阻措施长期运行的稳定性和可靠性。因此，除按规范要求敷设主地网，还采用设置引外辅助地网，站内非爆破深井接地与引外深井接地并行，回填新型环保高效降阻材料的复合式深井接地降阻等综合措施。

(2)接地材料选取

拉林铁路牵引变电所的水平接地体采用 ϕ150 纯铜绞线，垂直接地体采用 ϕ18 纯铜棒，主地网及辅助地网导体材质相同；辅助地网的水平接地体沟槽与深井接地的回填采用新型环保高效接地降阻材料。

①铜材选取。铜材耐腐蚀性能是钢材的 10 倍以上，是镀锌钢的 3 倍以上；钢接地系统寿命一般在 10 年左右，并且每 8 年需开挖检查一次。因此，选用铜材接地可以大大减少今后的运行维护工作量。

②新型纳米石墨接地材料的应用。接地系统采用了新型纳米石墨接地降阻材料，该材料性能稳定，由天然无害的纳米级和微分级石墨组成。纳米石墨具有良好的润滑性、导电性和吸附特性，微量元素超低，分散性极强，可以作为一种良好的土壤电阻率改善剂，物理特性易于渗透于土壤中颗粒之间的间隙，使土壤层的导电性增强，土壤电阻率下降。在接地体周围形成一个变化平缓的低电阻区域，降低接地体的整体接地电阻。

新型纳米石墨接地材料电阻率在室温下极低，$\leqslant 0.1\ \Omega \cdot m$，且不易分解，作为纳米级和微分级导电材料，它是接地网与岩石、钻井后等孔隙之间的优良填充剂，可使接地网导体和大地之间进行紧密电气连接，能获得长期稳定的低电阻接地系统。纳米石墨接地材料示意如图 6.2 所示。

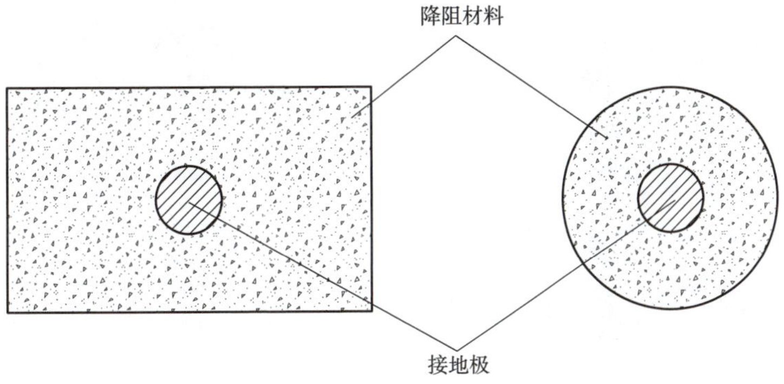

图 6.2　纳米石墨接地材料示意

(3)牵引变电所接地降阻方案及效果

①主地网采用复合式深井降阻方式,在站内采用复合式深井降阻后仍无法满足接地要求的站点,采用外引深井降阻,外引部分导体敷设在接地沟槽内。

②复合式深井内水平接地体采用 $\phi150$ 铜绞线,埋深不低于 0.8 m。垂直接地体采用 $\phi18$ 铜棒(单根导体长度为 3 m,深井时导体串接)。引外接地沟槽和复合式深井内填充降阻材料,接地体焊接采用热熔焊方式。引外接地沟槽采用水平沟槽,开挖尺寸按宽 1 000 mm×深 900 mm;深井采用直径 110 mm 钻井。

③主地网与新建深井接地网互连时应尽力避免与独立避雷针水平接地体交叉,并保持安全距离≥3.0 m。若无法避免交叉,应采取必要措施:避雷塔水平线与主地网水平线交叉位置保持 1.0 m 距离,并回填碎石等高阻值材料。地网实施工艺如图 6.3~图 6.5 所示。

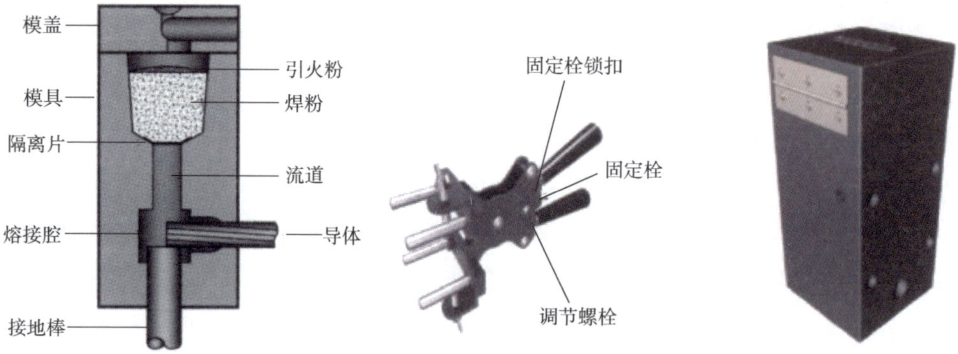

图 6.3　热熔焊接及模具示意

图 6.4　热熔焊接地网导体成品

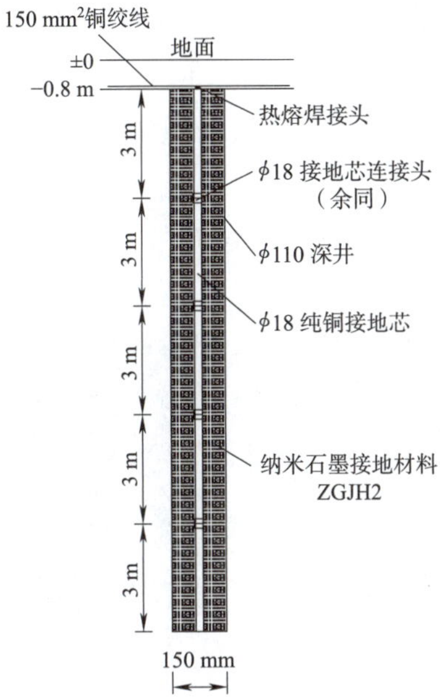

图 6.5　接地深井埋设示意

通过上述接地降阻措施后，沿线各个牵引变电所的接地电阻值均在设计目标值范围内，达到了规范要求。具体降阻后牵引变电所实测接地电阻值参见第 5 章表 5.30。

6.1.3　既有线区段支柱基础基坑开挖防护技术

拉林铁路引入拉萨枢纽一般区段接触网腕臂支柱采用格构式钢柱，原设计配套基础采用桩基础，由于为既有线，机械调配困难，无法采用机械挖孔方式施工，只能采用人工挖孔方式，同时由于在基础施工期间还需正常行车，为保证施工安全，所有接触网既有线支柱桩基础采用钢套筒进行防护，如图 6.6 所示，该护筒具有强度高、可拆卸以及可重复利用等优点，不仅能够在施工期间保证青藏线、拉日线的安全运营，还可节约工程投资。

图 6.6　既有铁路钢护筒防护

6.1.4　BIM 技术应用

1. 牵引变电 BIM 设计技术

拉林铁路牵引变电所由于自然环境复杂，设备选型特殊，故电气布置方案是工程关键，也是设计重难点。设计人员在牵引变电所室内外布置中采用 BIM 技术，效果如图 6.7～图 6.14 所示，通过 BIM 设计集中解决了以下问题：

（1）模拟架空 GIS 布置方案、巡检路径，检验室外巡检通道与母线、设备间带电净距。

（2）全面研究了辅助监控系统在牵引变电所的应用，在主控制室模拟不同视角，采用多方位、多角度、多视点观察，模拟能够清晰观察到主控制室所有屏柜信息的监控系统设置位置，为监控系统布置提供了有效帮助。

(3)进行套管与母线布置、接地系统与电缆沟、设备基础等冲突校验，检查了接地系统、母线布置的完整性。

(4)实现了设计三维可视化、协同化，提升了设计质量，实现了工程数量的可视化分析，提高了变电工程概算精确性。

图 6.7　牵引变电所 BIM 设计鸟瞰图

图 6.8　牵引变电所 BIM 总设计图

图 6.9　牵引变电所 BIM 设计室内屏柜布置 1

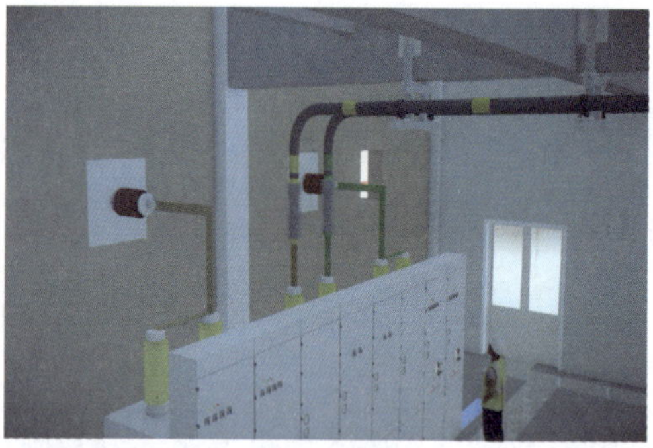

图 6.10　牵引变电所 BIM 设计室内屏柜布置 2

图 6.11　牵引变电所 BIM 设计室外基础、电缆沟

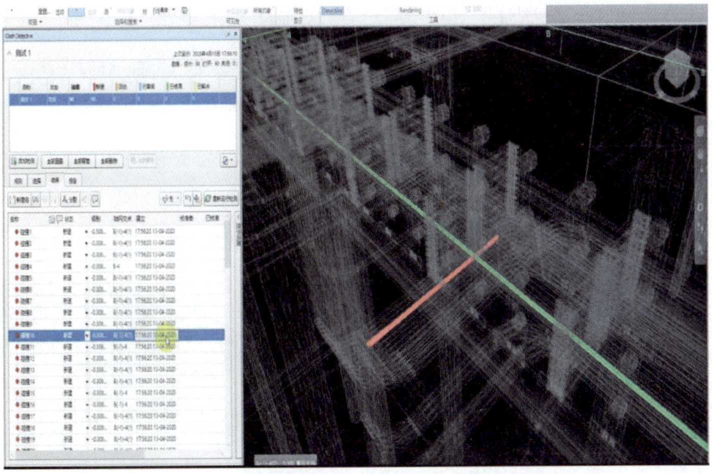

图 6.12　牵引变电所 BIM 设计室外地网布置

图 6.13　牵引变电所 BIM 设计室外设备及导线布置 1

图 6.14　牵引变电所 BIM 设计室外设备及导线布置 2

2. 接触网 BIM 设计技术

接触网由于结构形式多样、特殊形式多、专业接口复杂，差错漏碰时有发生，需采用 BIM 技术开展协同设计，实现设计建模、工程量统计、施工管理等功能。

在拉林铁路中,实现了基于 BIM 技术的接触网电子沙盘展示、区间和站场接触网精细化设计、附加导线空间结构模拟、槽道预留、接触网施工模拟和技术交底、接口检查与优化等,如图 6.15、图 6.16 所示,并取得了良好的应用效果。

图 6.15 接触网区间 BIM 设计

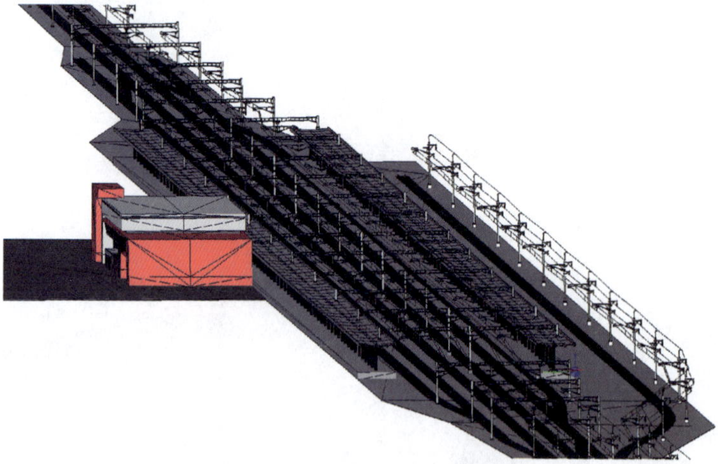

图 6.16 接触网车站 BIM 设计

6.1.5 施工建造措施

针对拉林铁路的施工特点,按照"创新造精品、建设为运维"理念,紧密围绕"专业化、机械化、工厂化、信息化"四化建设,提出了"三绝不"管理方式:能在预配车间、设备仓库完成的工作,绝不放在施工现场;能使用机械作业的工作,绝不采用人工作业;能在地面完成的作业,绝不高空作业完成。

拉林铁路电力电气化施工单位按照设计要求，在山南地区建设了电力电气化预配中心，沿线电力及电气化设备设施安装应用 BIM 技术进行可视化交底和作业指导。BIM 技术的应用使作业人员更直观地了解作业部位，该技术能形象地展示施工工艺流程、施工先后顺序、操作要点、质量标准等内容；可以将安全风险、重大施工难点做成三维动画视频，实现所有工序的逻辑顺序搭接，来展示空间布局的合理性，为项目一次成优奠定基础。

拉林单线隧道施工中，存在各专业交叉作业情况，在施工组织设计时通过在机动车的基础上加装作业平台，并配有公铁两用施工作业平台，满足了单线隧道内施工的需求，提高了现场施工效率。

6.2　环境景观

电力、电气化工程设计时应高度重视自然、人文、景观等因素。一方面应进行景观设计，电力、电气化装备在安装后应简洁美观、不突兀，与周边建筑或自然环境协调、融合。另一方面，还必须尊重当地各少数民族的民俗和宗教，在外观形状、色彩及图案等设计时，应避免歧义或冲突。

6.2.1　牵引变电所

1. 牵引变电所选用 GIS 设备

牵引变电所 110 kV、220 kV 侧配电装置采用户内型 GIS 组合电器，27.5 kV 户内设备采用 GIS 开关柜，满足技术先进、布置紧凑、可靠性高、维护量少、简洁美观的要求，如图 6.17、图 6.18 所示。

图 6.17　牵引变电所室内高压 GIS 组合电器

图 6.18　牵引变电所室内 27.5 kV GIS 开关柜

2. 牵引变电所房屋

沿线牵引变电所房屋外立面设计样式、色彩的选用及图案的选用均按照当地特色进行精心构造与设计，基本做到一处一风格，一处一景观。牵引变电所围墙采用“工”字形压顶，两侧外墙以白色为主色调，而红色的用法则以压顶线条的方式，辅以红色方块等距间隔装饰，以灰色墙裙接地，既体现与民族风格相协调的装饰外观，兼具车站一体化外立面需求，又满足牵引变电所防护功能，效果如图 6.19、图 6.20 所示。

图 6.19　牵引变电所

图 6.20　牵引变电所围墙

6.2.2　接 触 网

1. 拉萨河特大桥

拉萨河特大桥是青藏铁路在拉萨市境内的一座跨拉萨河的单线铁路桥，位于拉萨西至拉萨区间(中心里程 K1951+707.95)，全长 923.6 m。主桥采用(36+72+108+72+36) m 钢管混凝土拱连续梁组合结构，引桥采用 5-3×32.7 m、1-3×32.7 m 预应力混凝土连续箱梁，如图 6.21 所示，并在桥面预留接触网支柱基础。

为将接触网与拉萨河特大桥整体景观保持一致，便于供电线安装和检修，减少施工难度，设计时分别对引桥段、过渡段、拱桥段进行了方案比选和差异化设计。

引桥段为既有桥，拉林铁路采用在既有桥墩顶帽处植筋并增设钢底座方式固定接触网支柱，回流线采用肩架安装于支柱田野侧；避雷线兼做架空地线安装于柱顶；供电线采用合架方式安装于支柱田野侧，如图 6.22 所示。

引桥至主桥过渡段拉林铁路采用原预留基础组立等径钢管硬横跨，腕臂装置安装于支柱上；回流线采用肩架由支柱田野侧逐渐过渡至线路侧；避雷线兼做架空地线安装于支柱柱顶；供电线采用合架方式，安装于硬横梁下方。

拱桥段利用拱桥横撑分别组立一根用于悬挂接触网的吊柱以及一根用于悬挂供电线、回流线及避雷线的吊柱，如图 6.23 所示。

综上，拉萨河特大桥利用既有钢桁梁结构悬挂接触网，布置简洁，使接触网与拱桥整体协调一致，同时保证了复杂的桥梁结构与高标准的接触网子系统良好结合，满足可靠性、安全性要求，有足够机械、电气强度和安全性能，也为其他类似大型钢管混凝土拱桥接触网悬挂系统提出了解决方案。

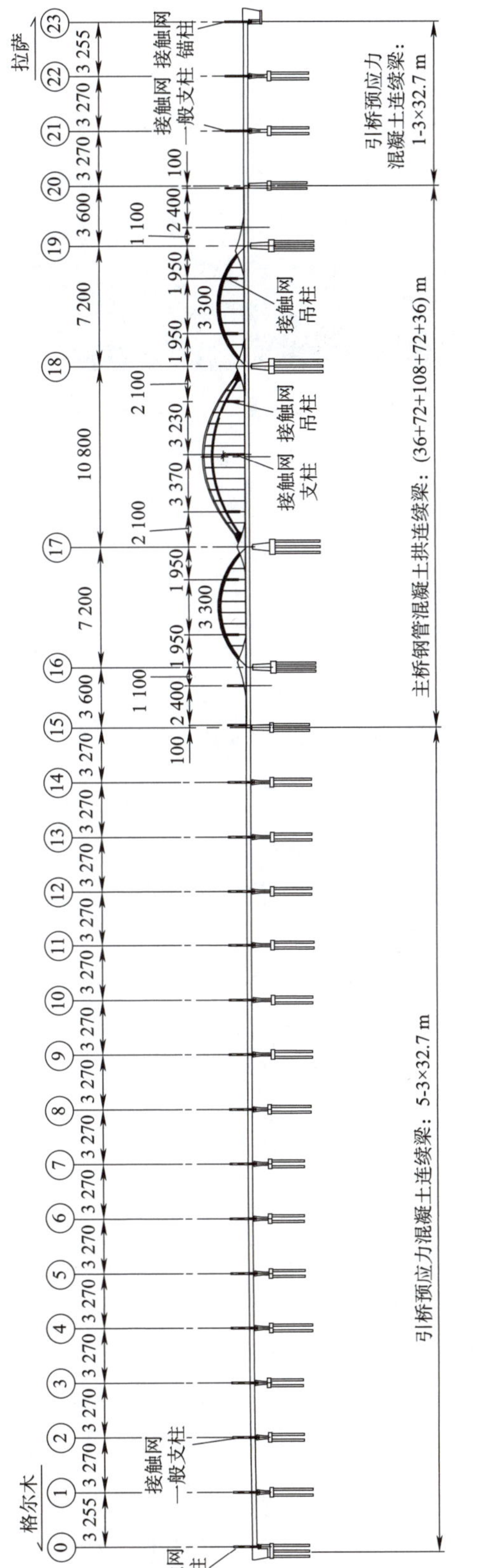

图 6.21　预应力混凝土连续箱梁图（单位：cm）

图 6.22　拉萨河特大桥上接触网实施方案

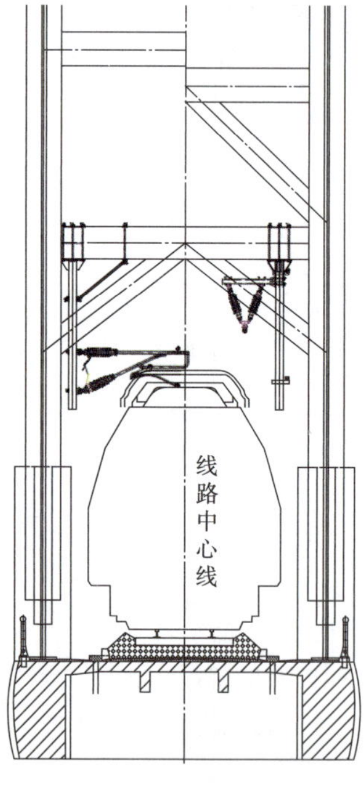

图 6.23　拉萨河特大桥拱桥段接触网方案

2. 藏木雅鲁藏布江大桥

藏木雅鲁藏布江大桥是拉林铁路重点标志性工程，位于西藏自治区山南市加查县境内，全长 525.1 m，主拱跨径 430 m，桥址处海拔 3 350 m，是目前世界海拔最高、跨度最大的铁路钢管混凝土拱桥，也是雅鲁藏布江上首座一跨过江的铁路桥梁。

由于藏木雅鲁藏布江大桥吊杆均为圆形钢管，若采用 H 型钢柱，将造成接触网与钢管混凝土拱桥整体性不一致，影响桥梁景观，同时回流线与桥梁外侧吊杆位置冲突。因此，拉林铁路经研究提出如下优化方案：采用桥上组立钢管柱方式悬挂接触网及附加导线；桥梁区段回流线在桥两端隧道口下锚后，桥上改为电缆敷设，如图 6.24 所示。

方案优化后，接触网支柱与桥梁整体保持一致，不影响桥梁景观，回流线由架空改为电缆敷设避免了与桥梁吊杆位置冲突，使接触网布置更为简洁。

图 6.24　藏木雅鲁藏布江大桥上接触网

3. 拉萨站

既有拉萨站位于西藏自治区拉萨市，采用传统藏式建筑风格，是青藏铁路、拉日铁路和拉林铁路的尽头站，既有站场规模为 6 台 10 线，如图 6.25 所示。

拉萨站既有雨棚采用大跨度钢管桁架结构，其北侧紧邻站房主体，与站房主体融为一体；雨棚东西长 544.5 m，南北主体跨 4 个站台，宽度 110.2 m，雨棚最高部分标高 18.8 m，距轨面最低净空为 16.5 m；雨棚总建筑面积 55 415 m^2；既有雨棚柱设置在 4 和 5 道之间以及 8 道外侧。

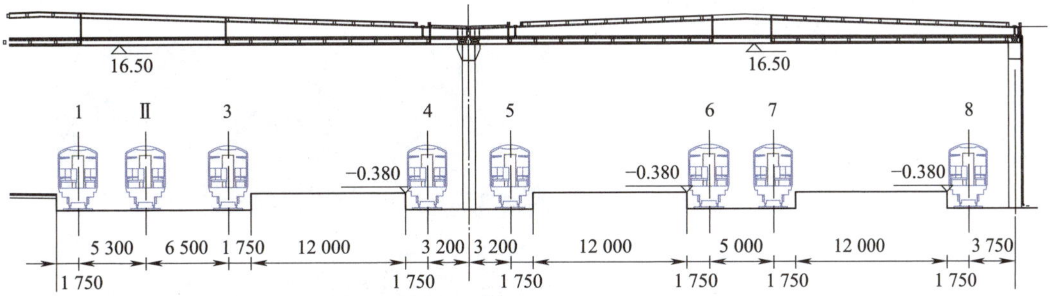

图 6.25　拉萨站 1～8 股道情况（单位：mm）

由于雨棚净空较高（16.5 m），采用的吊柱长度达 11.15 m，如图 6.26 所示，将影响拉萨车站站台的整体美观性，且需破坏室内雨棚合金板。

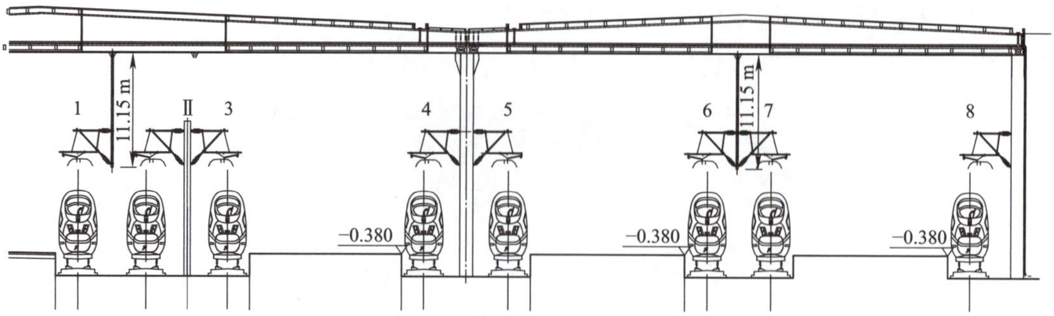

图 6.26　拉萨站接触网原设计方案

经研究提出了采用线间立柱并结合雨棚柱合建的悬挂方案。

基本站台与 2 站台之间的 1 道、Ⅱ道、3 道采用线间立 H 型钢柱悬挂接触网，如图 6.27 所示。

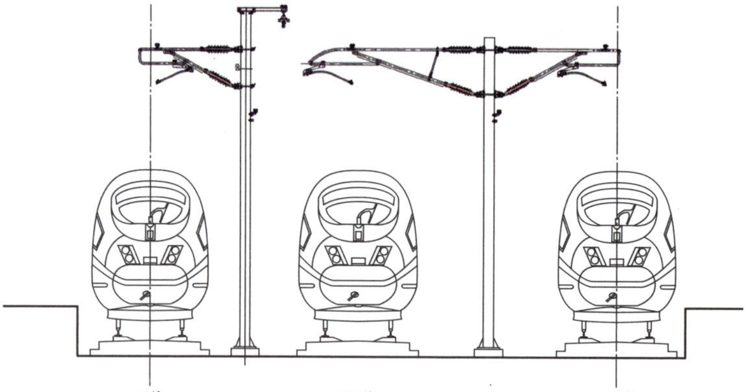

图 6.27　拉萨站接触网优化设计方案——线间立 H 型钢柱

2 站台与 3 站台之间的 4 道和 5 道采用与既有雨棚柱合建悬挂接触网，如图 6.28、图 6.29 所示。

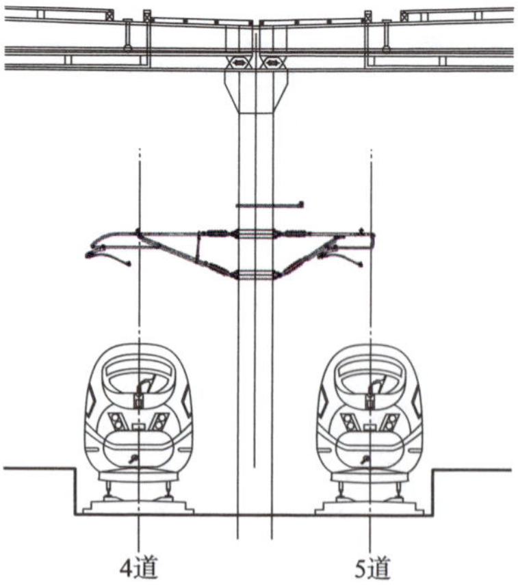

图 6.28　拉萨站接触网与既有雨棚柱合建

图 6.29　拉萨站接触网悬挂装置与雨棚支柱合建效果

3 站台与 4 站台之间的 6 道、7 道采用线间立 H 型钢柱悬挂接触网，如图 6.30、图 6.31 所示。

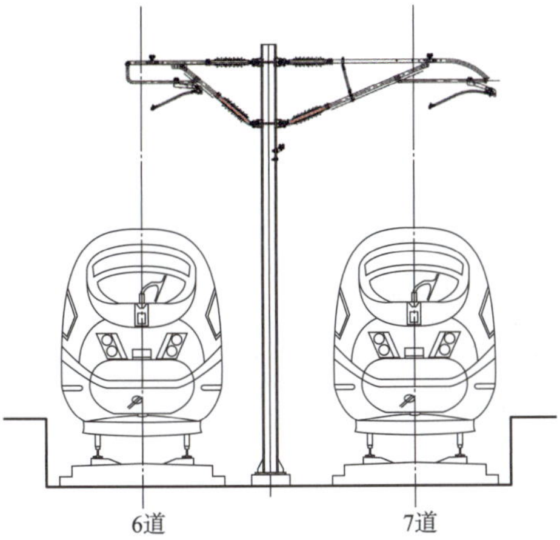

图 6.30　拉萨站线间立 H 型钢柱悬挂接触网

图 6.31　拉萨站股道间立柱悬挂接触网效果

8 道采用与既有雨棚柱合建悬挂接触网，并将原线路侧雨水管改移至顺线路方向，如图 6.32 所示。

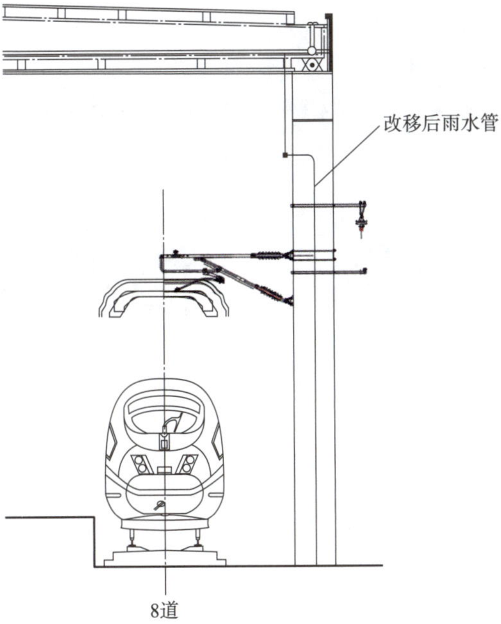

图 6.32　8 道接触网与既有雨棚柱合建

4. 林芝站

新建林芝站按区段站规模预留，原设计站场规模为 2 台 6 线，预留 3 站台。考虑雅安至林芝段引入林芝站后动车开行条件，对车站咽喉进行改造，提前建成预留的三站台及跨线设施。

林芝站在基本站台、2 站台和 3 站台设钢筋混凝土框架结构雨棚，如图 6.33 所示。

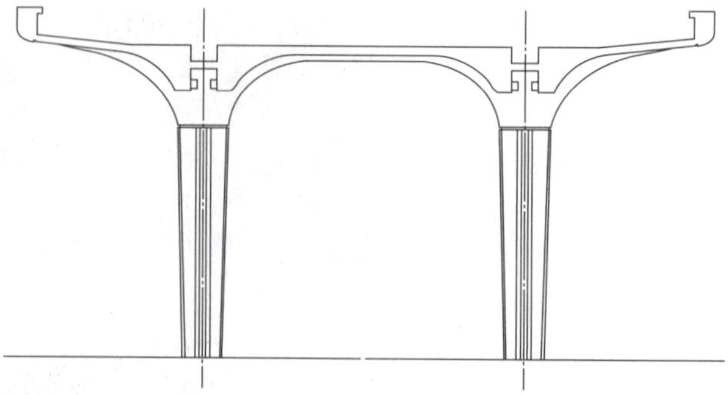

图 6.33　林芝站 2、3 站台间混凝土框架结构雨棚

林芝站基本站台、2 站台和 3 站台的雨棚柱上具备接触网硬横跨的合建条件。但在车站中间旅客天桥处受钢结构站房影响，不具备接触网硬横跨合建的条件。

经设计研究对普通雨棚柱采用柱顶合建接触网硬横跨短支柱的方案，如图 6.34 所示，旅客天桥处采用与雨棚柱侧立面合建的方案，使接触网与站房整体一致，外形简洁美观。

图 6.34　林芝站接触网悬挂装置与雨棚支柱合建

6.3　精细化设计

6.3.1　牵引变电

1. 更新设计手段，保障设计安全可靠

充分利用 BIM 技术的优点，对牵引变电所进行 BIM 建模，优化变电所的总平面布局、电缆敷设、沟槽管道设置及地网敷设设计；利用接地设计软件 CDEGS 作为仿真工具，模拟了牵引变电所遭遇极端的短路情况，直接校验跨步电势和接触电势，并根据仿真计算结果，对地网进行了针对性的设计。

2. 优化接触网隔离开关控制方案

接触网隔离开关控制方案由原设计光纤控制的方案优化为采用电缆直驱的控制方式，有效地提高了接触网隔离开关远动控制的稳定性与可靠性。对接触网隔离开关监控主站的接地回路、电流回路做了相应的优化设计，首先设置了防浪涌保护箱，有效地降低过电压水平的引入；其次设置有隔离变压器，且接触网隔离开关监控屏柜接地与所内其他二次设备接地独立分开，进一步避免因为接触网隔离开关远动回路引起的过电压串入所内其他二次设备回路从而引起设备的烧损，有效地减少了设备故障的事故范围，提高了供电系统的可靠性，如图6.35所示。

图6.35 户外型接触网开关主站与高耐压型隔离变压器

3. 依托先进设备及技术，保安全、利运维

拉林铁路沿线牵引变电所的环境恶劣，后期运营维护十分困难。设计从一开始就充分考虑了拉林铁路牵引变电所的运营、维护需求，充分依托先进的设备及技术，成功研制并应用了高原型架空出线的气体绝缘封闭式开关设备、一体化电力电源装置，设置了辅助监控系统、在线监测系统等，提高了牵引变电所的供电可靠性，减少后期的运营维护，保障牵引供电系统长期稳定的运行。

4. 注重细节设计，打造精品

(1)牵引变压器油池的优化设计。在牵引变压器油池内设置玻璃钢材质格栅(SMC)，敷设在油池表面(鹅卵石之上)，不影响牵引变压器的安装及稳定运行，相比传统的表面直接敷设鹅卵石方案，更加利于变压器的运营维护，整齐美观，如图6.36所示。

(2)综自屏柜内部接线统一材质，严格工艺要求，如图6.37所示。

(3)完善巡检通道、标识标牌。对所内检修巡检通道(部分电缆沟盖板也作为巡检通道)进行完善，补充巡检线路标识，地面刷漆及完善标识标牌，如图6.38、图6.39所示。

图 6.36 牵引变压器油池使用玻璃钢材质栅格

图 6.37 综自屏柜内部接线统一材质，线缆排布整齐、美观

图 6.38 室外设备标识清晰

图 6.39　巡检通道完备

(4)设备基础及支架设置防护措施,使用防腐涂料进行涂刷或喷涂,在金属表面形成保护膜,防止金属腐蚀,如图 6.40 所示。

图 6.40　室外架构及设备基础涂保护漆

(5)电缆支架边缘设置安全保护封帽,避免工作中支架边缘锋利处划伤电缆及运维人员,如图 6.41 所示。

图 6.41　电缆支架安全保护封帽

6.3.2 接 触 网

1. 隧道外支柱号码牌

为增强隧道外支柱号码牌的抗风摆能力及稳定性，采用双角钢形式固定杆号码牌，如图 6.42、图 6.43 所示。

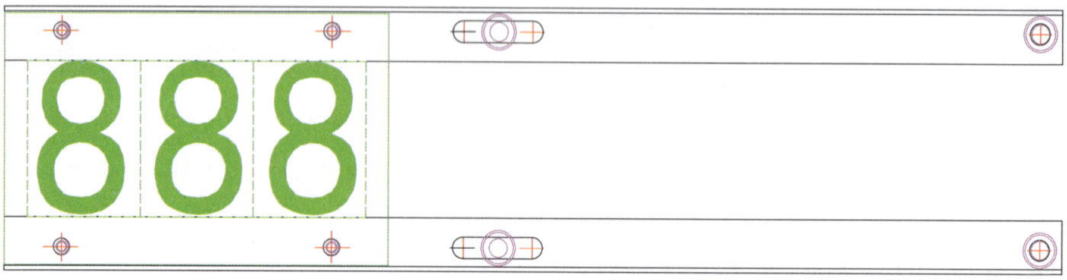

图 6.42　格构式钢柱号码牌安装

图 6.43　格构式钢柱号码牌实际效果

2. 腕臂装置防松标识

为便于施工过程中严格把控腕臂及定位装置的安装质量和工艺，同时便于后期验收、维护、检测，拉林铁路接触网工程在腕臂定位环及定位支座处采用防松标识，如图 6.44、图 6.45 所示。

图 6.44　隧道外接触网整体腕臂防松标识

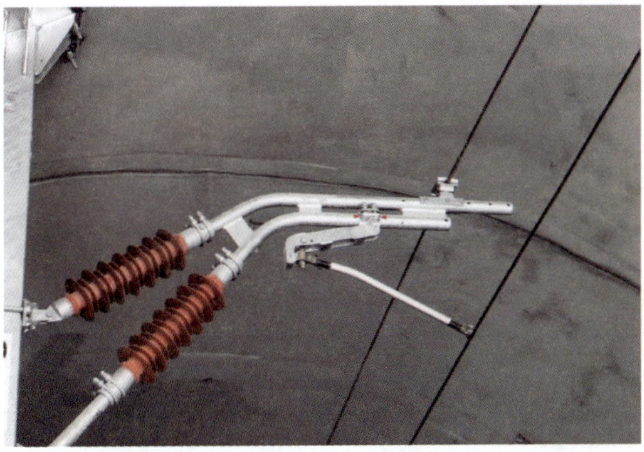

图 6.45　隧道内接触网整体腕臂防松标识

3. 既有桥梁接触网基础

(1)化学植筋

经过多次现场定测,结合既有竣工资料,对既有桥上接触网基础设置进行了多方案比选研究。

①对于普通简支梁工点,采用在既有桥墩顶帽处后植化学植筋(全螺纹螺杆)安装底座固定接触网支柱(如拉萨河特大桥普通桥墩处)。根据桥墩顶帽处桥梁附属构筑物分布情况,设计过程中针对性考虑了如下四种情况。

情况一:针对矩形墩既有防落梁角钢根开较大(顺线路方向距离较大),采用三排植筋锚栓固定接触网底座,底座设计为“凹”形,化学植筋布置如图 6.46、图 6.47 所示。

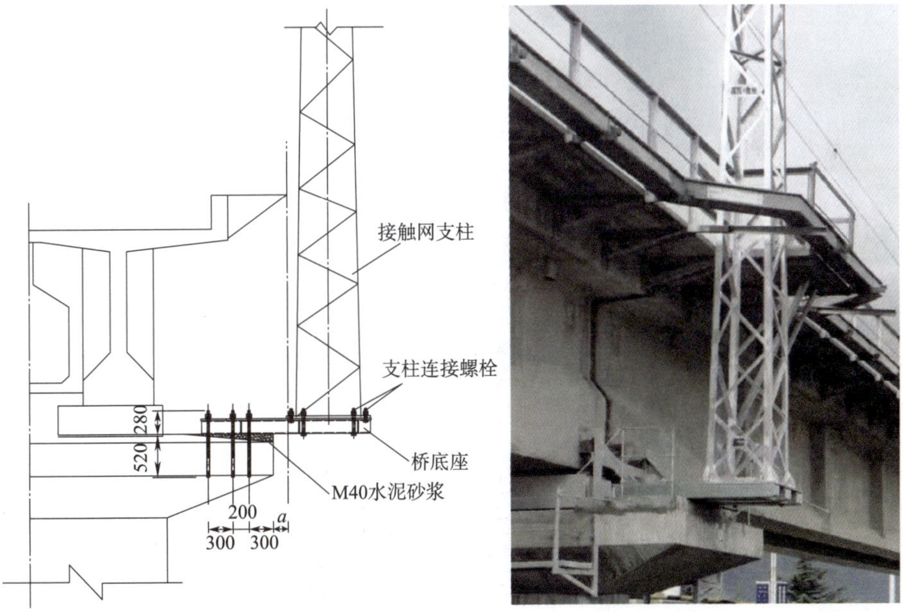

图 6.46　既有桥梁矩形墩基础化学植筋立面(三排植筋)(单位:mm)

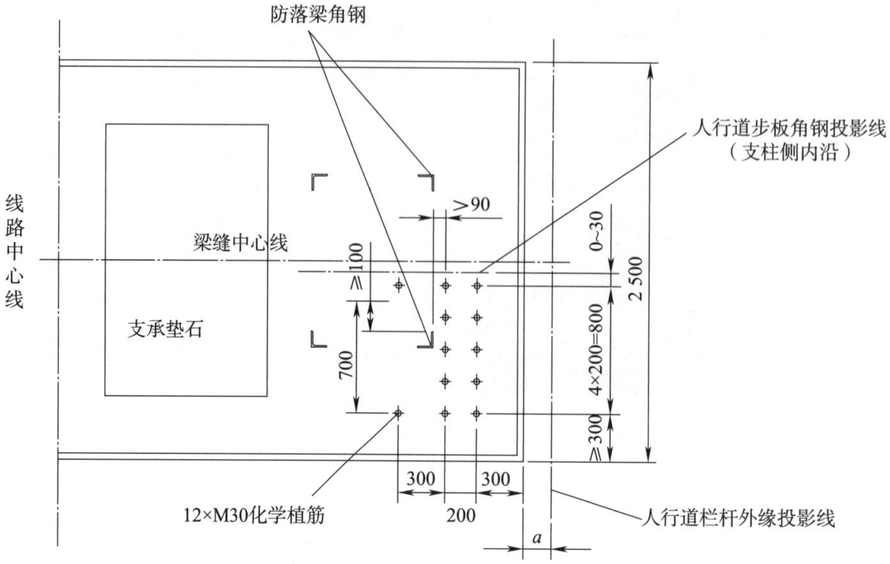

图 6.47　既有桥梁矩形墩基础化学植筋平面(三排植筋)(单位:mm)

情况二:针对矩形墩既有防落梁角钢根开较小(顺线路方向距离较小),采用四排植筋锚栓固定接触网底座,底座设计为“凸”形,化学植筋布置如图 6.48、图 6.49 所示。

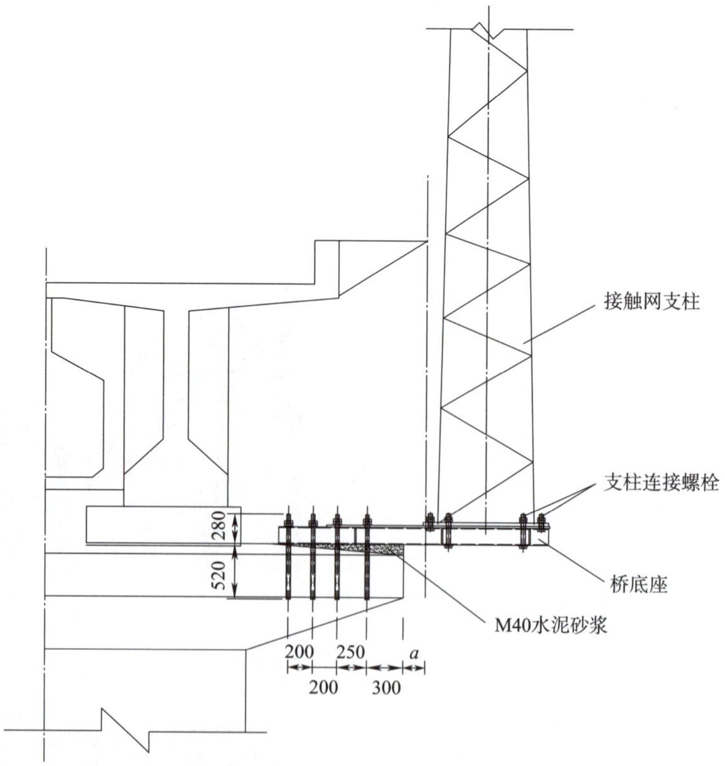

图 6.48　既有桥梁矩形墩基础化学植筋立面(四排植筋)(单位:mm)

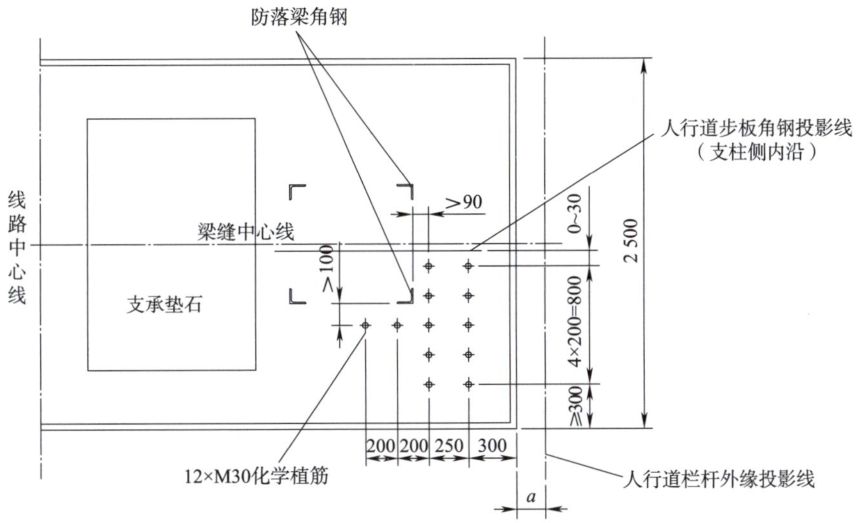

图 6.49　既有桥梁矩形墩基础化学植筋平面(四排植筋)(单位:mm)

情况三:针对既有堆龙曲大桥圆形墩防落梁角钢布置及墩台构造,采用三排植筋锚栓固定接触网底座,底座设计为“Y”形,化学植筋布置如图 6.50、图 6.51 所示。

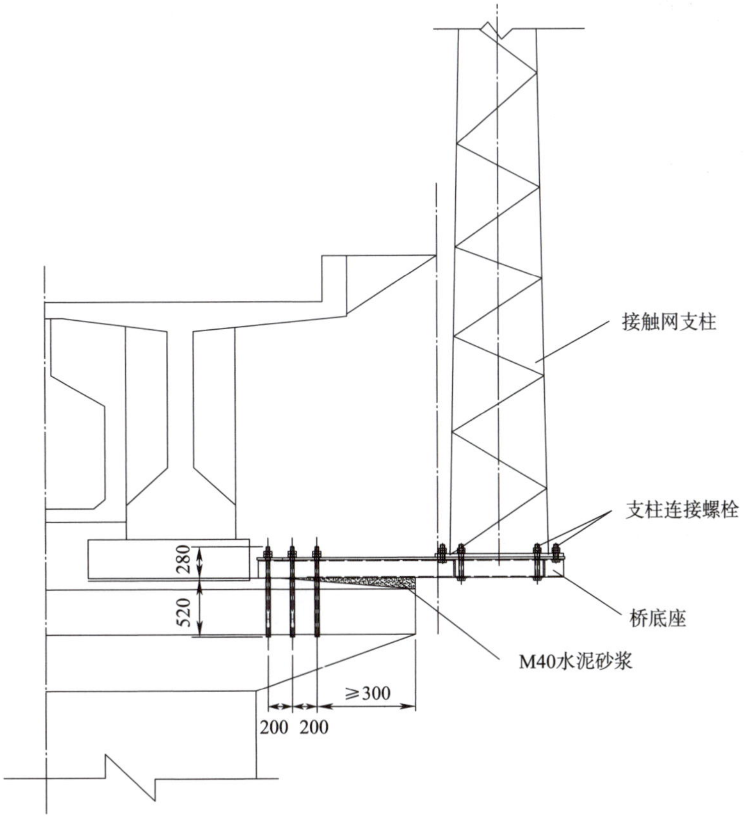

图 6.50　既有桥梁圆形墩基础化学植筋立面(三排植筋)(单位:mm)

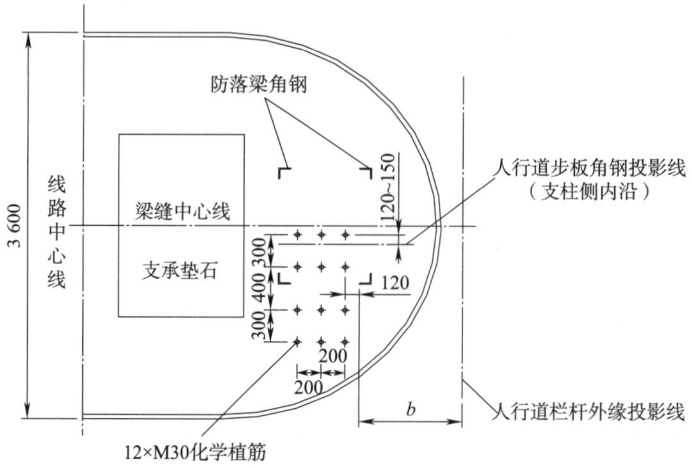

图 6.51　既有桥梁圆形墩基础化学植筋平面(三排植筋)(单位:mm)

情况四:拉萨河特大桥防落梁工字钢布置及墩台构造,采用墩顶两排植筋锚栓+墩身化学锚栓固定接触网底座,化学植筋布置如图 6.52、图 6.53 所示。

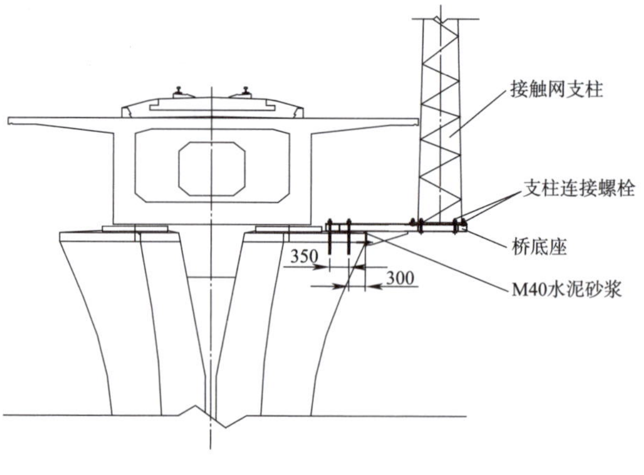

图 6.52　既有桥梁墩顶两排植筋锚栓+墩身化学锚栓固定接触网底座立面(单位:mm)

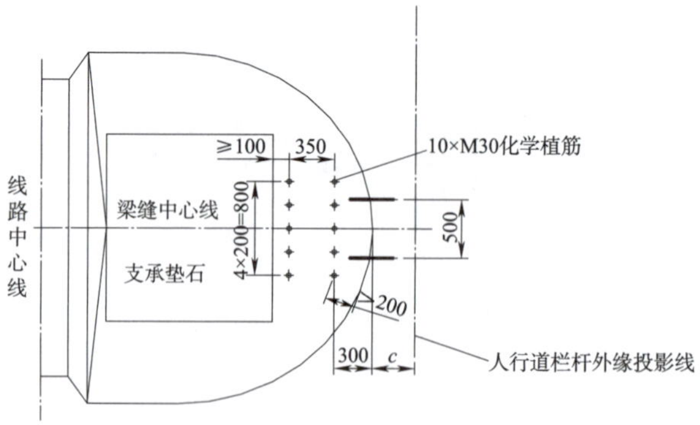

图 6.53　既有桥梁墩顶两排植筋锚栓+墩身化学锚栓固定接触网底座平面(单位:mm)

②对于连续梁工点，采用在既有梁面后植化学植筋（全螺纹螺杆）安装接触网 H 型钢支柱，如图 6.54 所示。

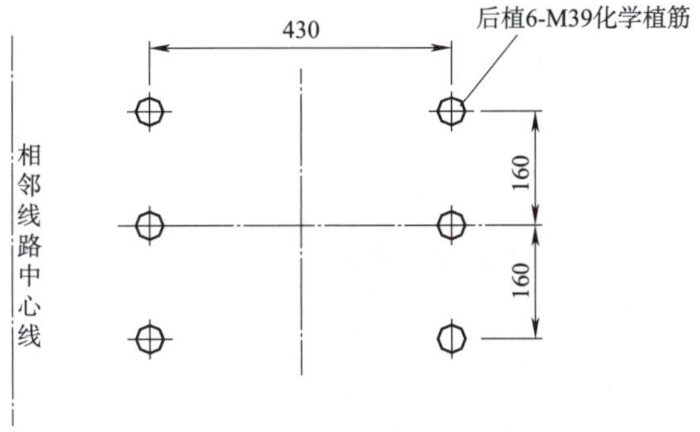

图 6.54　连续梁上化学植筋示意（单位：mm）

（2）外抱方式固定

对于设置有系杆拱的桥梁工点，在既有系杆拱横撑处采用外抱方式固定接触网吊柱（如拉萨河特大桥、拉贡公路立交桥系杆拱部分），如图 6.55 所示。

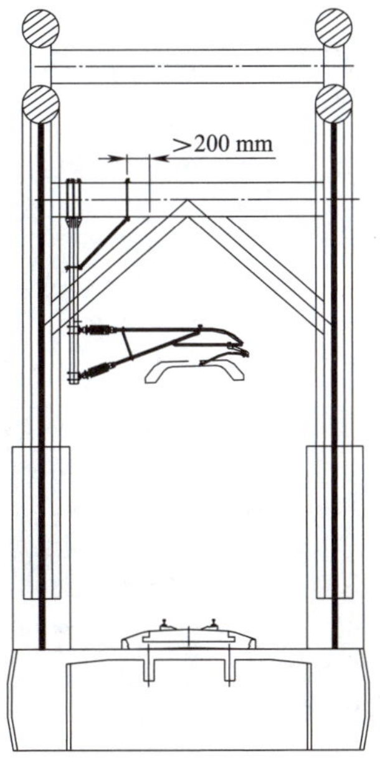

图 6.55　拉萨河特大桥上接触网安装示意

4. 避雷线架设

拉林铁路采用在接触网支柱柱顶安装形似西藏地区“牦牛角”的一体式弯管形避雷线肩架，架设与沿线接触网平行的独立避雷线，对接触网（包括承力索、接触线等）进行防雷保护。

接触网避雷线架设，与其他回流线、供电线等附加导线架设有相似之处但同时也具有新颖性和特殊性。

(1)避雷线架设的高度较其他附加导线高，一般距接触网 1.5～2 m。

(2)避雷线的功能主要是对接触网进行防雷保护，如图 6.56 所示，其施工误差、技术标准等均与其他附加导线不同。

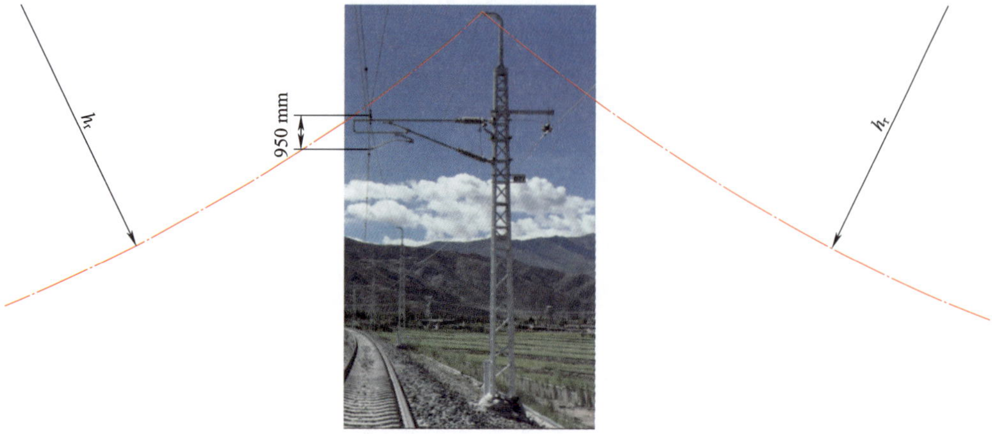

图 6.56　单线带回流线直供方式下的接触网避雷线保护范围示意

(3)避雷线施工时根据现场高雷暴日情况及避雷线工作特性，应充分考虑雷击及邻线带电体对施工作业人员的电气安全影响，如图 6.57 所示。

图 6.57　桥梁上接触网避雷线架设施工

6.3.3　电　　力

1. 拉林铁路特殊电力接口设计

电力专业与桥、隧、路基、站场以及站后各专业均存在接口设计，接口多且杂。拉林铁路电力土建接口进行了特殊设计。

(1)部分越行站设置在隧道内,隧道内信号电缆槽对侧设置电力电缆槽,信号电缆槽在隧道内频繁换边,电力电缆槽与之相应调整,并预留过轨管使两侧电力电缆槽连通。

(2)单线桥梁电力电缆槽由于检修孔影响,电缆槽宽度不满足规范要求尺寸,故采用局部穿管的方式通过检修孔。

2. 10/0.4 kV 箱式变电站

10/0.4 kV 箱式变电站基础按标准化设计,四周刷警示漆。箱变设计时考虑布局美观,布置于场坪角落,如图 6.58 所示。

图 6.58　10/0.4 kV 箱式变电站

3. 10 kV 配电所

(1)设计时充分考虑海拔绝缘修正对房屋尺寸的影响,房屋四周设置电力电缆沟与房屋连通,如图 6.59 所示。

图 6.59　10 kV 配电所

(2)配电所调压器采用母线连接,更加美观,如图 6.60 所示。

图 6.60　10 kV 配电所调压器母线

第7章 总结与展望

7.1 总　　结

拉林铁路是在极端薄弱外部电源前提下，在峡谷风、高海拔、高地震烈度等复杂恶劣的高原环境及工程条件下，在设计技术装备经验少、技术标准规范不足的情况下，坚持低碳、环保、节能的理念，使用新技术、新工艺、新工法，克服地质、环境、设计、施工中遇到的困难，构建了适应高原、强震、峡谷风等环境下牵引供电及电力技术体系，实现了西藏地区首条电气化铁路的开通运营，续写了“天路”传奇，为青藏高原电气化铁路建设提供了有力的技术支撑，对促进沿线国土资源开发，增强交通运输保障能力，促进西藏自治区经济又好又快发展，提高西藏人民生活水平等方面起到了重要作用。

针对西藏地区薄弱的外部电源，拉林铁路在建设过程中，铁路部门与电力部门在规划与建设阶段密切配合、相互协作，电气化及电力工程与地方电网工程同步规划建设。首先，针对薄弱的外部电源结合铁路用电需求，开展了系统电量平衡测算工作，通过网架优化实现了系统的电量平衡；其次，根据电网结构，差异化地采用了不同电压等级为不同牵引变电所供电，以及牵引变电所 27.5 kV 电源为电力供电的模式；最后，对电力系统的电能质量影响开展了评估，通过优化牵引变电所外部电源接入方案，将牵引负荷对电力系统的影响降到最低。通过以上措施，确保了拉林电气化铁路的建设与开通，同时对西藏地区电网结构的完善起到了推动作用。

拉林铁路沿线环境复杂、气候恶劣，牵引变电、接触网设施设备承受高原、强震、峡谷风、强雷暴及极端温度等多种因素的共同作用。在建设前期及过程中，开展了系列科学研究，基于牵引供电系统及装备的服役机理及演变规律，陆续开展了高海拔电气绝缘试验、高地震烈度振动台试验、峡谷风风洞试验等，确定了海拔 4 000 m 级电力及牵引供电设备的电气绝缘修正办法，构建了高地震烈度与峡谷风环境下的牵引供电系统设计技术体系，为拉林铁路的建设提供了有力的技术支撑。

针对拉林铁路特殊环境应用要求，在建设过程中，开展了电气化及电力装备的广泛调研，对不满足拉林铁路应用环境的电气装备开展了系列创新。研制了高海拔用 27.5 kV 户内架空出线 GIS 开关柜，提高了供电可靠性，减少了 27.5 kV 电缆的使用；研制了 27.5/10 kV 交-直-交电力电源装置，解决了地方电源匮乏的问题；研制了轻型钢管型变电架构及轻小型格构式钢柱，提高了高原地区牵引变电所及接触网的抗震、抗风能力；研制了接触网小结构高度整体腕臂，解决了高海拔低净空隧道内接触网安装问题。通过电气化及电力装备创新，为拉林铁路的建设、运营提供了安全可靠、免维护、少维修的装备。

在拉林铁路的设计过程中，采用了大量的新技术、新工艺、新方法。

(1)系统设计尽可能地降低自然和非自然原因可能造成的破坏，并具备免维护、少维修、小型化及智能化，提高系统的可靠性、可用性及可维护性，方便运营维护管理。

(2)拉林铁路设计过程中充分考虑了自然环境及地质条件，如强地震下接触网与牵引变电结构抗震设计；峡谷风对接触网结构的影响；高土壤电阻率的变电所、配电所及沿线电气设施的接地设计及改善措施；极端低温对接触网结构材料选型要求。

(3)考虑少数民族地区的风俗、民情、景观等特殊要求，如牵引变电所建筑采用与民族风格相协调的装饰外观；在拉萨、林芝等大型车站以及臧木特大桥，接触悬挂与车站、桥梁结构相结合，整体统一、视觉通透；避雷线肩架采用类似西藏地区"牦牛角"的整体式肩架。

(4)优化设计手段，在设计中采用 BIM 技术，开展可视化设计、碰撞检测及技术交底；大量使用接地、结构、供电等仿真软件，优化设计方案和措施。

(5)完善工艺工法及标准，编制了化学锚栓、避雷线、整体腕臂及刚性绝缘吊弦预配等工艺标准；提出了峡谷风下接触网结构的计算方法及抗震设计指南。

拉林铁路的建设，从勘察、设计、施工到开通运营，历时逾 10 年，始终秉持"建设为运维、创新铸精品"的理念，做好建设管理，做足基础理论，做细技术方案，做实施工质量，做优工程建设；开展了大量的基础理论研究、试验验证，提出了系列新方法、新方案，开发了多项新装备、新机具，采用了大量的施工建造新技术、新工艺，在理论、方案、装备、施工及管理等各方面取得系列创新，全面应用于拉林铁路工程建设中，顺利地推动了拉林铁路的工程建设，保障了拉林铁路电力及牵引供电系统安全可靠、持续稳定运行，示范引领高原电气化铁路的工程建设。同时也为青藏高原电气化铁路后续建设奠定了坚实基础，提供了强有力的技术支撑。

7.2 展　　望

我国电气化铁路牵引供电技术建立在长期理论积累和实践基础上，已经形成了覆盖科研、设计、施工、设备和材料制造、检测、运营、维护、认证、管理等各方面完善的体系，同时也形成了涵盖上述方面的配套齐全的标准、规范。相关技术是在引进、消化、吸收其他国家技术基础上的二次创新，是兼收并蓄、博采众长基础上的进一步发展。目前，针对特殊技术问题，在单一系统范围内、一定应用条件下，同相供电、高海拔电气绝缘配合、供电系统防雷与接地、弓网仿真、车网耦合、数字化牵引变电所、低速刚性悬挂接触网、牵引网供电状态检测监测等创新技术开展了研究和逐步应用。随着近年来铁路建设的发展，一批具有特殊技术要求和科技创新要求的高速电气化铁路、重载电气化铁路、山区大坡道电气化铁路、高寒高海拔电气化铁路等投入运营，极大地推动了电气化铁路设计、施工、设备制造、运营管理等相关领域的技术进步和发展。我国电气化铁路目前正处于一方面需要对已经投运的电气化铁路在建设实践和运营实践中暴露出的问题进行系统总结、分析，寻求更为完善、先进的技术解决方案，另一方面，结合新需求和新技术的发展，深入开展牵引供电系统与关联系统整体研究，高效可再生能源接入电气化铁路技术研究，免维护智能化绿色环保节能电气设备研制，高可靠性接触网系统研究，具有行业特色的终端检测运维设备和涵盖整体业务范围的铁路牵引供电系统智能化运维管理平台研发等新的发展阶段。拉林铁路作为我国开通运行的海拔最高的电气化铁路，其设计、建造、运营维护、设备制造等相关技术必将对青藏高原地区电气化铁路的建设，以及我国类似标准的电气化铁路技术发展做出重要贡献。

青藏高原地区电气化工程外部电源系统总体薄弱，需要大规模配套设施建设，牵引供电系统方案应与外部电源系统方案紧密衔接，整体化研究，一体化实施，确保电网系统与牵引供电系统技术方案的最优化和综合效益的最大化。该地区部分海拔超过4 000 m，需要考虑低气压、高海拔、强紫外线、强日照等因素对于固体、液体特别是气体绝缘的影响，开展分析、研究、论证，确定合理的绝缘海拔修正系数，并对电气绝缘配合方案的相关研究进行论证；该地区工程实施条件非常困难，对电气化系统方案的简约化、集成化、紧凑化等提出了很高的要求；该地区工程项目技术要求非常特殊，对牵引变电所供电能力、电源备用方式、大坡道分相处理方案、变电设备适应性、接触网安全性和可靠性等诸多方面提出了极为特殊的要求；该地区工程建设阶段的数字化、可视化、智能化、自动化和机械化等的实现将为项目安全、有序、科学建设提供重要保证；该地区工程设施及设备运营维护难度大、要求高，需要实现牵引供电系统相关设施设备的全方位多维度的实时在线检测监测，同时通过建立相关设备服役状态评估模型和系统评价体系，实现牵引供电系统设施设备的状态修。此外，该地区工程在远程监控、无人值守、防灾救援、故障恢复、战备需求等的技术要求也极为特殊。因此，青藏高原地区电气化工程面临的不是单一系统性问题，而是覆盖电气化工程各个阶段、各个环节、各个系统的整体性和综合性问题，是检验我国电气化铁路多年技术积累和技术创新能力的工程实践平台。

拉林电气化铁路的成功建设及开通运营，可为青藏高原地区铁路建设提供借鉴，将极大助力相关技术研究、工程设计和建设、运营维护，促进我国电气化铁路牵引供电系统技术迈上一个新台阶。

参考文献

[1] 邓云川．关于山区电气化铁道牵引供电系统问题的讨论[J]．电气化铁道，2005(增刊)：188-191.

[2] 邓云川．综合接地系统钢轨电位及电流分布的分析[J]．铁道标准设计，2009(增刊1)：153-156.

[3] 邓云川．牵引变电所过电压及防护措施[J]．高速铁路技术，2014，5(5)：43-46.

[4] 邓云川，林宗良，易志兴，等．抗雷线圈在变电所馈线防雷中的作用研究[J]．铁道标准设计，2015(5)：150-153.

[5] 邓云川，高宏，陈建君．基于拓展Carson理论的单线隧道内牵引网电气参数计算研究[J]．大功率变流技术，2016(3)：6-11.

[6] 邓云川，刘志刚，黄可，等．基于多导体回路系统的带回流线直接供电方式隧道牵引网阻抗计算和应用[J]．中国电机工程学报，2017，37(23)：6846-6853.

[7] 邓云川，刘志刚，黄可，等．基于多导体回路法的牵引网电气参数计算研究[J]．铁道学报，2018，40(8)：38-46.

[8] 邓云川，刘志刚，黄可，等．直接带回流线供电方式的牵引网综合载流能力计算研究[J]．铁道学报，2018，40(12)：13-21.

[9] 邓云川，刘志刚，黄可，等．考虑感性和容性干扰性入射场激励响应的钢轨电位电流计算[J]．电气化铁道，2018(增刊)：36-42.

[10] 邓云川，林宗良．川藏铁路电气化工程面临的挑战和对策思考[J]．电气化铁道，2019(增刊)：5-11.

[11] 吴积钦，杨佳，关金发，等．中国铁路接触网数字化发展策略与实践[J]．高速铁路技术，2020，11(4)：21-27.

[12] 陈纪纲，曹毅峰．电气化铁路分区所接地网参数计算[J]．电气化铁道，2015(6)：4-7.

[13] 吴凡平，徐钊，刘志刚，等．山区峡谷地形风场下柔性接触网风振特性研究[J]．铁道学报，2021，43(5)：47-61.

[14] 陈奋飞，杨佳．接触网支柱抗风性能研究[J]．中国铁路，2018(12)：86-89.

[15] 杨佳．严寒地区高速铁路接触网设计关键技术研究[C]//高寒地区高速铁路技术研讨会论文集，2017.

[16] 陈纪纲．牵引变电所接地电阻限值及降阻措施分析[J]．铁道标准设计，2008(2)：92-95.

[17] 曹毅峰，陈纪纲，尹磊．严寒地区牵引变电站接地系统的设计及适应性研究[J]．高速铁路技术，2017，8(增刊1)：60-65.

[18] 金松安，刘朝丰，武胜斌，等．高海拔隔离开关抗震分析研究[J]．高压电器，2013，49(10)：37-45.

[19] 武胜斌,金松安,陈刚,等.252 kV瓷柱式断路器在AG5条件下的抗震研究[J]. 高压电器,2013,49(8):96-101.

[20] 范荣鑫.高地震烈度区隧道内接触网后锚固技术研究[R]. 成都:中铁二院工程集团有限责任公司,2018.

[21] 铁道部电气化工程局电气化勘测设计院.电气化铁道设计手册:牵引供电系统[M]. 北京:中国铁道出版社,1988.